DIE WAHRHEIT IST IRGENDWO DORT DRAUSSEN

Das offizielle Kompendium

DIE WAHRHEIT IST IRGENDWO DORT DRAUSSEN

Das offizielle Kompendium

von Brian Lowry
unter Mitarbeit von Sarah Stegall

nach einer Idee von Chris Carter

Aus dem Amerikanischen
von Susanne Lück und Winfried Czech

vgs

Wir danken den folgenden Fotografen für ihre Bildbeiträge zu diesem Buch:
Michael Grecco, Chris Helcermanas-Benge, Jack Rowand, Ken Staniforth und Marcel Williams.
Dank an Vivien Nishi, Greg Loewen und Scott Steyns für den Episodenführer sowie an Vivien Nishi, Rob Maier und Peter Huff für das Behind-the-Scenes-Kapitel.

Die Deutsche Bibliothek – CIP-Einheitsaufnahme
Akte X – die unheimlichen Fälle des FBI. – Köln : vgs
Lowry, Brian: Die Wahrheit ist irdendwo dort draußen. – 1. Aufl. – 1996
Lowry, Brian: Die Wahrheit ist irgendwo dort draußen : das offizielle Kompendium/von Brian Lowry. Unter Mitarb. von Sarah Stegall. Nach einer Idee von Chris Carter. Aus dem Amerikan. von Susanne Lück und Winfried Czech. – 1. Aufl. – Köln : vgs, 1996
(Akte X – die unheimlichen Fälle des FBI) Einheitssacht.: The truth is out there <dt.>
ISBN 3-8025-2379-2

Umschlagfoto © Twentieth Century Fox Film Corporation
Umschlagfoto: Michael Grecco
Gestaltung des Innenteils: Derek Walls

Erstveröffentlichung bei:
HarperPrism, a division of HarperCollins*Publishers,* New York 1995
Titel der amerikanischen Originalausgabe:
The Truth is out there – The official guide to The X-Files™

4. Auflage 1996
© der deutschsprachigen Ausgabe
vgs verlagsgesellschaft, Köln 1996
Lektorat: Christina Deniz
Umschlaggestaltung: Papen, Werbeagentur, Köln
© des Titel-Logos mit freundlicher Genehmigung von PRO SIEBEN
Satz: ICS Communikations Service, Bergisch Gladbach
Druck: Freiburger Graphische Betriebe, Freiburg
Printed in Germany
ISBN 3-8025-2379-2

Danksagung/ Widmung

Dieses Buch hätte nicht ohne die Unterstützung durch Chris Carter verwirklicht werden können, der mir großzügigerweise seine Zeit und seine enorme Energie opferte, ebensowenig ohne die Hilfsbereitschaft des gesamten Mitarbeiterstabs und der Darsteller aus **AKTE X,** die sich – im Gegensatz zum Credo der Serie, was das Vertrauen betrifft – als äußerst auskunftsfreudig erwiesen und bereitwillig einen Fremden akzeptierten, der sich mit einem Notizblock bewaffnet unter sie mischte. Mein besonderer Dank gilt Mary Astadourian für ihre Betreuung, die weit über die übliche Pflichterfüllung hinausging, Sarah Stegall für ihre detaillierten Recherchen, Howard Gordon, der geduldig den Fremdenführer spielte, und Frank Spotnitz, der sich aus irgendeinem Grund an einen alten Kumpel aus Collegetagen erinnerte, als der Zeitpunkt gekommen war, einen Autor auszuwählen.

Ganz persönlich danke ich Sally für ihre Unterstützung, Doris, die sich widerstrebend mit einem Mann abgefunden hat, der nicht erwachsen werden will, und meinem Bruder Brett, mit dem ich mir immer *Kolchak: The Night Stalker* und eine Menge anderer gruseliger und abscheulicher Sachen angesehen habe.

Inhalt

Einführung

Die Wahrheit ist irgendwo dort draußen

Seit mehr als zwei Jahren beginnen Millionen amerikanischer Fernsehzuschauer ihr Wochenende mit diesem beunruhigenden Satz, indem sie erwartungsvoll (und vielleicht mit Schaudern) die von Fox Broadcasting produzierte Serie *The X-Files* (AKTE X – Die unheimlichen Fälle des FBI) einschalten.

Diese für eine zur Hauptsendezeit ausgestrahlte in mehrfacher Hinsicht einzigartige Serie schildert die abenteuerlichen Ermittlungen zweier FBI-Agenten, Fox Mulder (David Duchovny) und Dana Scully (Gillian Anderson), in Kriminalfällen, bei denen paranormale Aktivitäten im Spiel sind. **AKTE X** kann sich nicht nur rühmen, eine der wenigen Spielarten des Makabren zu sein, die in den letzten Jahren einen festen Sendeplatz im Fernsehen gefunden hat, es gelang ihr auch aus eigener Kraft – also ohne die Hilfe bereits etablierter Fernsehhits wie *Seinfeld* oder *Home Improvement* (Der Heimwerker), die im Vorprogramm laufen –, ihr Publikum zu erobern.

Zwar muß jede Fernsehserie gewaltige Hürden überwinden, bevor sie ein Erfolg werden kann, doch die Anfangsschwierigkeiten schienen gerade für **AKTE X** besonders groß zu sein. Im Gegensatz zu *Star Trek* und seinen diversen Ablegern hatte es im letzten Jahrzehnt kaum günstiges Fahrwasser für Science fiction gegeben, und Serien, die es wagten, hin und wieder einfach nur richtig mysteriös zu sein – sieht man von gelegentlichen Skurrilitäten wie *Twin Peaks* (Das Geheimnis von Twin Peaks) einmal ab –, waren sogar noch seltener.

In einer Branche, in der Etikettierungen üblich sind, entzog sich **AKTE X** darüber hinaus einer einfachen Kategorisierung und wurde vor ihrer Premiere von einer Werbeagentur gar als „Krimiserie" angekündigt. Während **AKTE X** sich zwar einerseits mit UFOs und anderen bizarren Vorfällen beschäftigt, wird die Geschichte andererseits nicht selten durch humorvolle Sticheleien zwischen den Hauptdarstellern aufgelockert, sowie durch komplexe und schwer durchschaubare Hintergrundhandlungen auf Regierungsebene angereichert, bei denen durch Verschwörungen und gezielte Verschleierungen gerade die Informationen unterdrückt werden sollen, die die beiden Agenten zu enthüllen versuchen. Dies, als die „Mythologie" der Serie bezeichnet, hat im gleichen Maße wie die Markenbezeichnung „unheimlich" dazu beigetragen, den Charakter von **AKTE X** zu definieren. Das Ergebnis zeigt sich in so beliebten, immer wiederkehrenden Redewendungen wie „Vertrauen Sie niemandem" und „Ich möchte glauben".

Obwohl das Wechselspiel zwischen Mulder und Scully liebevoll ausgearbeitet ist, hat man sich bemüht, ihr Verhältnis nicht in eine Romanze abgleiten zu lassen, was schon so manche Serie zu Fall gebracht hat. Zwar wird das Verhältnis der beiden im Laufe der Handlung immer vertrauter, bleibt jedoch auf die professionelle Ebene beschränkt, was durch ihre unterschiedlichen Standpunkte die zu bearbeitenden Fälle betreffend noch unterstrichen wird: Mulders felsenfester Glaube an das Paranormale und seine Verbissenheit einerseits – ausgelöst durch die Entführung seiner Schwester durch Außerirdische, als er noch ein Kind war –, und Scully als Doktor der Medizin, die das Unbekannte mit eher rationalen, wissenschaftlichen Mitteln zu ergründen sucht, andererseits. Tatsächlich hatten ihre Vorgesetzten sie in der Pilotfolge in erste Linie damit beauftragt, Bericht über Mulders Arbeitsweise zu erstatten und seinen Fällen, soweit möglich, den Nimbus des Unheimlichen zu nehmen, was eine Ausgangsbasis für zwischenmenschliche Spannungen schuf, die allmählich nachlassen, aber nie völlig verschwinden. Statt dessen nehmen sie in dem Maß, in dem die beiden Protagonisten ihr Verhältnis vertiefen, einen anderen Charakter an.

Die Pilotfolge und die erste Episode drehten sich um UFOs, aber die Serie bewies sehr schnell, daß sie ein weitaus breiteres Themenspektrum abdeckt. In „Das Nest“, der zweiten Episode, wird Eugene Tooms vorgestellt, ein genetischer Mutant, der alle 30 Jahre aus einer Art Winterschlaf erwacht, um die Lebern von jeweils fünf Opfern zu verzehren. „Der Teufel von Jersey“ handelt von einer an den legendären Bigfoot erinnernden Kreatur in der Nähe von Atlantic City. Zwei weitere bemerkenswerte Folgen der ersten Staffel sind „Feuer“ und „Eis“. In ersterer taucht ein Mann auf, der die Fähigkeit besitzt, Feuer zu kontrollieren, die zweite ist eine paranoide und klaustrophobische Geschichte, die in der arktischen Eiswüste spielt. Kurz gesagt, oder wie Duchovny es später formulierte, entwickelte sich die Serie **AKTE X,** die zunächst – aufgrund ihres Themenspektrums – als in ihren Möglichkeiten am stärksten eingeschränkte Fernsehserie erschien, zu einer der vielfältigsten.

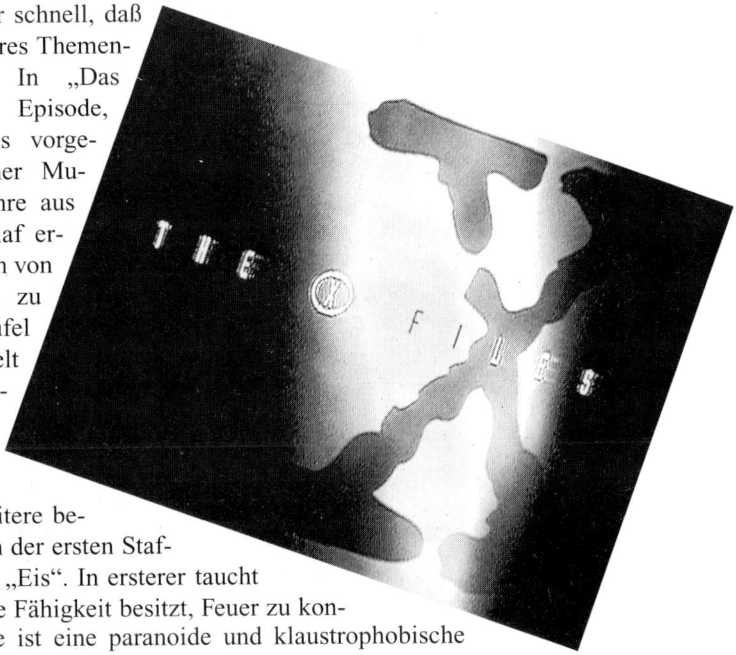

Zudem wagte sie sich dadurch von anderen Serien zu unterscheiden, daß die Fälle nur selten eine vollständige Aufklärung finden. Oft bleiben am Schluß Fragen offen, was zu der beklemmenden Atmosphäre beiträgt, die diese Serie hinterläßt. Dieser Punkt führte zu einigen Spannungen mit Fox, da der Sender nicht einschätzen konnte, wie seine Zuschauer auf derart ungelöste und beunruhigende Mysterien reagieren würden.

Ein weiteres Problem bestand darin, daß **AKTE X** zu einer Zeit entwickelt wurde, als sich Fox weitestgehend auf die Produktion erfolgreicher Comedies konzentrierte und nur wenig Erfahrung mit ernsthaften Stoffen hatte. Trotz der Popularität von *Beverly Hills, 90210* waren die meisten von Fox konzipierten Serien Comedies – *The Simpsons*, *In Living Color*, *Married . . . With Children* (Eine schrecklich nette Familie). Daß der Sender sich ernsthaften Themen zuwandte, hatte vor allen Dingen zwei Gründe: seine Expansion zu beschleunigen und neue abendliche Sendezeiten auszufüllen. Dieses Ziel war natürlich eher mit einer einstündigen Serie als mit zwei halbstündigen zu erreichen, obwohl niemand sicher sein konnte, ob sich das typische Stammpublikum von Fox mit dieser Fernsehkost würde anfreunden können.

Um das Risiko so gering wie möglich zu halten, erwog Fox im Frühjahr 1993, als **AKTE X** zu den wenigen Kandidaten für eine zur Hauptsendezeit ausgestrahlte Serie zählte, 37 verschiedene Programmkonzepte, von denen lediglich elf unter die Kategorie „Einstündige Serienfolgen" fielen. Eine der nur zwei neuen Serien dieses Genres, die schließlich ab September 1993 ins Programm aufgenommen wurden, war **AKTE X,** die andere eine Westernreihe mit dem Titel *The Adventures of Brisco County, Jr.* (Die Abenteuer des Brisco County jr.). Sandy Grushow, zu dieser Zeit Programmdirektor bei Fox, begab sich auf ziemlich dünnes Eis mit seiner Ankündigung, „ich fresse meinen Schreibtisch", falls Bruce Campbell, der die Hauptrolle in *Brisco County* spielt, nicht zu einem großen Fernsehstar würde. Andererseits war niemand bereit, den Verzehr irgendwelcher Büroeinrichtungen für den Fall in Aussicht zu stellen, daß **AKTE X** oder ihre Hauptdarsteller nicht einen ähnlich durchschlagenden Erfolg erzielten.

Allerdings hätte angesichts der Ausgangsbedingungen auch kaum jemand den späteren Erfolg des Projekts voraussagen können. Abgesehen davon, daß es kaum Rückenwind für dieses Genre gab, wurde **AKTE X** auch noch Freitag abends gesendet, also zu einer Zeit, in der viele junge Erwachsene und Jugendliche, die natürlich das Kernpublikum einer solchen Serie bilden, erfahrungsgemäß anderen, sehr viel weltlicheren Formen der Freizeitgestaltung nachgehen.

Daß **AKTE X** von Fox ausgestrahlt wurde, sollte sich in mehrfacher Hinsicht als Vorteil erweisen, vor allem, da der Sender als Neuling in der Fernsehbranche mit geringeren Einschaltquoten rechnete. Dies verschaffte der Serie, die durch die Suche nach „der Wahrheit" charakterisiert wird, die Zeit, etwas äußerst Wichtiges zu finden, um im Fernsehgeschäft überleben zu können, nämlich eine treue Zuschauergemeinde. Gegen Mitte der ersten Staffel begann die Kritik, Notiz von **AKTE X** zu nehmen, und unter den Fans machte Mundpropaganda die Runde, wobei sich besonders Computerfreaks hervortaten, die sich selbst „X-Philes" tauften und im Internet und anderen Online-Diensten über jede neue Folge diskutierten. Allmählich überholten die Einschaltquoten der Wiederholungen die der Erstausstrahlung. Die erste Staffel endete mit einem Zuschauerrekord, und als die Zahlen mit der ersten Folge der zweiten Staffel noch übertroffen wurden, hatte **AKTE X** den Durchbruch endgültig geschafft und war zum Selbstläufer geworden.

Plötzlich sah sich Fox einem unerwarteten Erfolg gegenüber, einer Serie, die nicht nur Zuschauer anzog, sondern zur Überraschung vieler in der Fernsehindustrie auch den Beifall des kritischen *New Yorker* und so bodenständiger Vereinigungen wie *Viewers for Quality Television* erntete, sowie den renommierten Golden Globe Award in der Kategorie *outstanding drama series* gewann, was alle „ernsthaften" Serien umfaßt, die nicht unter die Rubriken Sitcoms, heitere Familienserien, Musicals, Zeichentrickfilme usw. fallen. Eine Nominierung für den Emmy in derselben Kategorie 1995 – die erste in der Geschichte von Fox Broadcasting überhaupt – zementierte den Ruf der Serie als eine der wenigen, der es gelungen war, Kritikerlob einzustreichen, was diesem Genre traditionell verwehrt bleibt, während sie sich andererseits hoher Einschaltquoten erfreut. Die Unterstützung durch die Fans hat mittlerweile ein solches Ausmaß erreicht, daß Duchovny während einer Podiumsdiskussion auf die Frage nach dem Langzeitziel der Serie berechtigterweise die scherzhafte Antwort geben konnte: „Die Verbreitung über alle Grenzen hinaus."

Dieses Ziel scheint tatsächlich in Reichweite gerückt zu sein. Die Verantwortlichen bei Fox glauben sogar, daß **AKTE X** das Potential hat, ein Longseller in der Größenordnung von *Star Trek* zu werden, also während der nächsten 30 Jahre auf mehreren Sendern gleichzeitig ausgestrahlt werden könnte.

Das folgende Kapitel beschreibt die Entstehungs- und Entwicklungsgeschichte von **AKTE X** und beleuchtet den Prozeß, der es einem Team von begabten und engagierten Produzenten, Autoren, Regisseuren, Schauspielern und technischen Zauberern ermöglichte, pro Jahr zwei Dutzend Stunden und mehr an Geschichten über Kontakte mit Außerirdischen, Poltergeister, genetisch erzeugte Exoten oder sogar ganz altmodische Ungeheuer zu erschaffen, und das alles mit äußerster Sorgfalt und innerhalb der Grenzen, die das Budget einer Fernsehproduktion auferlegt – was einen ständigen Kampf zur Folge hat. Und im Gegensatz zu einer typischen Episode von **AKTE X** – jenseits aller Bewunderung für das darin enthaltene Talent – wird eine Schlußfolgerung unausweichlich sein:

Die Wahrheit findet sich auch hier drinnen.

Konzeption und Entwicklung

Chris Carters Jugend gibt wenig Anlaß, die Legionen von Außerirdischen, Dämonen und Geistern zu erklären, die offensichtlich in seinem Kopf herumspuken, ganz zu schweigen von den gelegentlichen paranoiden Verschwörungstheorien, die selbst einen Oliver Stone vor Neid erblassen lassen müßten.

Carter wurde in Südkalifornien als Sohn eines Bauarbeiters geboren und entspricht in vielen Punkten dem gängigen Klischee über den Menschenschlag dieser Region, von seiner typisch amerikanischen Erscheinung, dem blonden Haar und einem Hang zur Lässigkeit bis hin zu seiner Surfleidenschaft, die dazu führte, daß er nach dem Collegeabschluß über diese Sportart schrieb. Er wuchs in Bellflower auf, einem nicht weiter bemerkenswerten Vorort von Los Angeles. Carter hat eine sanfte aber intensive Stimme und ist ein echter Perfektionist in dem Sinne, daß er trotz der merkwürdigen Serientitel auf Anhieb jedes noch so kleine Detail aus einer beliebigen Folge von **AKTE X** parat hat. Sein zwangloses Benehmen und seine jugendliche Erscheinung können entwaffnend sein (er selbst beschreibt sich als 38jährigen Surfer), obwohl er gleichzeitig eine Präsenz ausstrahlt, die sein Selbstbewußtsein verrät, ohne daß er mit seiner einflußreichen Stellung hausieren geht.

Carter und sein jüngerer Bruder Craig verbrachten eine relativ normale Kindheit. Schon in frühen Jahren begeisterte er sich für Baseball und spielte in der Jugendliga. Als Zwölfjähriger begann er zu surfen, und diese Leidenschaft veranlaßte ihn, Artikel für das Fachmagazin *Surfing* zu schreiben und es schließlich fünf Jahre lang als Herausgeber zu betreuen, nachdem er 1979 auf der California State University in Long Beach seinen Abschluß im Hauptfach Journalismus gemacht hatte. Darüber hinaus arbeitete er als freier Autor und unternahm ausgedehnte Reisen.

Wie bei den meisten Erfolgsstories aus Hollywood, die nicht einfach auf Vetternwirtschaft beruhen, war der Weg, der ihn letztendlich zu **AKTE X** führen sollte, fast so verschlungen und facettenreich wie eine X-Akte selbst. Vier Jahre nach seinem Collegeabschluß lernte Carter seine spätere Frau Dori Pierson kennen, eine Drehbuchautorin, zu deren Verdiensten unter anderem der Spielfilm *Big Business* zählt. Sie ermutigte ihn zum Schreiben von Drehbüchern, und seine Arbeit erregte die Aufmerksamkeit von Jeffrey Katzenberg, damals Vorsitzender der Disney Studios, der Carter als Autor unter Vertrag nahm. Dort schrieb Chris Carter die Drehbücher zu Disney-Fernsehfilmen wie *B.R.A.T. Patrol* und *Meet the Munceys.*

Durch eine zusammengewürfelte Gruppe, die in ihrer Freizeit in Brentwood, Kalifornien, Softball spielte, kam Carter einen Schritt weiter auf der Karriereleiter, denn dabei lernte er Brandon Tartikoff kennen, zu dieser Zeit Präsident von NBC Entertainment.

„Chris war auf dem rechten Flügel der linkshändige Spieler mit dem harten Schlag", erinnert sich Tartikoff, der während dieser Zeit entdeckte, daß sein Teamkollege Autor war. Nachdem Tartikoff einige von Carter verfaßte Drehbücher gelesen hatte, holte er ihn zu NBC, wo Carter mehrere Serienpilotfolgen entwickelte, darunter *Cameo by Night*, eine Geschichte über eine Detektivin mit Sela Ward aus *Sisters* in der Hauptrolle, sowie *Brand New Life*, eine Art modernisierte Fassung von *The Brady Bunch*, die als Teil einer im Wechsel gesendeten Disney-Serie ausgestrahlt wurde. „Chris schrieb ein verdammt gutes Script", sagt Tartikoff und fügt hinzu, daß Carter zum Teil NBCs Erfolg zum Opfer fiel, da der Sender damals einen Höhenflug hatte und nicht an einer Familienserie interessiert war.

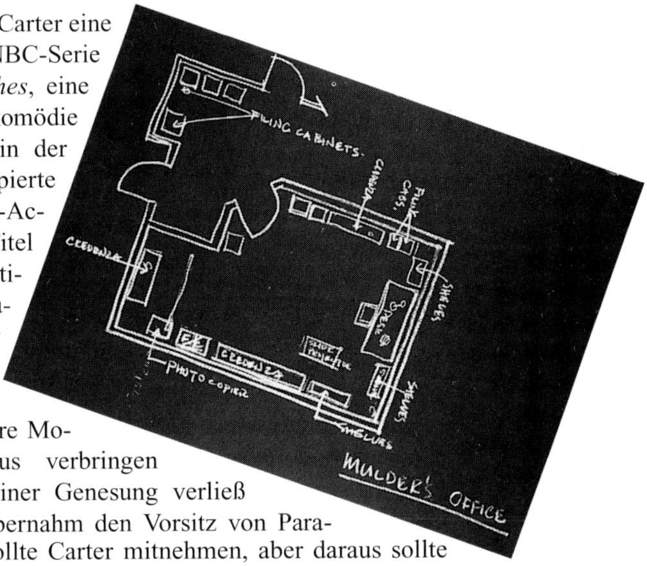

Später produzierte Carter eine weitere kurzlebige NBC-Serie namens *Rags to Riches*, eine ausgefallene Musicalkomödie mit Joseph Bologna in der Hauptrolle, und konzipierte eine Science fiction-Actionreihe mit dem Titel *Copter Cop*, die Tartikoff unbedingt produzieren wollte, bevor er in einen schweren Autounfall verwikkelt wurde und mehrere Monate im Krankenhaus verbringen mußte. Kurz nach seiner Genesung verließ Tartikoff NBC und übernahm den Vorsitz von Paramount Pictures. Er wollte Carter mitnehmen, aber daraus sollte nichts werden. In den letzten Jahren treffen sich die beiden fast nur noch bei gesellschaftlichen Anlässen, und Carter ist, wie Tartikoff es formuliert, „viel zu beschäftigt, um jetzt noch Softball zu spielen."

Allerdings war Tartikoff nicht der einzige, der Carter schätzte. Auch Peter Roth, Präsident von Stephen J. Cannell Productions, zeigte sich an der Arbeit des Autors interessiert. Er las *Cool Culture*, Carters Drehbuch zur Pilotfolge einer geplanten Serie über die Jugendkultur an der Westküste, zu der Carter durch seine einschlägigen Erfahrungen inspiriert worden war. Das Drehbuch wurde nie verwertet, aber immerhin bekam Roth es zu Gesicht. „Ich war von seinem Gespür für Dialoge begeistert", erinnert er sich. Er versuchte, Carter als Autorenproduzent für die CBS-Serie *Palace Guard* unterzubringen.

Die Serie wurde schon bald abgesetzt, aber Roth dachte an Carter, als er von Cannell zu Twentieth Century Fox wechselte, wo er den Posten des Präsidenten der Abteilung TV-Produktion übernahm. 1992 ging er das Risiko ein, ein paar relativ unbekannte Produzenten unter Vertrag zu nehmen, darunter auch Carter, die neue Programme für Fox Television entwickeln sollten, eine Tochtergesellschaft von Fox Broadcasting aus dem Studioimperium des Unterhaltungsmoguls Rupert Murdoch.

Trotz seiner bisherigen Beschäftigung mit Comedies und den familienorientierten Disneyproduktionen ging Carter seit Jahren mit einem dunkleren Konzept schwanger, das seinem jugendlichen Faible für Serien wie *The Twilight Zone* , *Alfred Hitchcock Presents* und vor allen Dingen *The Night Stalker* entstammte, letzterer ein Fernsehfilm von 1971, der die Fortsetzung *The Night Strangler* und anschließend die einstündige Serie *Kolchak: The Night Stalker* (Der Nachtjäger) nach sich zog, die 1974/75 bei ABC lief.

Frage: Chris Carter hat in einer Serienfolge mitgespielt. In welcher?

Antwort: Er tauchte in der Folge „Anasazi" als Mitglied des FBI-Komitees auf, vor dem Scully aussagt.

Kurz nach seinem Wechsel in das neue Studio traf sich Carter mit Roth zum Mittagessen in der Kantine von Fox – einer überfüllten, aber modernen Anlage im Herzen des riesigen Studiokomplexes –, um Gedanken über die Entwicklung neuer Programme auszutauschen. Carter erwähnte, daß er schon immer seine Version von *Der Nachtjäger* hatte realisieren wollen, etwas „wirklich Beängstigendes" für das Fernsehen.

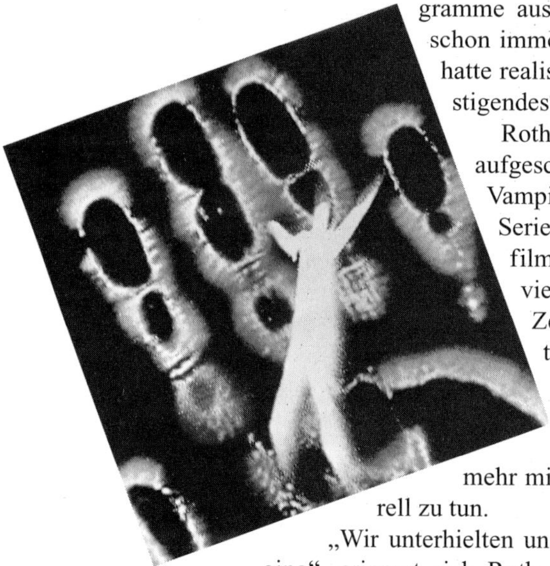

Roth zeigte sich der Idee gegenüber recht aufgeschlossen und wies darauf hin, daß Vampire, die den Kern der ursprünglichen Serie gebildet hatten, angesichts des Kinofilms *Interview with the Vampire* (Interview mit einem Vampir), der zu diesem Zeitpunkt gerade gedreht wurde, tatsächlich ein heißes Thema sein könnten. Carter war allerdings nicht speziell an Vampiren interessiert, sondern erklärte, seine Idee hätte mehr mit UFOs und dem Paranormalen generell zu tun.

„Wir unterhielten uns darüber, was nicht über die Sender ging", erinnert sich Roth an das Mittagessen, und die beiden stellten fest, daß es im Fernsehen schon seit einiger Zeit keine in diesem Genre angesiedelten Serien mehr gab, bei denen sich die Zuschauer gepflegt gruseln konnten. Sie wälzten verschiedene Ideen, aber beide hatten das Gefühl, mit dem Versuch, eine zeitgemäße Version von *Der Nachtjäger* zu entwickeln, auf dem richtigen Weg zu sein. „Es war einfach etwas, das seit meiner Kindheit sozusagen in mir geschlummert hatte", sagt Carter und betont, daß sein Interesse an dieser Art Serien schon lange vor dem Gedanken daran, Schriftsteller oder Drehbuchautor zu werden, bestanden hatte, was die vielen Stunden belegen, die er als Kind damit verbrachte, sich im Fernsehen immer wieder Filme wie *Mysterious Island* anzusehen.

Im Rückblick war sich Carter der Programmlücke – und damit der Einstiegschance – auf dem überfüllten Markt der Prime Time-Sendungen durchaus bewußt. Projekte in diesem Bereich bewegen sich in Größenordnungen von etlichen Millionen Dollar, und folglich neigen die Verantwortlichen dazu, lieber bereits erfolgreiche Konzepte zu reproduzieren, anstatt neue und kreative, jedoch finanziell riskante Wege zu beschreiten. „Sehen Sie sich die Fernsehlandschaft an", sagte Carter zu Roth während des Essens. „Sie werden nirgendwo etwas Unheimliches entdecken."

Obwohl es *Der Nachtjäger* war, der Carter inspiriert hatte, konnte er sich an keine bestimmten Einzelheiten mehr erinnern, nur noch daran, wie sehr ihn diese Serie als Jugendlicher beeindruckt hatte. „Ich wußte nur, daß ich einfach nicht genug davon bekommen konnte." Als er sich die Folgen noch einmal ansah, wurde ihm bewußt, daß ihr Spielraum sehr begrenzt war. Carl Kolchak, ein glückloser Zeitungsreporter, stolperte immer wieder über Vampire, Werwölfe und Zombies. Kolchak wurde von Darren McGavin gespielt, den Carter als Hommage an die Serie für die Rolle von Mulders Vater vorgesehen hatte, was sich aus Termingründen aber nicht verwirklichen ließ.

Nach seinem Treffen mit Roth begann Carter, seine Grundidee auszuarbeiten, wobei er herauszufinden versuchte, „wie es sich vermeiden ließ, nicht in das Loch zu fallen, das dem *Nachtjäger* zum Verhängnis geworden war", indem die Serie ihr Pulver schon nach der ersten Staffel verschossen hatte. Ihm war klar, daß er ein Konzept für einen tragfähigeren Handlungsrahmen brauchte, der Woche für Woche belastbar war, ohne die Grenzen der Glaubwürdigkeit über Gebühr zu strapazieren. Zu dieser Zeit war gerade der mit einem Oscar preisgekrönte Kinofilm *The Silence of the Lambs* (Das Schweigen der Lämmer) angelaufen, was Carter auf den Gedanken brachte, das FBI als ständige Ausgangsbasis für die Ausflüge in die Welt des Paranormalen zu benutzen.

Durch einige weitere Änderungen und Nachforschungen legte Carter den Grundstein von **AKTE X,** die Idee, daß es beim FBI jemanden geben müßte, der ungeklärte Fälle bearbeitete. Die Serie sollte sich auf zwei FBI-Agenten konzentrieren – der eine glaubt an die Existenz des Übernatürlichen, der andere ist skeptisch –, die Fälle untersuchen, bei denen paranormale Phänomene eine Rolle spielen. Einer der beiden Hauptdarsteller sollte durch ein persönliches Erlebnis angetrieben werden, weil er im Alter von zwölf Jahren Zeuge der Entführung seiner jüngeren Schwester geworden war.

Carter fand das Sahnehäubchen zu seiner Idee, als ihm ein Freund, der zufällig Psychiater ist und ein Forschungsprojekt betrieb, ihm einen Bericht der Roper Organisation zeigte, aus dem hervorging, daß drei Prozent aller Amerikaner glaubten, schon einmal von Außerirdischen entführt worden zu sein. Ob diese Untersuchungsergebnisse nun stichhaltig waren oder nicht, Carter hatte das Gefühl, auf etwas gestoßen zu sein, womit er das Interesse an einem Thema wecken konnte, das ansonsten viel zu oberflächlich abgehandelt wurde. „Das ist zu schön, um wahr zu sein, dachte ich", erinnert er sich.

Während Carter sein Material formte, flossen weitere kleine Details in **AKTE X** ein. Fox Mulder, der an das Übernatürliche glaubte, erhielt den Vornamen eines Jungen, mit dem Carter aufgewachsen war, und als Nachnamen den Mädchennamen von Carters Mutter.

Seine Partnerin, die eher skeptische Dana Scully, wurde nach Vin Scully, dem Hausreporter der Los Angeles Dodgers benannt, der – wie Carter es ausdrückt – für jeden jungen Baseballfan in Südkalifornien, der ein Radio besaß, „die Stimme Gottes" war.

Welche Ähnlichkeit Carters Konzept in bezug auf den Gruselfaktor auch mit dem *Nachtjäger* haben mochte, es wies doch deutliche Unterschiede auf. In der alten Serie war der Reporter Carl Kolchak rein zufällig über alle möglichen Monster gestolpert, was die Glaubwürdigkeit arg strapaziert hatte. In **AKTE X** sollten Mulder und Scully die paranormalen Vorfälle erst untersuchen, nachdem ein anderer darauf gestoßen war, wobei das FBI aus naheliegenden Gründen als Sammelstelle solcher Berichte diente. „Als ich mir den *Nachtjäger* noch einmal ansah, entdeckte ich die Fallstricke", sagt Carter. Er wollte, daß die Agenten in seiner Serie jede Woche anders geartete Fälle untersuchten, und auch „keinen Zombie auf einem Motorrad", womit er auf eine der eher abstrusen Folgen von *Der Nachtjäger* anspielt.

Indem er seinem eigenen skeptischen Naturell Rechnung trug, legte Carter die Saat für einen Aspekt, der zu einem wesentlichen Bestandteil der Serie werden sollte: die These, daß in Regierungskreisen Kräfte am Werk sind, die zu verhindern versuchen, daß Informationen über paranormale Vorfälle öffentlich bekannt werden. So tut gerade Scully anfangs ihr möglichstes, um Mulders Entdeckungen zu unterminieren, und eventuelle Beweismittel für die Existenz von UFOs werden zum Schluß der Pilotfolge in einem Lagerraum des Pentagon versteckt.

Obwohl Carter zur Zeit der Watergateaffäre noch ein Teenager gewesen war, haben diese Ereignisse deutliche Spuren in ihm hinterlassen. Die Berichterstattung über den Skandal und Präsident Richard Nixons anschließender Rücktritt waren „das Ereignis in meiner Jugend, das mich am stärksten geprägt hat", gesteht er. So verwundert es auch kaum, daß er eine seiner Schlüsselfiguren nach der geheimnisvollen Quelle der Watergate-Reporter Deep Throat (in der deutschen Fassung: Die Tiefe Stimme oder der Mann mit der tiefen Stimme) benannte und sich Sprüche einfallen ließ wie „Vertrauen Sie niemandem" – „Meine persönliche Lebensphilosophie", versichert er lachend –, oder „Ich möchte glauben", „Streiten Sie alles ab" und „Die Wahrheit ist irgendwo dort draußen", letztere eine zweideutige Aussage, die seiner Meinung nach in einem Satz wunderbar die Atmosphäre zusammenfaßt, die er in der Serie erzeugen wollte. „Ich schätze, an mir ist ein Werbefachmann verloren gegangen", vermutet Carter, auf sein Talent für die Erfindung griffiger Slogans angesprochen.

Der nächste Schritt bestand darin, das Konzept einem Sender zu verkaufen. Carters erste und – wie sich herausstellen sollte – auch einzige Anlaufstelle waren die Vorsitzenden von Fox Broadcasting, einer Schwestergesellschaft von Twentieth Century Fox. Roth und der Produzent trafen sich mit Bob Greenblatt, Fox' Vizepräsident der Abteilung für die Entwicklung von *drama series*, der Anfang 1995 befördert wurde und seither die Entwicklung aller zur Hauptsendezeit ausgestrahlten Serien des Senders betreut.

„Zuerst machte mich die Sache mit den paranormalen Phänomenen ziemlich nervös", gibt Greenblatt zu, denn er befürchtete, diese Dinge könnten „ziemlich bescheuert und albern" wirken, sollten sie nicht ordentlich in Szene gesetzt werden. Er wollte auch nicht, daß dabei ein Aufguß von *Der Nachtjäger* herauskam – mit ebenso begrenzten Möglichkeiten – oder gar eine Parodie auf das Genre wie *An American Werwolf in London* (American Werwolf). „Ich fürchtete, wir würden die Sache nicht durchziehen können", gesteht er.

Wie er berichtet, verliefen diese ersten Treffen im Spätsommer und Herbst des Jahres 1992 etwas ungünstig, weil es so schwer war, das Konzept von **AKTE X** mündlich zu erläutern. Roth erinnert sich, daß sich Carter in dieser Phase ziemlich unbehaglich fühlte, weil die Verantwortlichen des Senders und des Studios an den Handlungselementen jeder einzelnen Folge herumkritisierten.

„Chris und ich machten damals nicht gerade eine gute Figur", fügt Roth hinzu. Außerdem fürchtete Greenblatt, daß sein Vorgesetzter, Peter Chernin, Präsident der Fox Entertainment Group, kein Interesse an einer Serie zeigen würde, bei der die Jagd nach Außerirdischen ein wesentlicher Bestandteil war.

„Als ich meine Idee zum ersten Mal vortrug, lautete die Antwort: ‚Nein, danke'", erinnert sich Carter. „Ich ging weiter damit hausieren, und schließlich sagte man mir: In Ordnung, Sie haben uns überzeugt, lassen Sie uns endlich in Ruhe.'"

Trotz seiner Zweifel war Greenblatt von Carters offensichtlichem Talent und seiner Leidenschaft für das Projekt angetan. Für ihn kam der entscheidende Moment, als Carter ihm ein achtzehnseitiges einzeilig geschriebenes Manuskript einreichte, das szenarisch die Handlung des Pilotfilms umriß und sogar einige Dialogzeilen beinhaltete. „Es enthält wirklich alles, woraus die Pilotfolge schließlich bestehen sollte", versichert Carter, der das Treatment immer noch besitzt.

„Ich pißte mir vor Angst fast in die Hose", schmunzelt Greenblatt, als er sich daran erinnert, wie er Carters Entwurf zu Hause zum ersten Mal las. „Diese Geschichte machte mir klar, daß wir hier etwas ganz Einzigartiges hatten."

Carter machte an diesem Punkt längst noch nicht Halt, sondern wurde, wie er es formuliert, „meine eigene Werbeagentur". Er bastelte Diagramme und visuelle Hilfen, die wie kleine Bildschirme aussahen, um

Frage: Was unterscheidet den Vorspann der Episode „Anasazi" von denen der vorherigen Folgen?

Antwort: Am Ende des Vorspanns erscheinen die Wörter „EL ÀANIGOO ÀHOOT'E", was in der Sprache der Navajo „Die Wahrheit ist irgendwo dort draußen" heißt.

seine Serie den Verantwortlichen von Fox schmackhaft zu machen.

Trotzdem hatte er immer noch mit Schwierigkeiten zu kämpfen, zum Beispiel mit der Frage, wie „real" die Serie werden würde. Realityshows wie *Cops*, *Unsolved Mysteries* oder *Rescue 911* erfreuten sich inzwischen allgemeiner Beliebtheit, und nun war man skeptisch, ob eine fiktive Sendung neben dem Gefühl von Authentizität, das diese Programme vermittelten, bestehen konnte. „Alle kamen zu dem Schluß, diese Sache müßte so real wie möglich sein", erzählt Carter. „Niemand konnte sich vorstellen, warum sich irgend jemand eine Serie ansehen sollte, wenn das Gezeigte nicht der Wahrheit entsprach." Daher ist in der Pilotfolge zu lesen, die Geschichte beruhe „auf tatsächlich dokumentierten Vorfällen" – das einzige Zugeständnis, das in dieser Richtung gemacht wurde.

Es folgten weitere Streitereien über einzelne Elemente in der Serie. Im November 1992 stieg Chernin zum Leiter der Spielfilmabteilung von Fox auf. Sein Stellvertreter Sandy Grushow trat seine Nachfolge an und wurde damit Greenblatts neuer Boß. Zu diesem Zeitpunkt hatte Fox bereits ein Drehbuch in Auftrag gegeben, und Greenblatt stand hundertprozentig hinter dem Projekt, aber nun hing es in erster Linie von Grushow ab, ob der Sender grünes Licht für die Produktion einer Pilotfolge geben würde.

Grushow, der Fox im September 1994 verließ und später Programmchef von Tele-TV wurde, einem von einer Telefongesellschaft finanzierten Unternehmen, erinnert sich, wie Greenblatt am Thanksgiving-Wochenende 1992 zu ihm nach Hause kam, um die Drehbücher durchzugehen, die er als Kandidaten für die erst in zehn Monaten stattfindende Programmeinplanung angekauft hatte. Eines von ihnen war **AKTE X,** und Grushow horchte auf, als Greenblatt ihm sagte, daß der Erfinder des Projekts „ein Protegé von Brandon Tartikoff" wäre – eine gute Referenz für einen relativ unbekannten Produzenten, wie er fand.

„Ich hielt das Projekt für eine außergewöhnliche Serie und dachte mir, daß zur Zeit nichts Vergleichbares ausgestrahlt wurde", erzählt Grushow, der an diesem Wochenende über etlichen Stapeln von Manuskripten brütete. „Außergewöhnlich" war ohnehin das Losungswort bei Fox, wo man das Programmäquivalent taktischer Guerillakriegsführung betrieb, indem man versuchte, den etablierteren Sendern mit Produktionen zu begegnen, die dort nicht so leicht zu finden waren. Grushow entschied, grünes Licht für die Pilotfolge zu geben, da er glaubte, **AKTE X** könnte ein guter Ersatz für die Reality-Reihe *Sightings* werden, in der es ebenfalls um UFOs ging und die eine ganz beachtliche

Zuschauerzahl gefunden hatte, wenn sie auch aufgrund ihrer Machart keine große Begeisterung bei den Werbekunden hervorrief.

Greenblatt zufolge trug vermutlich auch die Tatsache, daß die Produktionsfirma ebenfalls zu Fox gehörte, zur Entscheidung des Senders bei, das Wagnis einzugehen, obwohl noch immer Zweifel an der Überlebensfähigkeit der Serie bestanden. „Immerhin ist es leichter, sich mit einer Schwesterfirma auf ein riskantes Unternehmen einzulassen“, gesteht er.

Nachdem die Pilotfolge bestellt war, mußten sich die Parteien auf die Besetzung der Hauptrollen einigen. Wie üblich sprachen etliche Schauspieler für die jeweiligen Rollen vor, und nur wenige Konkurrenten kamen in die Endrunde. Zur Auswahl standen schließlich David Duchovny (damals wohl hauptsächlich durch seinen kurzen Gastauftritt als FBI-Agent – wenn auch als Transvestit – in ABCs Kultserie *Twin Peaks* bekannt) und ein weiterer Schauspieler. Die Darstellung des anderen Kandidaten von Mulder war „cooler und etwas gequälter“ als die Duchovnys, erinnert sich Carter. Auch wenn die Verantwortlichen von Fox heute behaupten, Duchovny hätte dank seines schrägen Sinns für Humor, der während des Vorsprechens deutlich wurde, die Rolle fast schon in der Tasche gehabt, sagt Carter, daß es noch etwas Druck von seiner Seite bedurft hätte, um sie in seinem Sinn zu beeinflussen.

„Eva“

Scully: „Das sind mehr als vier Liter Blut.“

Mulder: „Man könnte sagen, der Typ ist auf Reserve gelaufen.“

Duchovny selbst, dessen Spielfilmkarriere gerade durch seine Rolle in *Kalifornia* an der Seite von Brad Pitt eine vielversprechende Wendung genommen hatte, verspürte zu diesem Zeitpunkt keine große Lust, eine Fernsehserie zu machen. So war **AKTE X** denn auch das einzige Drehbuch zu einer Pilotfolge gewesen, das seine Agentin ihm in diesem Jahr zugeschickt hatte. „Ich las es und fand, daß es eine wirklich gute Geschichte war, UFOs aber nach drei oder vier Episoden langweilig werden würden“, erinnerte sich Duchovny. „Ich dachte mir, ich könnte für einen Monat nach Vancouver gehen, mir mein Geld abholen und dann meinen nächsten Kinofilm drehen.“

Ein weitaus heftigerer Kampf entbrannte bei der Besetzung der Scully. Greenblatt sagt, ihm war klar, daß die weibliche Hauptrolle nach Jodie Fosters oscargekrönter Darstellung in *Das Schweigen der Lämmer* möglichst „real“ sein mußte. Allerdings behaupten die Macher von **AKTE X** auch heute noch, daß innerhalb von Fox Stimmen laut wurden, die mehr für eine Sexbombe plädierten, eine Frau, die sich neben der weiblichen Darstellerriege von *Melrose Place* hätte behaupten können. Aber auch wenn einige Leute bei Fox nach dem Äquivalent von Pamela Anderson aus *Baywatch* Ausschau hielten, Carter und Randy Stone, der Besetzungschef von Twentieth Television, entschieden sich auf Anhieb für Gillian Anderson, eine 24jährige Schauspielerin, die abgesehen von einer kleinen Gastrolle in der kurzlebigen Fox-Serie *Class of '96* im Fernsehen völlig unbekannt war.

„Als sie den Raum betrat, wußte ich sofort, daß sie Scully war“, sagt Carter. „Ich habe es einfach gefühlt . . . Sie hatte eine intensive Ausstrahlung, und Intensität überträgt sich auf den Bildschirm."

Wie Duchovny hatte auch Anderson ihre Zweifel, was die Mitwirkung an einer Serie betraf, aber die Umstände – ein schrumpfendes Bankkonto und die Erkenntnis, daß Rollen in Kinofilmen rar waren – ließen ihr kaum eine andere Wahl. Zudem hoffte sie, das zeitweise Engagement in einer Fernsehserie würde ihren Bekanntheitsgrad erhöhen, bis sie wieder für eine Spielfilmrolle vorsprechen konnte.

Anderson begriff nicht in vollem Ausmaß, was für ein Kampf um ihre Besetzung hinter den Kulissen stattfand. „Ich mußte meine Karriere aufs Spiel setzen, um Gillian in die Serie zu bekommen", beteuert Carter und empfindet noch immer ein wenig Genugtuung dabei, „den Neinsagern bewiesen zu haben, daß sie unrecht hatten."

Doug Hutchison, der den Killermutanten in „Das Nest" und „Ein neues Nest" spielte, schickte Chris Carter eine gefrorene Kalbsleber, um ihm für die Rolle zu danken.

Es waren 15 bis 20 Leute im Raum, als Anderson und mehrere andere Schauspielerinnen vorsprachen, und Carter traf seine Wahl gleich im Anschluß. Fox war immer noch nicht glücklich über diese Entscheidung. Also wurde ein weiteres Casting anberaumt, zu dem wiederum Anderson (die zu diesem Zeitpunkt nicht ahnen konnte, welches Drama sich um ihre Person abspielte) zusammen mit einer neuen Gruppe von Schauspielerinnen eingeladen wurde. „Sie erkannten nicht, was die Rolle alles beinhaltete", sagt Carter. „Es gab eine andere Schauspielerin, die ihre Sache gut machte, aber sie entsprach nicht meiner Vorstellung von Dana Scully. Also sagte ich schließlich: ‚Hören Sie, das ist die Frau, die ich haben will. Das ist Dana Scully.' Daraufhin sahen mich alle an und sagten: ‚Okay.'"

Trotzdem hielt die Skepsis weiter an, und Carter hatte eindeutig das Gefühl, daß er in dem Vorsprechzimmer „allein gegen den Rest der Welt" kämpfte. Millionen von Dollar standen auf dem Spiel, und die Dreharbeiten sollten schon in den nächsten Tagen beginnen. Anderson erhielt an einem Donnerstag die Nachricht, daß sie die Rolle bekommen hatte, bestieg ein Flugzeug und stand bereits zwei Tage später vor der Kamera.

„Wir begutachteten eine Menge Schauspielerinnen", erzählt Greenblatt und berichtet weiter, daß die Verantwortlichen sich zum Schluß immer wieder die eine Episode von *Class of '96* ansahen, weil es das einzig verfügbare Filmmaterial war, anhand dessen sie Anderson beurteilen konnten.

Doch selbst, nachdem die ersten längeren Passagen des Pilotfilms eingetroffen waren, wurde von einigen Seiten eine „gewaltige Ablehnung Gillian gegenüber" geäußert, wie Roth sagt. Man stellte sich die Frage, ob der Charakter nicht zu nüchtern oder gar unsympathisch wirkte. Auch Carter erinnert sich daran, selbst nach Fertigstellung des Pilotfilms noch Bedenken wegen Anderson gehört zu haben.

Ein weiterer Streitpunkt betraf das Verhältnis zwischen den beiden Hauptpersonen. Trotz der Stimmen, die ihn dazu drängten, mehr sexuelle Spannungselemente zwischen den Protagonisten aufzubauen, bestand Carter darauf, es bei einer rein platonischen Beziehung zu belassen. „Chris hat von Anfang an gesagt: ‚Das ist nicht *Moonlighting*' (Das Model und der Schnüffler)", bestätigt Greenblatt.

„Einen großen Teil meiner Anstrengungen während der Zeit zwischen August und Mai, als wir den Pilotfilm realisierten, verwandte ich darauf, eben diese Falle zu vermeiden", erklärt Carter. „Ich war wirklich der einsame Rufer, der darauf bestand, keine Liebesbeziehung zwischen den Hauptfiguren zuzulassen. Keinesfalls durfte bei dieser Serie eine fernsehgerechte erotische Spannung aufgebaut werden, sonst hätte die ganze Sache nicht mehr funktioniert. Sobald die beiden sich verliebt anschmachten, werden sie kein Interesse mehr daran haben loszuziehen, um Außerirdische zu jagen. Eine derartige Entwicklung würde das unterlaufen, was die Serie einzigartig machen sollte, und das ist die Untersuchung dieser Fälle."

Carter glaubte, durch die Szene in der Pilotfolge, in der Scully, nur mit einem Morgenmantel bekleidet, voller Panik in Mulders Zimmer stürzt, klargemacht zu haben, daß die beiden nicht in einer FBI-Version von *Cheers* agierten. Mulders beherrschte Reaktion auf Scullys Erscheinen setzte nach Meinung des Produzenten ein Zeichen, das auch für die folgenden Episoden maßgeblich sein würde. (Aber wenn diese Schlacht auch scheinbar siegreich gewesen war, beschrieb eine Zusammenfassung der Beziehung zwischen Mulder und Scully, die von der hausinternen Presseabteilung noch vor der Erstausstrahlung der Serie verbreitet wurde, ihr Verhältnis folgendermaßen: „Es wird mit jedem Fall komplexer, entwickelt sich allmählich zu einer hitzigen Mischung aus professioneller Kompetenz, schlagfertigen Spitzfindigkeiten und gegenseitiger Zuneigung, die durch die Bedeutung ihrer Aufgabe und die Nähe ihrer Zusammenarbeit noch gesteigert wird.")

Aus praktischen Gründen hatten Carters Ten Thirteen Productions (nach dem Geburtstag des Produzenten benannt) und Twentieth TV geplant, die Serie in Los Angeles zu produzieren, konnten aber keinen geeigneten Drehort für die Außenaufnahmen des Pilotfilms finden, der im amerikanischen Nordwesten spielt und eine Entführungsgeschichte durch Außerirdische zum Thema hat. Schließlich beschloß man, „dort hinzugehen, wo es die guten Wälder gibt", sagt Carter. Also verlegte man den Drehort nach Vancouver, eine Stadt, in der man im Vergleich zu L.A. nicht nur preiswerter produzieren kann, sondern die darüber hinaus optisch fast jeder beliebigen Stadt Nordamerikas ähnelt.

Auch die Dreharbeiten selbst waren kein Kinderspiel. Da die Produktion von **AKTE X** mit einiger Verzögerung angelaufen war und in der Umgebung inzwischen mehr als 20 Pilotfilme zu neuen Serien gedreht wurden, bekamen die Produzenten nicht die Genehmigung, an den Orten zu drehen, auf die ihre erste Wahl gefallen war. Dazu kam die Schwierigkeit, in einem ihnen damals noch völlig unbekannten Umfeld zu arbeiten. Außerdem, wie Carter hinzufügt, gab es „gewisse Feindseligkeiten und Reibereien unter der Belegschaft, einigen der Produzenten und dem Regisseur." Bei letzterem handelte es sich um Robert Mandel, einen Freund Carters, den dieser selbst für die Pilotfolge ins Team geholt hatte.

Die Aufnahmen begannen im März 1993, und die erste Szene – in der Canadian Broadcasting Corporation gedreht – beinhaltete passenderweise die Sequenz, in der Dana Scully Fox Mulder zum ersten Mal in den Tiefen des FBI-Gebäudes begegnet, die dieser als das Reich der „unerwünschtesten Personen des FBI" bezeichnet. Die Schauspieler hatten bis zu diesem Zeitpunkt noch keine Gelegenheit gehabt, am Set zu proben und nur im Studio üben können. Carter wußte, daß die ersten Aufnahmen der Rohfassung äußerst gründlich begutachtet werden würden, teils wegen der Grabenkämpfe um Andersons Besetzung, teils weil die Art der Beziehung zwischen den Hauptdarstellern maßgeblich dafür verantwortlich sein würde, ob die Serie überhaupt funktionieren konnte.

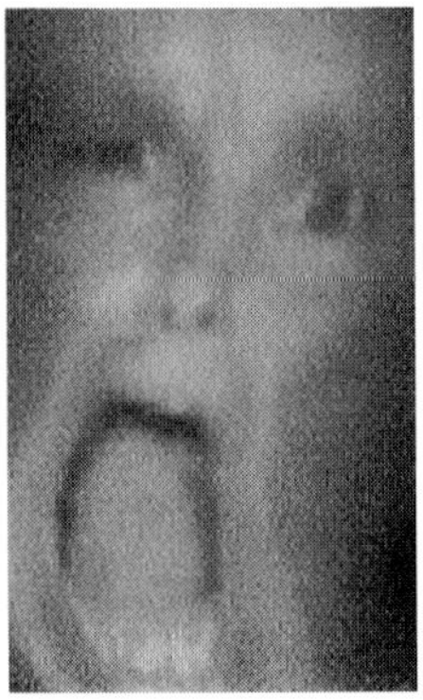

Diese erste Zusammenkunft war laut Carter „nicht nur von größter Bedeutung für die Pilotfolge, sondern für das gesamte Projekt überhaupt. Wenn alle zu dem Schluß kommen, die Sache funktioniert nicht, werden die nächsten 14 oder 15 Tage zur Hölle."

Allerdings verstanden sich die Schauspieler ungeachtet der schwierigen Bedingungen auf Anhieb prächtig (Anderson hat einmal scherzhaft bemerkt, daß Duchovny auf die meisten Frauen eine beachtliche Wirkung hat, was viele seiner Fans zweifellos bestätigen werden). Duchovny war von Andersons Zähigkeit und Entschlossenheit sehr beeindruckt, als sie eine Szene in eisigem Regen drehten.

Die Produktion wurde durch weitere technische Probleme erschwert, zum Beispiel durch die Frage, wie man bei einem jungen Mädchen aufs Stichwort Nasenbluten hervorrufen konnte, was durch einen seitlich an ihrem Gesicht vorbeigeführten Schlauch gelöst wurde. William B. Davis, der den immer wieder auftretenden Cigarette-Smoking Man (in der deutschen Fassung: Der rauchende Mann) spielt und in der Pilotfolge kaum einen ganzen Satz spricht, erinnert sich, wie sich Mandel nach Drehschluß mit den Worten verabschiedete, sie würden sich alle wiedersehen, sobald aus dem Pilot eine Serie geworden war, eine Bemerkung, die angesichts der Erfolgsrate der meisten Pilotfilme kaum jemand sonderlich ernst nahm.

Nach Beendigung der zweiwöchigen Dreharbeiten in diesem Frühling erhielt Fox den Film zusammen mit zahlreichen anderen Serienpiloten, die alle darauf hofften, einen Platz innerhalb der Hauptsendezeit zu finden – ein jährlicher Ausleseprozeß, der den Laichzügen der Lachse stromaufwärts nicht unähnlich ist und es allen Serien unglaublich schwer macht, den Weg bis zur Ausstrahlung zu schaffen oder gar erfolgreich zu werden. Die Nachbearbeitung, die die Filmmusik, zusätzliche Geräuscheffekte und den letzten Schnitt umfaßt, wurde erst Anfang Mai beendet, nur wenige Tage bevor Fox das Ergebnis offiziell begutachten und die Herbstsendepläne festlegen würde. „Bis zu diesem Tag im Mai, als Rupert Murdoch und die Bosse von Fox den Pilotfilm sahen“, sagt Carter, „wußten sie wirklich nicht, was sie erwartete.“ Tatsächlich hatte ein Mitarbeiter von Fox, der sich die Rohfassung bereits vorher angesehen hatte, Roth gegenüber ganz lakonisch bemerkt: „Netter Versuch.“

Auch Greenblatt bestätigt, daß Fox zu diesem Zeitpunkt immer noch nicht wußte, was die Firma an der Serie hatte, und er räumt ein, daß seine Zweifel daran, ob das Projekt die entscheidende Hürde nehmen würde, im gleichen Maße wuchsen, wie sich seine persönliche Überzeugung festigte. „Hier und da klang nervöses Gelächter auf, und ich dachte schon: ‚Tja, das war's dann wohl‘“, erinnert er sich an die Vorführung für die Verantwortlichen von Fox. Doch am Ende brandete Applaus auf, etwas, das bei Funktionären, angesichts der Sichtung unzähliger Pilotfolgen zu potentiellen neuen Serien, äußerst selten vorkommt.

„Die Reaktion war einhellig“, sagt Grushow. Als er sich nach der Meinung der Zuschauer erkundigte, hoben alle die Hand. Die Anwesenden redeten durcheinander, um ihr Urteil abzugeben, was bei solchen Vorführungen ungewöhnlich ist. Spitzenleute von Fox – darunter Murdoch und die Vorsitzende Lucie Salhany, die ebenfalls zu einer nachdrücklichen Fürsprecherin der Serie wurde – meldeten sich bei Roth, um ihm zu dem Projekt zu gratulieren.

Aber noch immer war **AKTE X** nur die *zweite* Serie, die Fox in diesem Frühjahr in Auftrag gab. Die größten Erwartungen setzte man immer noch in die Western-Reihe *Die Abenteuer des Brisco County, jr*. „*Brisco County* war nach wie vor die Serie, für die sich die meisten Leute in der Firma begeisterten“, bestätigt Grushow. „Man hielt sie für den Vorreiter, der **AKTE X** in seinem Fahrwasser mit sich ziehen würde.“ Also beschloß Fox, **AKTE X** zur Hauptsendezeit im Herbstprogramm im Anschluß an *Brisco County* auszustrahlen, in der Hoffnung, daß der Western genügend Zuschauer fesseln würde, von denen **AKTE X** dann profitieren konnte. Man spekulierte darauf, daß die Serien eine Alternative zu den beliebten ABC-Comedies werden könnten, die ebenfalls freitagabends gesendet wurden.

Vor Beginn des nächsten Programmhalbjahrs wurden *Brisco County* und Bruce Campbell, der Star der Serie, von Fox eindeutig vorrangig behandelt. In Hinsicht auf Grushows wiederholtes Versprechen „ich fresse meinen Schreibtisch", falls sich Campbell nicht zu einem Star mausern würde, hatte auch Duchovny den Eindruck, **AKTE X** würde geringschätzig bewertet. Carter erinnert sich, wie der Schauspieler Grushow einmal angeboten hatte, ihm die Beilagen zu dieser Mahlzeit zu liefern. Duchovny faßt die damals vorherrschende Meinung unter den Verantwortlichen wie folgt zusammen: „Ach ja, da gibt es dann noch eine andere kleine Serie namens **AKTE X**'", und auch Carter bestätigt diese Einschätzung: „Niemand hat allzu große Erwartungen in uns gesetzt."

„Ich wünschte, ich hätte mich über **AKTE X** in dieser Art geäußert", gibt Grushow mittlerweile schmunzelnd zu. „Man ist immer überrascht, wenn eins der Projekte derart einschlägt, wie es bei dieser Serie geschah . . . Es ist immer schwer, so etwas im voraus zu wissen. Wer das behauptet, lügt entweder, oder aber er spinnt."

„Die Warnung"

Mulder: „Sagen Sie mir, daß ich verrückt bin."

Scully: „Sie sind verrückt."

Allerdings gab es bereits im Frühjahr erste Anzeichen, daß **AKTE X** einiges Aufsehen erregen würde. Internationale Rundfunkanstalten, die regelmäßig die US-Serien sichten, nachdem die Sender ihre Programmplanungen für die Hauptsendezeit festgelegt haben, reagierten mit außergewöhnlichem Enthusiasmus und machten **AKTE X** in diesen Kreisen laut Roth „zur meistdiskutierten Serie des Jahres 1993."

Dennoch hegte Fox nach wie vor Zweifel an einigen dramaturgischen Aspekten, nicht zuletzt wegen der Frage, wie die einzelnen Fälle enden sollten. Carter erinnert sich an ein Streitgespräch mit einem Verantwortlichen aus der Programmdirektion, der sich klarere Auflösungen wünschte, um es den Zuschauern zu erleichtern, sich einen Reim auf das Geschehen zu machen. „Da gibt es nichts zu erklären!" hatte Carter wütend gerufen. „Man muß sich seine Erklärung selbst schaffen!"

Mit Ausstrahlung der zweiten Staffel begann der Sender allmählich zu begreifen, daß die rätselhaften und unheimlichen Enden der einzelnen Folgen ein fester Bestandteil der Serie waren, der zu ihrem besonderen Reiz beitrug, und das Thema erledigte sich fast von selbst. Carter hatte darauf beharrt, Außerirdischen keine Handschellen anlegen zu können. „Und damit hatte er recht", sagt Greenblatt heute und fügt hinzu, daß man in solchen Angelegenheiten leichter nachgeben kann, „wenn man einen weitsichtigen Produzenten hat. Man vertraut einfach auf seine Vision, und die Sache funktioniert."

Carter machte seinerseits Zugeständnisse, erklärte sich mit einigen Änderungen einverstanden – ein unvermeidlicher Entwicklungsprozeß bei jeder Serie – und gibt zu, daß einige davon von Vorteil waren. So wurde zum Beispiel die Idee, Scullys Stimme einzublenden, während sie ihre Notizen für den Bericht abtippt, nachträglich in die erste reguläre Folge „Die Warnung" eingebaut, um dem Drängen des Senders nachzugeben, die

Geschichte zu einem Abschluß zu bringen und so, wie es Carter formuliert, „eine Auflösung für einen nicht gelösten Fall zu liefern." Obwohl er sich anfangs gegen diese Idee gesträubt hatte, entwickelten sich Scullys gesprochene Berichte „zu einer Art Klammer um die erste Staffel, und ich glaube, das hat der Serie tatsächlich gutgetan."

Auch räumt Carter ein, daß der Cigarette-Smoking Man, noch in der Pilotfolge eine mysteriöse Gestalt, dies eigentlich auch bleiben sollte. „Ich habe niemals erwartet, daß er so viel reden würde, wie er es schließlich tat", stellt der Produzent fest, „aber kein Mensch kann so weit vorausdenken. Die Serie entwickelt ein Eigenleben, dem man treu bleiben und das man weiterverfolgen muß. Ich fühle mich wie Lewis und Clarke, die beiden großen Entdeckungsreisenden in Nordamerika: Ich weiß, wohin ich gehe, aber ich weiß nicht, welche Hügel, Täler und Flüsse auf meinem Weg liegen." Dieser Prozeß betraf auch Mitch Pileggi in der Rolle des Stellvertretenden Direktors Skinner. Seine Beliebtheit veranlaßte die Produzenten, ihn häufiger aktiv in Erscheinung treten zu lassen.

Die ersten Kritiken fielen größtenteils wohlwollend aus, obwohl einige Rezensenten und Reporter nicht wußten, was sie von dieser makabren Serie halten sollten, und ihr nur geringe Überlebenschancen einräumten. Das einflußreiche Magazin *Entertainment Weekly* schrieb in seiner Vorschau auf das Herbstfernsehprogramm, die eine Kurzzusammenfassung aller neuen Serien enthält, zu **AKTE X**: „Wir wissen – diese Serie ist ein hoffnungsloser Fall", aber während der zweiten Staffel stellte es die Serie auf dem Cover vor.

„Feuer"

Scully: „Ich habe vergessen, wie es ist, einen Tag im Gericht zu verbringen."

Mulder: „Das ist einer der unschätzbaren Vorteile, wenn man Außerirdische und genetische Mutanten jagt. Man muß nur selten Anklage erheben."

Nach mehr als einem Jahr Planung und Produktion erlebten die Zuschauer die Premiere von **AKTE X** am 10. September 1993 mit einer Geschichte über eine Gruppe entführter Teenager im pazifischen Nordwesten. Man sieht Mulder zum ersten Mal mit Brille neben einem Wandposter, das die Aufschrift trägt: ICH MÖCHTE GLAUBEN. „Hier unten finden Sie nur die beim FBI unerwünschtesten Personen", erklärt er Scully, die er zuerst mißtrauisch mustert, zur Begrüßung. Die Folge endet damit, daß Mulder Scully anruft, nachdem das für ihren Fall entscheidende Beweisstück verschwunden ist, und ihr sagt, sie würden sich morgen wiedersehen. In Carters Originalscript wird die Szene folgendermaßen treffend beschrieben: „. . . läßt der beunruhigte Tonfall in ihrer Stimme keinen Zweifel daran, daß es für sie um mehr als nur um einen Job geht. Es wird sich als der ausschlaggebende Wendepunkt in ihrem Leben erweisen. Was auch immer jetzt noch folgen mag – Religion, Mutterschaft, egal was –, sie wird alles durch den Filter dieser Erfahrung betrachten."

Dieser fast schon poetischen Formulierung zum Trotz stand die entscheidende Bewährungsprobe für **AKTE X** noch aus, und zwar in Form der Zuschauerzahlen, mit denene diese Serie aufwarten konnte. Die Pilotfolge erreichte schließlich einen ermutigenden Wert von 7.9 auf der Nielsen-Skala (was knapp über 7,4 Millionen Haushalten entspricht) und 15% Marktanteile an der Hauptsendezeit. Das war mehr als befriedigend für Fox, da der Sender zu diesem Zeitpunkt einen schweren Stand gegenüber den größeren Anbietern hatte, was die Verbreitung der eigenen Programme betraf, und Freitag abends auf keine guten Zuschauerwerte bauen konnte. „Die Zuschauerzahlen der Premiere erregten jedermanns Aufmerksamkeit“, sagt Grushow. Allerdings behaupten Insider des Studios, daß die Eigenwerbung des Senders für die Serie zu diesem Zeitpunkt noch deutlich der für *Brisco County* hinterherhinkte und es auch noch in den nächsten Monaten tun sollte.

Frage: Wer sagt nach dem Ten Thirteen-Logo: „Das habe ich gemacht“?

Antwort: Nathan Couturier, der Sohn von Supervising Sound Editor Thierry Couturier.

Die Einschaltquoten sanken langsam, während *Brisco* von einem Galopp in kaum mehr als einen gemächlichen Trott zurückfiel. Im Januar und Februar begann **AKTE X** aus eigener Kraft anzuziehen und steigerte sich beständig, bis es im Mai mit der letzten Folge der ersten Staffel die damals beste Einschaltquote mit 8.8 Nielsen-Punkten erzielte.

Grushow berichtet, daß Fox die bis dahin schleppende Eigenwerbung für **AKTE X** sofort erhöhte, als man erkannte, wie die Zuschauer auf die Serie reagierten. Er wies die PR-Abteilung an, die „Spannungs- und Gruselelemente der Serie“ stärker zu betonen, woraus sich der Werbeslogan der ersten Staffel entwickelte: „Schauen Sie es sich nicht alleine an.“

Der flüchtige Blick auf die Nielsen-Tabelle vermittelt allerdings einen irreführenden Eindruck über das Abschneiden der ersten Staffel. **AKTE X** rangierte in der Sendeperiode 1993/94 unter 132 zur Hauptsendezeit ausgestrahlten Serien nach zugeschalteten Haushalten auf Platz 113. Dabei ist allerdings nicht berücksichtigt, daß die Serie freitags lief – zu einem Zeitpunkt also, an dem weniger Leute im allgemeinen und weniger jüngere Zuschauer im besonderen zu Hause sind und fernsehen – und regelmäßig die Einschaltquoten der zuvor gesendeten Serie übertraf. Wie sich herumsprach, wurde **AKTE X** außerdem zunehmend von unverhältnismäßig vielen jüngeren Zuschauern der gebildeten Schichten gesehen, eine Gruppe, die beim Verkauf von Werbezeit besonders stark ins Gewicht fällt.

Auch wenn der Pilotfilm genauso geworden war, wie Carter ihn sich vorgestellt hatte, überraschte ihn der Kurs, den die folgenden Episoden einschlugen, doch ziemlich. So hält er „Das Nest“, die dritte Folge um den Mutanten Eugene Tooms, der alle dreißig Jahre auftaucht und Menschen ermordet, um ihre Lebern zu verzehren, insofern für einen markanten Punkt, als sich die Serie erstmals von der Außeridischen-Thematik entfernte und somit bewies, daß „der Himmel die Grenze dessen war“, was in der Trickkiste von **AKTE X** an Möglichkeiten schlummerte.

Auch Fox war erfreut festzustellen, daß **AKTE X** mehr als nur ein Thema abdecken konnte. „Im ersten Jahr analysierten wir die Serie gründlich“, sagt Greenblatt. „Wir wollten nicht, daß aus ihr ‚Die UFO-Serie‘ werden würde.“

Mit Fortschreiten der ersten Staffel nahm das Kritikerlob zu, und Beifall kam selbst von so unerwarteter Seite wie dem *New Yorker*, der der Serie begeistert „die Zutaten für einen Klassiker" attestierte und sie als „so gruselig wie *The Twilight Zone,* aber viel sexier" beschrieb. Der Gewinn des Golden Globe in der Kategorie *outstanding drama series* und die Nominierung für den Emmy in derselben Kategorie während der zweiten Staffel inmitten eines breiten Feldes sehr viel konventionellerer Serien – die erste in der Geschichte von Fox Broadcasting überhaupt –, brachte **AKTE X** endgültig den Ruf ein, nicht die SF-Serie der vorigen Generation zu sein.

Trotz seiner begrenzten Erfahrungen damit, eine Serie als Executive Producer zu überwachen (besonders bei einem so komplexen Projekt wie **AKTE X**), meint Carter, daß ihm bestimmte Eigenschaften gute Dienste leisteten, wie zum Beispiel die Fähigkeit hart zu arbeiten, ein gerüttelt Maß an Besessenheit, seine Erfahrung mit der Leitung eines Magazins und ganz besonders die motivierende „Angst vor dem Versagen." Greenblatt formuliert es so: „Es war einer der seltenen Augenblicke, in denen ein erfolgreicher Serienmacher geboren wurde."

Außerdem traf Carter genau die richtige Wahl, als er mit Roths Hilfe ein Autorenteam um sich versammelte, unter anderem die Co-Executive Producers Glen Morgan und James Wong, die bereits für Serien wie *21 Jump Street* und *Wiseguy* (Kampf gegen die Mafia) für Cannell Productions geschrieben hatten, als Roth dort beschäftigt gewesen war (mittlerweile haben die beiden ihre eigene Serie entwickelt, *Space: Above and Beyond*), sowie die Supervising Producers Howard Gordon und Alex Gansa, zu deren Verdiensten die vielgelobte CBS-Serie *Beauty and the Beast* (Die Schöne und das Biest) zählt.

Diese drei Autorenteams zeichnen im wesentlichen für 20 der ersten 24 Folgen verantwortlich und schafften es, jenseits der Außerirdischen-Thematik so viele neue Möglichkeiten zu eröffnen, daß die Serie auch Themen wie Killer-Mutanten, denkende Computer, bösartige Klone, Psychokiller und Poltergeister umfaßt. Morgan und Wong lieferten einige der bemerkenswertesten Schrullen und Charaktere der Serie, darunter die Lone Gunmen (in der deutschen Fassung: Die drei vom Einsamen Schützen), Skinner und Tooms und brachten darüber hinaus eine Menge Know-how auf dem Gebiet der Produktion ein. So erweiterten Carter und seine Kollegen eine Idee, die in ihren Möglichkeiten ziemlich begrenzt hätte bleiben können, zu einem der vielseitigsten und einzigartigsten Fernsehprojekte.

Ein weiteres nicht eingeplantes Ereignis in der Entwicklung der Serie war Gillian Andersons Schwangerschaft, die in einer kritischen Produktionsphase eintrat und Panik in der Chefetage auslöste, da niemand vorhersagen konnte, welche Auswirkungen sie auf die festgesetzten Drehtermine haben würde, besonders bei einem so stark auf zwei Charaktere fixierten Konzept. „Wer sich als Entscheidungsträger in einer solchen Situation keine Sorgen macht, hat keine Nerven", lacht Grushow. „Zu diesem Zeitpunkt lautete die entscheidende Frage: Wie können wir ein potentielles Problem erstens aus der Welt schaffen und zweitens möglicherweise sogar noch Profit daraus schlagen?"

„Ich glaube, wir waren alle sehr aufgeregt", bestätigt Roth und erzählt, daß verschiedene Ideen die Runde machten, bis hin zu dem Vorschlag, Scully ein außerirdisches Baby zur Welt bringen zu lassen, bevor man sich auf den Handlungsbogen einigte, der in den bemerkenswerten Folgen „Unter Kontrolle", „Seilbahn zu den Sternen" und „An der Grenze" geschildert wird und Andersons eingeschränkte Präsenz erklärt. Dazu gehörte, die Abteilung X-Akten gegen Ende der ersten Staffel zu schließen, um Scully und Mulder trennen zu können, Scully im Anschluß entführen zu lassen und sie dann im Koma liegend wiederzufinden. Während dieser Phase fehlte Scully nur in einer Episode vollständig (in der ungewöhnlichen Vampirgeschichte „Drei") und kehrte bereits wenige Tage, nachdem sie durch Kaiserschnitt entbunden hatte, vor die Kamera zurück.

Die Schauspielerin ihrerseits fürchtete, man könnte sie aus der Serie streichen und vertraute sich zunächst Duchovny an, bevor sie Carter über ihren Zustand informierte. Welche Verärgerung es auch immer von Seiten der Verantwortlichen gegeben haben mag, offensichtlich wurde nie ernsthaft erwogen, Anderson durch eine andere Schauspielerin zu ersetzen, auch wenn ihre Schwangerschaft dem Team und der Presse mehrere Monate lang verschwiegen wurde. Von nun an war eine Menge geschicktes Taktieren erforderlich, um sich einerseits um Andersons kurze Abwesenheit herumzuarbeiten und andererseits ihre zunehmende körperliche Veränderung filmtechnisch zu überspielen. Heute erinnern sich die Teammitglieder verblüfft an die knappen Einstellungen von Andersons Gesicht oder an Szenen, in denen die Schauspielerin nur kurz durch eine Türöffnung lugte, bevor man ihr Stuntdouble schnell hindurchlaufen ließ. Je mehr Zeit verging, desto schwieriger wurde die Angelegenheit. Anderson mußte immer wieder kurze Ruhepausen einlegen und machte sogar zwischen den einzelnen Szenen kurze Nickerchen, sobald sich ihr die Möglichkeit bot.

Ihre Zähigkeit und Entschlossenheit beeindruckte alle Beteiligten. Roth nannte sie „eine wahre Kämpfernatur", da sie bis kurz vor und bereits sechs Tage nach der Geburt ihrer Tochter

Piper am 25. September wieder vor der Kamera stand. Anderson bestätigt, daß diese Zeit für sie eine große psychische Belastung gewesen ist, sie aber das Gefühl hatte, wegen der „gewaltigen Erwartungen", die man in sie setzte, es der Serie schuldig zu sein, ihr möglichstes zu geben. Diese Erfahrung schweißte alle Beteiligten noch fester zusammen, denn viele Mitarbeiter hatten selbst Familien und machten Andersons Schwangerschaft „zur Schwangerschaft des gesamten Teams", wie die Schauspielerin sagt.

Letztendlich profitierte die Produktion sogar auf allen Ebenen von diesem Ereignis und führte zu, wie Duchovny es formuliert, „einer einzigartigen Mythenbildung für das Fernsehen." Die komplexe Geschichte über Scullys Entführung durch Außerirdische und eine Verschwörung auf Regierungsebene, die eigentlich nur erdacht worden war, um Andersons kurze Abwesenheit zu erklären, half letztendlich, das Band zwischen Mulder und Scully zu festigen und traf genau den Nerv der eingeschworenen Fangemeinde. Duchovny weist darauf hin, daß es Parallelen zwischen der Entführung von Scully und der von Mulders Schwester gibt, was ihrer Beziehung einen noch emotionaleren Aspekt verlieh.

Auch hier gesteht Carter wieder ein, daß er anfangs gar nicht vorhatte, diesen Pfad zu beschreiten. „Ich denke, die Situation zwang uns dazu, Entscheidungen zu treffen, die der Serie halfen", sagt er. „Es zeigte sich, daß die Zuschauer eine Serie wollten, die sich mit den Hauptdarstellern und ihrem Leben beschäftigt.

Das eröffnete mir die Gelegenheit, etwas zu tun, wogegen ich mich bisher gesträubt hatte, nämlich der Serie ein sozusagen familiäres Element zu geben, wobei es mich nicht interessiert, was Mulder mit seinem Softballteam veranstaltet oder Scully mit ihren Freunden treibt." Die Trennung und Wiedervereinigung der beiden zu Beginn der zweiten Staffel gaben Carter, wie er sagt, „eine interessante Möglichkeit, die Charaktere zu erforschen, mit der ich nicht gerechnet hatte."

Mittlerweile bezeichnet er die Episoden, die sich mit Mulders und Scullys Vergangenheit und der übergreifenden Verschwörungstheorie beschäftigen, als deren „Mythologie", was sie von anderen, konventionelleren und geradlinigeren Serien unterscheidet, deren Themen ebenfalls UFOs, Monster und so weiter sind. Hier wechselt der Schwerpunkt von einem Darsteller zum anderen und hilft so, die Charaktere während solcher Handlungsbögen zu vertiefen, ohne auf eine übertriebene Fortsetzungsschiene zu geraten.

Fox ging mit der Serie sofort in die Wiederholung, während *Brisco County* auf die Weide geschickt wurde, und im Sommer stießen immer mehr Zuschauer zu **AKTE X** dazu. Einige Episoden zogen bei der Wiederholung sogar mehr Zuschauer vor den Bildschirm als zur Erstausstrahlung. Dieser Schneeballeffekt wurde mit der ersten Folge der zweiten Staffel durch eine Einschaltquote von 10.3 deutlich, was über 9,8 Millionen Haushalten

X

Frage: In welcher Kategorie gewann AKTE X den einzigen Emmy Award?

Antwort: „Individual achievement in graphic design and titel sequence" für die erste Staffel.

„Schatten"

Mulder: „Hey, Scully, glauben Sie an ein Leben nach dem Tod?"

Scully: „Ich begnüge mich lieber mit dem Leben vor dem Tod."

und einem Marktanteil von 19% entspricht, einem Sprung von 17% gegenüber der letzten Folge der ersten Staffel. Bei Fox, wo man noch immer nervös wegen Andersons Schwangerschaft gewesen war, atmete man erleichtert auf, nachdem **AKTE X** die optimistischen Erwartungen eindeutig erfüllt hatte.

Grushow war bedauerlicherweise nicht mehr dabei, um den Erfolg auskosten zu können. Die meisten anderen neuen Fox-Serien hatten keine guten Einschaltquoten erzielen können, besonders nicht die des Sonntagabendprogramms, von denen man erwartet hatte, sie würden davon profitieren, daß Fox der CBS die Übertragungsrechte an den Spielen der Profi-Football-Liga abgejagt hatte. Die Absetzung dieser Serien war für **AKTE X,** die man eine Zeitlang als Lückenfüller auf den sonntäglichen Sendeplatz verlegte, sogar von Vorteil, weil die Serie dadurch neuen Zuschauerschichten bekannt wurde. Das alles half Grushow jedoch nicht mehr; er wurde eine Woche nach Beginn der neuen Staffel durch John Matoian ersetzt.

„Das beste, was ich über Twentieth Television und die Fox Broadcasting Company sagen kann, ist, daß wir uns im großen und ganzen nicht in die Quere gekommen sind", sagt Grushow heute. „Andererseits aber war **AKTE X** auch eine Serie, um die sich alle kümmerten und auf die wir uns von der Marketingseite her wirklich konzentrierten, was unseren Glauben an sie widerspiegelt."

Fox kämpfte weiter um die erfolgreiche Besetzung der vorhergehenden Stunde (*M.A.N.T.I.S.* und *VR.5* gehörten zu den Opfern der zweiten Sendeperiode). Dennoch erreichte **AKTE X** im zweiten Jahr einen Zuschauerschnitt von 14,6 Millionen pro Woche, rangierte in dieser Kategorie auf Platz 62 von 142 Programmen und avancierte damit zu einer sogenannten „appointment series", das heißt eine Serie, die ihre Zuschauer regelrecht zelebrieren, aufnehmen, oder um die herum sogar der ganze Abend geplant wird. In der heutigen Zeit ist das etwas, das **AKTE X** zu einer Serie macht, die sogar die offene Bewunderung und Begehrlichkeit einiger Konkurrenten von Fox hervorruft.

Zu den Verdiensten von Fox zählt die Geduld, die es dem Projekt ermöglichte, dieses hohe Niveau zu erreichen. Carter sagt, er habe nie den Eindruck gehabt, daß irgend jemand Angst wegen der Einschaltquoten hatte, selbst nicht am Tiefpunkt der Umfrageergebnisse, was den Zuschauern genügend Zeit gelassen hätte, die Serie kennenzulernen. „Ich habe immer gesagt, wir müßten uns ein eigenes Freitagabend-Publikum aufbauen, anstatt eines von anderen Programmen abzuziehen, und ich glaube, das ist uns auch gelungen."

Abgesehen von den vielfältigen internen Fragen spielten auch äußere Einflüsse eine Rolle bei der Entwicklung von **AKTE X.** Ausgelöst durch Paul Simon, den Senator von Illinois, begann sich der Kongreß unmittelbar vor der Erstausstrahlung der Serie zunehmend für das Thema Gewalt im Fernsehen zu interessieren, was sowohl die Werbekunden als auch die Abteilungen der Sender erschaudern ließ, die über Standard und Normen in der Rundfunklandschaft wachen.

Während es ohnehin schon andauernde Streitereien über Fragen wie die Auflösung am Ende der Folgen, die Besetzung und den Realitätsanspruch gab, beschreibt Carter die Selbstbeschränkung als einen ständigen „Boxkampf, den wir Woche für Woche neu austragen müssen . . . Bei jeder einzelnen Folge müssen wir hier und da ein paar Bilder herausschneiden." Eine der heftigsten Debatten entbrannte über eine Szene in einer frühen Folge der zweiten Staffel mit dem Titel „Der Parasit". In ihr ging es um eine strahlenverseuchte Kreatur, Flukeman genannt, die in der Kanalisation von New Jersey Menschen umbringt. Als die Verantwortlichen von Fox an einer der härteren Stellen zusammenzuckten – ein Kanalisationsarbeiter, der vom Flukeman angefallen wird, würgt unter der Dusche einen großen Wurm hervor –, griff Carter ein: „Wenn Sie das rausschneiden, ruinieren Sie die ganze Episode!" Nach langen Diskussionen blieb die Szene schließlich erhalten.

Obwohl die Angst des Senders vor Gewaltdarstellungen anfangs zu Verstimmungen führte, meint Carter heute, daß auch daraus schließlich etwas Positives erwuchs. Die restriktiven Bedingungen, unter denen die Serie entstand, „zwang uns, bessere Geschichtenerzähler zu sein. Wir mußten vieles im dunkeln lassen, konnten einiges nur andeuten. Ich glaube, das macht die Serie noch unheimlicher."

Merkwürdigerweise wurde die politische Komponente der Serie anfangs kaum angesprochen, wenn man bedenkt, daß der Pilotfilm und die nächsten Folgen von der Prämisse ausgehen, die Regierung betreibe massive Verschleierungsaktivitäten, um der Öffentlichkeit die Existenz von UFOs vorzuenthalten. Als Fox die Serie aber an sogenannten Zielgruppen testete (Sender verlassen sich nie ausschließlich auf ihr Gefühl), um einen Eindruck zu erhalten, wie das Publikum darauf reagieren würde, wurde die politische Komponente von niemandem auch nur erwähnt. „Was mich bei dieser Probevorführung erstaunte", sagt Carter verwundert, „war die Tatsache, daß jeder einzelne von konspirativen Maßnahmen der Regierung überzeugt schien", um gewisse Dinge zu vertuschen.

Die Popularität der Serie hat dazu geführt, daß alle Aspekte von **AKTE X,** einschließlich des eben erwähnten, einer genaueren Betrachtung unterzogen wurden. In einem vom Media Research Center kürzlich veröffentlichten Rundschreiben wird **AKTE X** in der Top 10 Liste der Programme mit „merklich liberalen Tendenzen" aufgeführt. Hervorgehoben werden „angebliche Verschwörungstheorien im Zusammenhang mit erheblichen Verfehlungen seitens der Regierung."

Carter reagiert belustigt auf diesen Vorwurf und verweist auf den Slogan (und gleichzeitig Mulders Computerpaßwort) „Trust-

No1" (trust no one = vertrauen Sie niemandem), der tatsächlich den Rat beinhaltet, der Regierung gegenüber wachsam zu bleiben. „Das kann man durchaus als eine eher freiheitliche Einstellung bezeichnen", erklärt er. „Die Konservativen sagen: ‚Vertrauen Sie uns.' Der Slogan dagegen sagt: ‚Vertrauen Sie überhaupt niemandem.' Damit ist meine politische Gesinnung in aller Kürze zusammengefaßt."

Es verwundert nicht, daß der beschwerliche Weg, den **AKTE X** von Carters Jugenderinnerungen bis zum Erscheinen auf dem Fernsehbildschirm zurücklegte, dazu geführt hat, daß Carter seine Vision verteidigt und gleichzeitig davon überzeugt ist, selbst zu wissen, was für sie am besten ist. Auf die Frage, ob die Qualität der Special Effects beibehalten werden kann, antwortet er: „Ein Teil des Jobs, das habe ich aus Erfahrung gelernt, besteht darin, niemals ein Nein zu akzeptieren. Das ist immer die erste Antwort, die man erhält, und wenn man sich damit abfindet, lautet auch die letzte Antwort nein. Also muß man nach einem anfänglichen Nein dafür sorgen, daß die letzte Antwort ja lautet. So gehe ich vor." Trotz der Zwänge, wie ein begrenzter Etat und der unerbittliche Zeitplan, die einer TV-Produktion auferlegt sind, wenn man pro Jahr das Äquivalent von einem Dutzend Spielfilmen dreht, sagt der Produzent: „Ich habe alles geschafft, was ich erreichen wollte . . . Man findet immer irgendwie einen Weg, es zu tun."

Während die Produzenten sich im ersten Jahr blind vorantasten mußten, glaubt Carter, mit der zweiten Staffel seine Gangart gefunden zu haben und jetzt zu wissen, wie er die Serie im dritten Jahr und darüber hinaus zu handhaben und weiterzuentwikkeln hat. Einer derjenigen, die regelmäßig Ideen beisteuern, ist David Duchovny, der sich mit Carter angefreundet (die beiden spielen gelegentlich gemeinsam Squash) und bereits an den Drehbüchern zu einigen Folgen mitgearbeit hat.

Dem Produzenten bereitet es keinerlei Probleme, seinen Star an diesem Prozeß teilhaben zu lassen: „Er hat gute Ideen für die Serie, warum sie also nicht benutzen?" Duchovny seinerseits sagt, daß ihm als Schauspieler daran gelegen ist, seinen Charakter so interessant wie möglich zu gestalten, nachdem sich abgezeichnet hat, daß die Serie noch längere Zeit weiterlaufen wird.

Auf seine persönlichen Lieblingsfolgen angesprochen, nennt Carter „Die Botschaft" mit Brad Dourif als psychotischem Serienmörder („Damit haben wir wirklich gezeigt, wozu wir fähig sind.") und „Eis", die in der Arktis spielende Geschichte um einen gräßlichen Weltraumwurm, die Duchovny als „die erste wirklich erregende Episode" tituliert.

Mittlerweile setzt sich der Triumphzug von **AKTE X** ungebrochen fort. Die Serie ist bereits auf dem besten Weg, in größerem Maßstab weiterverwertet zu werden. Es wird über einen Kinofilm diskutiert, Merchandisingmöglichkeiten werden erkundet, und die für den Weiterverkauf zuständige Abteilung von Fox, die nur zu gut weiß, welche Profite Paramount seit nunmehr drei Jahrzehnten mit ihrem Produkt *Star Trek* eingefahren hat, wartet ungeduldig darauf, die Rechte für Wiederholungen an lokale Fernsehstationen verkaufen zu können.

Carter dagegen bleibt vorsichtig und zurückhaltend, solange er mit der Serie selbst vollauf beschäftigt ist und allein rund zwölf Tage monatlich in Vancouver bei den Dreharbeiten zubringt. Obwohl es in Executive Producer-Kreisen nicht unüblich ist, eine Serie zu kreieren und sich dann nach der zweiten oder dritten Staffel neuen Projekten zuzuwenden, hat Carter den Schauspielern versprochen, die Serie so lange zu betreuen, wie auch sie mitwirken, und damit das „X" zum wichtigsten Buchstaben seiner Zukunft zu machen. Duchovny und Anderson haben sich bis mindestens zum Fernsehprogrammhalbjahr 1997/98 verpflichtet, was der fünften Serienstaffel entspricht.

„Vor allem, was ich danach tue, steht für mich noch ein großes Fragezeichen", sagt Carter nachdenklich. „Ich weiß nicht, ob es ein Erfolg oder ein Fehlschlag werden wird. In dieser Branche überwiegen die Mißerfolge. Solange diese Pflanze wächst, möchte ich sie nach besten Kräften hegen und pflegen und dafür Sorge tragen, daß sie dies auch widerspiegelt."

Wenn Carter auch einräumt, sich gelegentlich zu fragen, woher er die nächste Idee nehmen soll, (die Frage, die er sich am

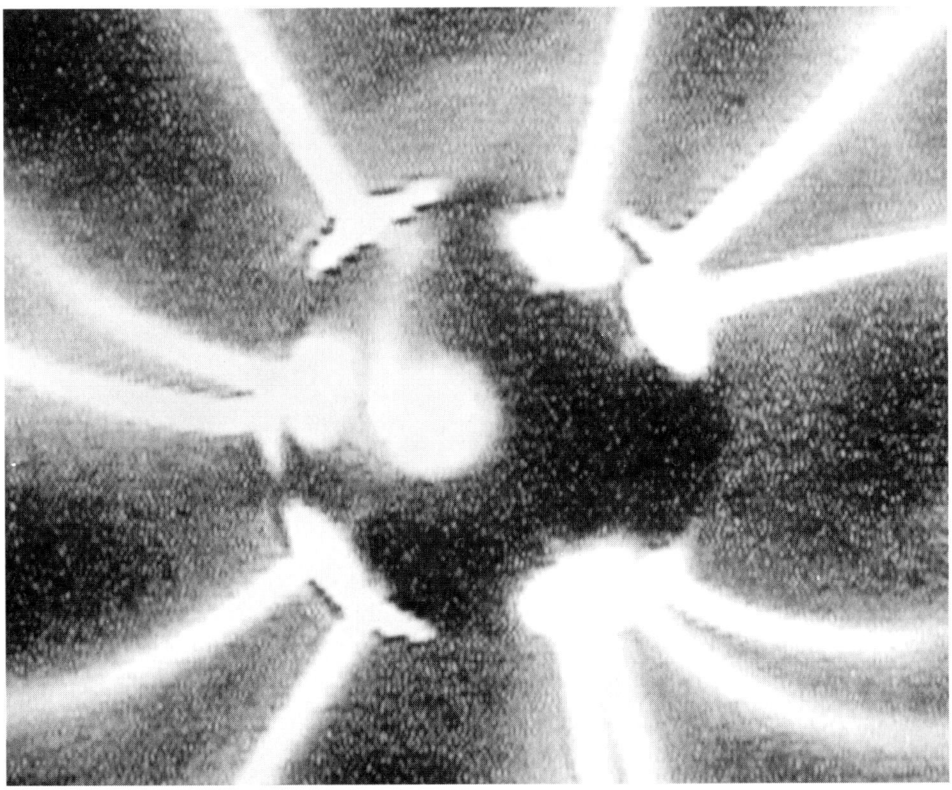

häufigsten stellt), ist er doch gleichzeitig zuversichtlich, daß **AKTE X** nie die Themen ausgehen werden, daß die Serie noch 20 weitere einzigartige Psycho- oder Monstergeschichten erzählen kann, bevor das Thema ausgereizt ist.

Was wohl bedeutet, daß sich der Produzent genau wie Mulder auf der unerbittlichen Suche nach der Antwort auf die Frage befindet, was dort draußen ist, selbst wenn es nur darum geht, Millionen Fernsehzuschauern jede Woche aufs neue das Gruseln zu lehren. Wie Carter sagt: „Ich möchte, daß nichts in dieser Serie vertraut erscheint.“

Hinter den Kulissen

Wenn man die kreative Essenz von **AKTE X** als die Suche nach der Wahrheit angesichts dunkler Mächte definieren kann, die bestrebt sind, eben diese Wahrheit zu verschleiern, trifft eine ähnliche, wenn auch nicht ganz so dramatische Formel auf die Produktion zu, nämlich die Suche nach Qualität angesichts der Tyrannei, die der Zeitplan und die Sachzwänge einer für die Hauptsendezeit produzierten TV-Serie mit sich bringen.

In diesem speziellen Kampf sind zwei Dinge besonders kostbar und immer relativ knapp bemessen: Zeit und Geld.

Nach Aussage Chris Carters ist diese Situation zumindest teilweise etwas einfacher geworden. Nachdem er während der ersten Staffel zeitweise „blindlings im Dunkeln herumgestochert" und „die unterschiedlichsten Episoden zutage gefördert" hat, glaubt er, mit der Staffel von 1994/95 die richtige Gangart der Serie gefunden zu haben, eine Einschätzung, die der Hauptdarsteller David Duchovny, der mittlerweile selbst aktiv dazu beiträgt, die Zukunft des Projekts zu gestalten, teilt.

Für die dritte Staffel hatte sich Carter die 24 Episoden in drei Abschnitte zu jeweils acht Folgen unterteilt und gab schon lange vor dem ersten Drehtag bekannt, genau zu wissen, was in diesen ersten acht Folgen passieren würde. „Ich habe die Sache einigermaßen in den Griff bekommen", sagt er. So konnten Duchovny und Gillian Anderson sich sogar in der Anfangsphase den einen oder anderen Tag freinehmen und tragen nun eine scheinbar leichtere Bürde als im vorhergehenden Jahr.

Carters Rolle erinnert ein wenig an die eines Varietékünstlers, der Teller auf Stäben rotieren läßt, eine Aufgabe, die es erfordert, mehrere Dinge gleichzeitig im Auge zu behalten, damit keins außer Kontrolle gerät. „Man hat es mit fünf Serien auf einmal zu tun", erklärt er. „Eine schreibt man, eine bereitet man vor, eine filmt man, eine schneidet man und eine unterlegt man mit Geräuschen und Musik." Eigentlich, so fügt er hinzu, muß der Serienmacher sogar sieben Produktionsabläufe gleichzeitig kontrollieren.

Sieben Serien und wenigstens zwei verschiedene Arbeitsplätze, da Carter, das Autorenteam und eine Handvoll ausgewählter Mitarbeiter den größten Teil ihrer Zeit in Los Angeles zubringen, während die Dreharbeiten fast 1300 Meilen entfernt in Vancouver stattfinden. Zum Stab in L.A. gehören unter anderem Visual Effects Supervisor Mat Beck und Postproduction-Zauberer Paul Rabwin, der sich um die Geräusche, den Schnitt und Mark Snows eindringliche Musik sowie um viele andere Aspekte kümmert, die erforderlich sind, um aus der Rohfassung die ausstrahlungsreife Folge zu machen.

Auch wenn Vancouver wegen der günstigen finanziellen Rahmenbedingungen ein wichtiger Produktionsstandort geworden ist, war dies nicht der entscheidende Punkt, warum die Serie ihren Weg in diese Stadt gefunden hat, oder der Grund, warum sie dort geblieben ist. „Ich bin nicht dort, um Geld zu sparen", behauptet Carter. „Ich bin dort, weil ich in und um Vancouver mehr Material verfilmen kann, und ich glaube, das ist etwas, das der Serie wirklich geholfen hat. Die Ausgaben steigen dort eigentlich sogar noch."

AKTE X ist nach den Maßstäben einer Fernsehproduktion für einen größeren Sender gar nicht einmal so teuer, obwohl die Serie Woche für Woche auf unterschiedlich aufwendige Special Effects zurückgreifen muß. Tatsächlich rangiert sie etwa im Mittelfeld einer durchschnittlichen einstündigen Produktion für die Hauptsendezeit. Während der ersten Staffel lag das Budget bei 1,1 Millionen Dollar pro Folge, im zweiten Jahr bei 1,2 Millionen und seit der dritten Staffel etwas darüber, was nicht so sehr an gestiegenen Produktionskosten liegt, sondern eher an etwas höheren Gagen. Als Anerkennung für den Erfolg der Serie haben die Hauptdarsteller lukrativere Dreijahresverträge bekommen. Rund 100 Vollzeitkräfte arbeiten regelmäßig in Vancouver an **AKTE X,** dazu kommen je nach Bedarf zeitweilig 20 bis 30 zusätzliche Personen, beispielsweise für Konstruktionsarbeiten an den Kulissen, hinzu.

Es ist eine beachtliche Strecke vom Studioeingang des riesigen Geländes der 20th Century Fox in die blitzsaubere Century

Frage: In welchen Episoden wird ein anderes „Vorspann-Motto" eingeblendet?

Antwort: Zum ersten Mal wurde das Vorspann-Motto in der Folge „Das Labor" von „Die Wahrheit ist irgendwo dort draußen" in „Vertrauen Sie niemandem" geändert. In „Seilbahn zu den Sternen" lautete es „Streiten Sie alles ab." In „Anasazi" bestand es aus der Übersetzung von „Die Wahrheit ist irgendwo dort draußen" in die Sprache der Navajo.

City, wo Parkwächter in Livreen (richtig, Parkwächter in Livreen!) die Besucher begrüßen, vorbei an Bühnen und Filmfassaden bis zu dem Gebäude, auf dem ein Schild verkündet: „Ten Thirteen Productions – THE X-FILES.“ Das Büro in Los Angeles, in einem eigenen Bungalow untergebracht, ist hübsch aber ziemlich spartanisch eingerichtet. Draußen rollen Golfkarren vorbei, und Besucher fahren durch den Studiokomplex, der sowohl Produktions- als auch Verwaltungsfirmen beherbergt.

Im Büro selbst herrscht an diesem Morgen emsige Geschäftigkeit. Autoren geben sich die Klinke in die Hand und verschwinden gelegentlich in den Räumen von Mary Astadourian, ihres Zeichens Researcher/Officer Manager, in denen mehrere Aktenschränke mit Hintergrundmaterialien stehen. Dort finden die Drehbuchschreiber Literatur über das Paranormale, über Seuchen, Viren und diverse Ungeheuer in Aktenordnern mit Beschriftungen wie „Roswell“ oder „Loch Ness.“

Die Produktion hat erst Anfang 1995 damit begonnen, ein eigenes Archiv mit Hintergrundmaterial anzulegen, Artikel zu sammeln und von den Autoren während der Arbeit zu den einzelnen Episoden zusammengetragene Daten zu kopieren, damit bei Bedarf später darauf zurückgegriffen werden kann. „Man kann ziemlich dick auftragen, wenn man zuvor ein solides wissenschaftliches Fundament gelegt hat“, stellt Carter fest. „Die Serie ist nur solange beängstigend, wie sie glaubwürdig ist. Alles muß sich innerhalb der weitgesteckten Grenzen des Möglichen abspielen.“

Frage: Was ist das Lieblingsfootballteam von Glen Morgan und James Wong?

Antwort: Die *San Diego Chargers*. („Satan“)

Es verwundert nicht, daß Carters Büro das größte im Gebäude ist. Neben einem übergroßen Schreibtisch enthält es eine Couch und einen Konferenztisch. An den Wänden hängen verschiedene Artikel, Plakate und anderes Beiwerk aus der Serie, zwischen denen Carter auf einem Laptop schreibt, sobald er etwas Zeit dazu findet (manchmal verkriecht er sich irgendwo, um nicht gestört zu werden), oder über eine Konferenzschaltung mit seinem Stab in Vancouver palavert. Auf seinem Schreibtisch steht ein Glasbehälter, über den eine Papiertüte gestülpt ist. Entfernt man die Tüte, entdeckt man etwas in dem Glas, das wie der Fötus eines Außerirdischen aussieht. Das Glas und die Tüte – auf der geschrieben steht: „Mein Gott, Mulder ... Es versucht zu kommunizieren!“ – sind ein Geschenk von Story Editor Jeff Vlaming, der früher für *Northern Exposure* (Ausgerechnet Alaska) geschrieben hat. Vlaming hatte das Artefakt mitgebracht, als er Carter zum ersten Mal aufs Geratewohl besuchte, um ihn auf Drehbücher für die Serie anzusprechen.

Ein Teil des Morgens ist der regelmäßig stattfindenen Autorenkonferenz vorbehalten. Der gesamte Stab – die meisten tragen Jeans oder Shorts, das typische Outfit an einem heißen Tag in Südkalifornien – kommt zusammen, um das für diese Woche aktuelle Drehbuch durchzugehen und die Eröffnungsszene vor dem Vorspann sowie die in vier Akte gegliederte Handlung zu skizzieren. An diesem Tag findet gerade die vierte Besprechung des Drehbuchs statt. Der Autor schildert die gesamte Handlung mit Hilfe eines großen Schwarzen Bretts, auf dem er die jeweiligen Szenen eines jeden Akts mit neun bis elf Karteikarten darstellt. Jede dieser 7,5 mal 12,5 Zentimeter großen Karten enthält eine kurze Zusammenfassung der Szene wie zum Beispiel: „S SAGT MORD, M IST ANDERER MEINUNG", oder „GEN. HÖRT UNHEIMLICHEN RUF; SIEHT GESTALT."

Die anderen Autoren sprechen jede Kleinigkeit durch, machen Vorschläge, um die Geschichte zu verbessern und – wie sie immer wieder erwähnen – zu verdeutlichen „was die X-Akte" in dieser Episode ist. Trotz der Notwendigkeit, diesen Punkt herauszustellen, besteht Carter auch darauf, das Tempo nicht schleifen zu lassen und die ihnen zur Verfügung stehende Stunde (präziser gesagt: rund 44 Minuten abzüglich der Werbeunterbrechungen) mit Action anzufüllen. „Sorgen Sie dafür, daß die Geschichte in Fahrt bleibt."

Schließlich wird der Vorschlag gemacht, Actionteile aus dem zweiten Akt in den ersten zu verlegen, um das richtige Tempo zu gewährleisten. Dieser Eingriff macht die Umstellung einiger anderer Handlungselemente erforderlich, und erst nachdem auch diese skizziert sind, sind alle Beteiligten zufrieden. „Ich denke, so dürfte es funktionieren", sagt Carter und beauftragt den Autor dieser Folge, das Drehbuch ein weiteres Mal entsprechend umzuschreiben.

Allerdings hat Carters Arbeitstag damit gerade erst begonnen. Nach der Autorenversammlung folgt eine sogenannte Konzeptionsbesprechung, eine Telefonkonferenz mit dem Stab in Vancouver, um verschiedene Produktionsfragen zu klären, bevor die Dreharbeiten zu der neuen Episode beginnen können. Carter, Beck, Rabwin und einige andere Teilnehmer drängen sich um den Tisch im Büro des Produzenten. An diesem Tag versucht das Team herauszufinden, wie man einen weißen Büffel darstellen kann, und muß zu seinem Leidwesen erfahren, daß es wegen der Tierschutzbestimmungen nicht gestattet ist, einen Büffel zu betäuben oder gar weiß zu färben. (Wochen später in Vancouver ist das Problem immer noch nicht geklärt. Vermutlich werden sich die Produzenten entweder mit einem Jungbüffel oder einem gewöhnlichen Kalb behelfen müssen, das heller als ein ausgewachsenes Tier ist, und es durch Kameratricks noch weißer erscheinen lassen.)

Weitere Fragen betreffen die Statisten, die man einsetzen könnte. Carter sagt, er hätte gern „eine ansehnliche Meute bewaffneter Leute" für eine bestimmte Szene. „Oder so viele, wie unser Budget uns gestattet", kommt es knisternd über die Telefonleitung aus Vancouver zurück. Besetzungsfragen rufen ähnliche Probleme hervor, wie auch die Anzahl der Schauspieler, die von Los Angeles aus eingeflogen werden müssen (im Gegensatz zu den in Vancouver wohnenden) von der Höhe des Etats abhängt.

Da die Finanzen immer ein Problem darstellen und Zeit ein Luxus ist, den das Team sich gewöhnlich nicht leisten kann, sind Kompromisse und Einfallsreichtum der Schlüssel zum Erfolg. So beauftragt Carter beispielsweise den Location Manager, einen optisch interessanten Drehort zu finden. „Wir werden danach schreiben", sagt er, das heißt, das Material einer bestimmten Sequenz, die an keinen bestimmten Ort gebunden ist, so zurechstutzen, daß es dem Machbaren angepaßt werden kann.

Die Produzenten rühmen sich auch, Mittel und Wege zu finden, Ressourcen zusammenzukratzen und dann verschiedene Methoden zu entwickeln, daraus Kapital zu schlagen. So war es einmal besonders wichtig, dem Team Zugang zu einem Zerstörer der kanadischen Marine zu verschaffen, der dann in drei verschiedenen Folgen Verwendung fand, darunter in „Totenstille", als Mulder und Scully rapide altern, und in „Die Kolonie – Teil 2", dem Abschluß eines Zweiteilers um einen außerirdischen Auftragskiller. „Es macht Spaß", sagt Carter, „etwas aus nichts zu machen."

Die Episoden müssen bis ins kleinste Detail ausgearbeitet werden, teils weil Carter Perfektionist ist, teils weil mittlerweile jeder Aspekt der Serie von Fans kritisch und akribisch untersucht wird. Ein Thema, das zur Sprache kommt, ist die Frage, welche Kleidung die dargestellten Ureinwohner tragen sollen, wobei man die Stammessitten so gewissenhaft wie möglich berücksichtigen will. (Eine Navajo-Gruppe hatte sich beklagt, weil in der Folge „Anasazi" ein Darsteller sein Haar offen trägt, etwas, das die Ältesten dieses Stammes normalerweise nicht tun würden. Daraufhin besuchte Carter ein Reservat der Navajo und nahm an einer ihrer Zeremonien teil.)

Das Vancouver-Team möchte wissen, ob die Schauspieler Bluejeans tragen dürfen, da die Postproduction Special Effects im Blue-Screen-Verfahren gefilmt werden, wodurch die Farbe Blau eliminiert wird. Beck versichert, Jeans würden in Ordnung

X

Frage: Was ist die Bedeutung von „Steveston, Massachusetts"?

Antwort: In der Folge „Verlokkungen" ist es der Name der Stadt, in der die Kindred leben. Im wirklichen Leben ist es eine Gemeinde in der Nähe von Vancouver, in die sich der Location Manager von AKTE X auf Grund der vielfältigen Möglichkeiten für Außenaufnahmen verliebt hat.

gehen und er würde, wenn nötig, eine grüne Hintergrundleinwand für die entsprechende Einstellung benutzen.

Dann wird den L.A.-Leuten mitgeteilt, daß eine grandiose Schießerei geplant sei, inklusive Einschüsse, Querschläger und einer kinoreifen Autoexplosion. Ob das möglich sei? „Die Antwort lautet ja . . . mit Abstrichen", scherzt Beck und fügt hinzu: „Mit einem großen Abstrich: Wieviel Geld haben Sie?"

Chris Carter, der drei der fünf ersten Folgen für die dritte Staffel geschrieben hat, schrieb insgesamt 18 der bis jetzt 54 Folgen, was genau einem Drittel aller Drehbücher entspricht.

Beck hatte an solch hochkarätigen Spielfilmen wie *Hot Shots* (Hot Shots – Die Mutter aller Filme) und *True Lies* (True Lies – Wahre Lügen) mitgewirkt, bevor er ein paar Arbeiten für die Pilotfolge von **AKTE X** übernahm (er entwickelte einen Strudeleffekt für den Spannungshöhepunkt). Carter hatte ihn daraufhin gebeten, als ständiger Mitarbeiter für die Serie tätig zu werden. Da ihm bei einer wöchentlichen Serie keine Zeit bleibt, Modelle und Miniaturen zu konstruieren, entwirft Beck alle Visual Effects auf seinem Macintosh Powerbook in Los Angeles und arbeitet dann mit verschiedenen Produktionsfirmen zusammen, um die computergenerierten Bilder umzusetzen. Beck hat auf diese Weise inzwischen alles mögliche ausgeheckt, von außerirdischen Raumschiffen für mehrere Folgen bis zu den „Morphing"-Sequenzen in „Verlockungen", einer Geschichte um einen Mörder, der sich von einem Mann in eine Frau und umgekehrt verwandeln kann, und den vergleichbaren Sequenzen in „Die Kolonie – Teil 1", in der ein außerirdischer Auftragskiller in Sekundenschnelle jede beliebige Gestalt annehmen kann.

Aber auch wenn Beck über die Beschränkungen witzelt, mit denen sich das Team bisweilen abfinden muß, bedeutet das nicht, daß irgend jemand vor den gestellten Aufgaben zurückweicht, im Gegenteil: „Die Jungs von den Effects fordern immer: ‚Gebt uns mehr zu tun.'", sagt Carter.

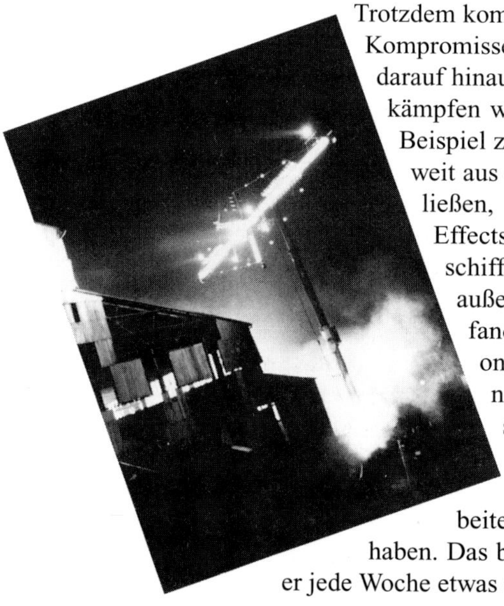

Trotzdem kommt es immer wieder zu unvermeidlichen Kompromissen und Zugeständnissen, die letztendlich darauf hinauslaufen, sich zu entscheiden, wofür man kämpfen will. So haben sich die Produzenten zum Beispiel zu Beginn der dritten Staffel ein wenig zu weit aus dem Fenster gelehnt, als sie etwas bauen ließen, was Dave Gauthier, Chef der Special Effects-Abteilung, „die Mutter aller Mutterschiffe" nennt, die riesige Nachbildung eines außerirdischen Raumschiffes. Irgendwie fand man eine Möglichkeit, die Konstruktion fast 60 Meter hoch an einem 165-Tonnen-Kran durch die Luft fliegen zu lassen. „Danke, daß Sie mir ein wirklich großes Spielzeug gegeben haben", erinnert sich Gauthier, der in Vancouver arbeitet, dem Produzenten J.P. Finn gesagt zu haben. Das beste an der Serie, fügt er hinzu, ist, daß er jede Woche etwas anderes ausprobieren kann, wobei einige der weniger spektakulären Effekte in der Umsetzung oftmals die dankbareren sind. Ein Beispiel ist die außerirdische Experimentalsequenz in der für den Emmy nominierten Episode „Unter Kontrolle“, in der Gauthier die Aufgabe hatte, Rauchschleier zu erzeugen, die sich aus dem Mund des Schauspielers Steve Railsback hervorkräuselten. Wenn auch nicht so aufsehenerregend wie das Raumschiff, erforderte es doch erhebliches technisches Können, für einen kurzen Moment lang den dünnen Rauchnebel aus Railsbacks Mund entweichen zu lassen, während Außerirdische in seinen Zähnen bohrten.

Alle Mitarbeiter sind unverkennbar stolz auf die Serie, die sie fast täglich vor derartige Herausforderungen stellt und ihnen dadurch die Möglichkeit gibt, ihre Fähigkeiten voll auszuspielen. Einige geben offen zu, daß sie durch **AKTE X** verdorben worden sind und es ihnen ziemlich schwerfallen würde, woanders zu arbeiten. „Man müßte mich schon mit Gewalt aus der Serie zerren, und selbst dann würde ich noch schreien und um mich schlagen“, sagt Gauthier.

Gleiches gilt für Makeup Special Effects Supervisor Toby Lindala, der, wie einige andere Mitarbeiter, seine erste wirkliche Herausforderung dadurch erlebte, auf diesem Wege eine solche, eigene Abteilung leiten zu dürfen. In Hinblick auf einige von Lindalas Schöpfungen berichtet Co-Executive Producer R.W. Goodwin schmunzelnd: „Alle paar Wochen rief ich ihn an und sagte: ‚Das war wirklich ekelhaft‘, und er erwiderte: ‚Vielen Dank.‘“

Lindala, ein junger bärtiger Mann, den man sich problemlos in einer Heavy-Metal-Band vorstellen könnte, fertigte eine Reihe maskenbildnerische Stücke für die Pilotfolge von **AKTE X** an, aber seine bisher anspruchvollste Aufgabe war die Erschaffung eines außerirdischen Wurms in der achten Folge „Eis“, der sich unter der Haut der Schauspieler bewegte. Anfangs riß das auf Gelatinebasis hergestellte Kunstgeschöpf ständig, und Lindala begann sich schon zu fragen, ob seine Karriere als Makeup-Effects-As der Serie nur von kurzer Dauer sein würde. „Ich habe Blut und Wasser geschwitzt“, erinnerte er sich.

Aber Lindala hat so ziemlich jede Herausforderung bewältigt, wobei der Flukeman – ein Kostüm, das sein Team in zehn Tagen bastelte und das wasserfest sein und anderen Belastungen während der Dreharbeiten trotzen mußte – noch immer die Leistung ist, die ihn mit dem größten Stolz erfüllt. „Das war vermutlich die verrückteste Aufgabenstellung“, sagt er. Während dieser Phase arbeitete er einmal 28 und einmal 38 Stunden ununterbrochen, um das Kostüm rechtzeitig fertigstellen zu können. Trotzdem weiß Lindala, der mit Filmen über Monster aufwuchs, die Experimentiermöglichkeiten, die ihm die Serie bietet, zu schätzen. „Ich liebe diese Dinge.“

Goodwin, ein altgedienter Produzent, der an Serien wie *Life Goes On* und *Manusco FBI* mitgewirkt hat, versucht mittlerweile, mehr Vorbereitungszeit für derartig aufwendige Arbeiten herauszuholen, aber in der Regel haben Lindala und sein Team (außer ihm arbeiten noch vier weitere Leute ständig in diesem Bereich) gerade einmal sieben Tage Zeit, um einen Makeup-Effect zustandezubringen, und seine Dienste werden in buchstäblich jeder Episode benötigt. Zu seinen Schöpfungen gehören unter anderem der gallertartige Schleim in „Das Nest" und „Ein neues Nest", tote Außerirdische, ein Ganzkörperschaumanzug für den Alligatormann in „Der Zirkus", aufblasbare Luftpolster – häufig eine von einem Techniker handgesteuerte Vorrichtung –, um Effekte wie etwa die pulsierenden Pusteln in der Episode „F. Emasculata" zu erzeugen, oder die Stacheln, die den Opfern in „Der Vulkan" aus der Kehle schießen. Dabei werden häufig mit Gelatine gefüllte Kondome benutzt. Auf seine bevorzugte Marke angesprochen, lächelt Lindala und meint: „Die trockenen ‚Sheiks' scheinen am besten zu funktionieren."

„Das Nest"

Scully: „O Gott, Mulder, das riecht wie ... ich glaube, es ist Galle."

Mulder: „Wie kann ich das Zeug schnell von meinen Fingern entfernen, ohne meine Coolness zu verlieren?"

Der entscheidende Mann in Vancouver ist Goodwin. In seine Verantwortung fällt die Besetzung einiger Schlüsselpositionen im Produktionsablauf der Serie, darunter Rabwin und Snow. Letzterer hat die Musik für mehrere Fernsehfilme geschrieben, bevor er zu **AKTE X** stieß. Snow komponiert nicht nur, sondern spielt auch jede einzelne Note persönlich. Er arbeitet eng mit Rabwin zusammen, um die Filmmusik und nachträglich aufgenommene Geräuscheffekte anzugleichen.

Sorgfältige Planung ist die wirksamste Vorkehrung gegen explodierende Kosten und Terminprobleme. Goodwin stellt klar, daß in dieser Branche Zeit direkt mit Geld gleichzusetzen ist. „Je schneller man etwas erledigen muß, desto teurer wird es", sagt er. Manch einer in diesem Geschäft neigt dazu, es nicht allzu genau zu nehmen, aber Goodwins Motto lautet: „Qualität, ob sie gefordert wird oder nicht."

In einigen Fällen müssen Kalkulationen über den Haufen geworfen und Opfer gebracht werden. In Carters Büro hängt das Foto eines durch das Polareis brechenden U-Bootes an der Wand, und er gibt zu, den Etat etwas überzogen zu haben, um diese Aufnahme zu verwirklichen, als er in „Die Kolonie – Teil 2" einen fünf Meter hohen Kommandoturm aus dem Eis herausragen ließ. Danach hatte die Serie eine Weile mit verstärktem Druck von Seiten des Studios zu kämpfen, das verlangte, die Ausgaben für die nächsten Folgen niedrig zu halten. Aber Carter weist darauf hin, daß sie die Folge trotzdem mit einen Fernsehbudget zustande gebracht hatten.

Ein Produzent muß außerdem seine Grenzen kennen, was seine Engagement in anderen Bereichen betrifft. Carter führte Regie in der Folge „Unter Kontrolle", eine hochgelobte Episode aus der Anfangsphase der zweiten Staffel mit Steve Railsback als Gaststar, die Carter eine Emmy-Nominierung für das Drehbuch einbrachte. Der Produzent würde gern häufiger hinter der Kamera arbeiten und in der fünften Folge der dritten Staffel mit dem Titel „The List", die er selbst geschrieben hat, wieder Regie führen, aber angesichts seiner Hauptaufgabe, den Gesamtprozeß und mehrere Produktionsabläufe gleichzeitig zu überwachen, muß er in diesem Punkt Abstriche machen. Goodwin, zu dessen Aufgabenbereich unter anderem die Vorbereitung der anderen Regisseure gehört, ergeht es ähnlich. Laut eigener Aussage wird er seine Ausflüge ins Regiefach (er inszenierte die letzte Folge der zweiten Staffel mit dem Titel „Anasazi") wahrscheinlich auf den Anfang und das Ende der Staffeln beschränken müssen, wenn er etwas mehr Zeit hat.

Kim Manners, einer der Regisseure von **AKTE X,** lobt Carters Methode, jede Folge wie einen richtigen kleinen Spielfilm zu behandeln. Das ermöglicht es den Regisseuren – bei Fernsehserien gibt der Executive Producer den Ton an, während die Regisseure eher wie Gelegenheitsarbeiter behandelt werden –, ihr Handwerk wieder richtig auszuüben. „Carter besteht darauf, daß man als Filmemacher an die Arbeit geht", sagt Manners. „Er möchte nicht einfach nur eine Art Verkehrspolizist." Deshalb, so fügt er hinzu, sei die Serie der Höhepunkt seiner bisherigen Karriere.

Carter seinerseits ist stolz darauf, daß die Arbeit an **AKTE X** nie zur reinen Routine geworden ist, obwohl er im übertragenen Sinn ständig jonglieren und gleichzeitig einen Stepptanz aufführen muß. Die Aufmerksamkeit, die er auch dem kleinsten Detail jeder einzelnen Episode zukommen läßt – auf seinem Schreibtisch türmen sich die Materialien zu vergangenen und künftigen Folgen –, hält er für eine Verpflichtung, die seine Position mit sich bringt.

„Wer nicht weiß, wie jeder einzelne Aspekt am Ende aussehen wird, macht seine Arbeit nicht richtig", sagt er.

Die Dreharbeiten

Der Flug von Los Angeles nach Vancouver in British Columbia dauert nur etwa zweieinhalb Stunden, kann für das **AKTE X**-Team aber, je nach den Erfordernissen einer bestimmten Folge, zu einer Weltreise werden.

Vancouver, das in einer landschaftlich reizvollen Gegend liegt und dazu die kosmopolitische Ausstrahlung einer Großstadt besitzt, bietet den Vorteil, produktionstechnisch erheblich billiger zu sein als die meisten Städte in den USA und außerdem fast jedem Schauplatz in Nordamerika ähneln zu können. Dadurch hat sich die kanadische Metropole zu einem Produktionszentrum von vornehmlich einstündigen TV-Serien und Fernsehspielfilmen entwickelt.

Trotzdem hat **AKTE X** selbst in einer Stadt wie Vancouver ihre Spuren hinterlassen. Im Sutton Place Hotel, einem beliebten abendlichen Treffpunkt für Filmleute, wurden monatelange Werbedrinks angeboten mit so bezeichnenden Namen wie *X-Akte* (Vodka, Preiselbeersaft und Limone), *Beyond the Sea*, *Fire Walker*, *Sneaky Fox* und *Starbuck*. Alle Cocktails sind Kreationen des Barkeepers und selbsternannten X-Phile Debra, der stolz darauf hinweist, daß erstmals sämtliche Werbedrinks des Hotels nur mit einer einzigen Serie in Verbindung standen.

Die Autoren und Regissure von **AKTE X** sind mit der Umgebung inzwischen gut vertraut, da sie ständig zwischen Los Angeles und Vancouver hin- und herpendeln. Im Gegensatz zu den meisten anderen Fernsehserien begibt sich jeder Verfasser einer Episode persönlich nach Vancouver, um die Drehorte zu inspizieren und andere Vorbereitungen zu treffen. „Um sicherzustellen“, wie Story Editor Frank Spotnitz formuliert, „daß alles mit dem übereinstimmt, was sich der Autor vorgestellt hat“, von der Rollenbesetzung bis zum Produktionsdesign. Im Jargon der Serie wird dieser Vorgang als „Reinheitskontrolle“ bezeichnet.

Für die anstehende Episode hat Co-Executive Producer Howard Gordon, neben Chris Carter das einzige Mitglied des Autorenstabes, das die Serie von Anfang an begleitet, die Reise nach Vancouver unternommen. „Als Autor macht man diese Erfahrung in keiner anderen Serie“, sagt Gordon.

Wer um neun Uhr morgens in den North Shore Studios eintrifft, findet Chris Carter, der bereits am Abend zuvor eingeflogen ist, hinter einem Schreibtisch mit dem Schild „Executive Leader“ am Telefon vor, wo er Feuerwehr spielt. Die Büros sind geräumig und, wie nicht anders zu erwarten, mit allerlei Zubehör dekoriert, von einem Newsletter der Lone Gunmen, der an einer Wand in der Art-Abteilung prangt, bis zu einem Foto in der Garderobe, auf dem ein Team-Mitglied neben Enigma (alias Conundrum aus „Der Zirkus“) posiert.

Die Regieassistenten haben eine Plakette mit der Aufschrift „Stellvertretender Direktor Walter Skinner“ an der Tür ihres Büros angebracht. Einer von ihnen, Vladimir (Val) Stefoff, behauptet scherzhaft, er litte unter einem Minderwertigkeitskomplex, weil sein ehemaliger Kollege und jetziger Gelegenheitsschauspieler Tom Braidwood – der für die Rolle des Frohike, eines der Lone Gunmen, abkommandiert wurde – nun ein großes Foto von sich an der Wand hängen hat.

Schon gibt es wieder Schwierigkeiten, als zwei Neuankömmlinge – Gordon und Regisseur Manners – nach zwanzigminütiger Fahrt durch üppige Wälder von ihrem Hotel zum Studio mit übergroßen Tassen voller Starbucks Coffee (praktisch an jeder Straßenecke Vancouvers erhältlich) eintreffen. Die gestrigen Dreharbeiten haben sich 14 Stunden lang bis 1.26 Uhr morgens hingezogen, so daß der heutige Drehbeginn auf Mittag verschoben wurde. Außerdem müssen erst noch die Kulissen vom Vortag abgebaut werden, bevor das Bühnenbild für die Szene mit den Lone Gunmen aufgebaut werden kann. „Leute, könnt ihr nicht darumherum arbeiten?“ fragt Produzent J.P. Finn ruhig, der nur zu gut weiß, daß der ständige Druck, den der Job mit sich bringt, in solchen Situationen leicht zu Aggressionen führt. „Es ist zwar nicht die Hölle, aber es ist trotzdem ziemlich heiß“, sagt er.

Weitere Probleme tauchen auf, und es ist wirklich erstaunlich, um welch winzige Details es sich dabei handeln kann. So enthält beispielsweise Gordons Drehbuch zu der gerade vorbereiteten

Frage: Wessen Baseballmütze hängt manchmal an Mulders Kleiderständer?

Antwort: Die NICAP-Mütze gehörte Max Fening, der vor Mulders Augen in „Gefallener Engel“ entführt wurde. NICAP ist das „National Investigative Committee on Aerial Phenomena“, eine UFO-Beobachtungsgruppe.

Episode den scheinbar harmlosen Ausspruch, jemand sei „in der Stimmung für ein paar ‚Viertelpfünder'." Die Rechtsabteilung von Fox wünscht jedoch, daß diese Formulierung entweder mit McDonald's abgeklärt wird (der Name des Hamburgers ist ein geschützter Markenname), oder man sich etwas anderes einfallen läßt. „Das ist eine tolle Dialogzeile", bemerkt Manners, zu dessen Regiearbeiten „Satan" und „Der Zirkus" gehören, nur leicht gereizt. Stunden später einigt man sich auf eine unverfänglichere Bezeichnung, anstatt sich mit rechtlichen Fragen herumzuschlagen.

Die gesamte Herstellung einer Akte X-Folge, vom ersten Tag der Vorbereitungen bis zum letzten Tag der Nachbearbeitung, dauert in der Regel sechs bis acht Wochen, wobei die ersten sieben Tage der Vorbereitungen darüber entscheiden, ob die achttägigen eigentlichen Dreharbeiten reibungslos ablaufen. Trotzdem kann auch der enorme Aufwand, der in der Planungsphase betrieben wird, nicht jedes Detail berücksichtigen, das die Dreharbeiten verzögern und den Blutdruck aller Beteiligten in die Höhe treiben kann. Zur Produktions-Halbzeit einer Staffel, wenn die Zeit kürzer wird, liegen manchmal nicht mehr als fünf Wochen zwischen den Vorbereitungen und der Ausstrahlung.

Gerade beendet der Regisseur Rob Bowman (gleichzeitig einer der Serienproduzenten) eine Folge, während Manners schon in zwei Tagen mit den Dreharbeiten zur nächsten beginnen will. Das Drehbuch einer weiteren Folge, das noch immer durch etliche Hände geht, wird hoffentlich am gleichen Tag fertig werden.

Zwei Tage vor Drehbeginn drängen sich Manners, Gordon, Carter und Co-Executive Producer R.W. Goodwin in einem kleinen Hörsaal zusammen, wo sie sich in kaum mehr als einer Stunde über 20 Schauspieler ansehen wollen. Lynne Carrow, Casting Director in Vancouver, hat die Auswahl in den meisten Fällen auf drei oder vier Kandidaten reduziert und liest die Rollen von Mulder und Scully, während Casting Associate Wendy O'Brien die jeweiligen Szenen mit jedem einzelnen Kandidaten durchspielt.

Rick Milligan, der Casting Director von Los Angeles, hat für die wichtigste Gastrolle bereits einen jungen Schauspieler im Auge, aber man will trotzdem noch ein paar einheimische Talente sowohl für diese als auch für die anderen Rollen ausprobieren. Carrow weist darauf hin, daß das Casting für **AKTE X** kein Kinderspiel ist, da in der Regel natürlich aussehende Darsteller gewünscht werden, und nicht die typischen „Hochglanzschauspieler" à la *Melrose Place* oder *Beverly Hills, 90210* .

Die erste Kandidatin spricht für eine kleinere Rolle vor, und obwohl Manners von ihrer Vorstellung angetan ist, besteht Gordon darauf, sie sich noch einmal anzusehen. Sie wird ein zweites Mal hereingerufen und spielt die Rolle noch einmal, allerdings mit kleinen Veränderungen. „Jetzt kann ich wohl nach Hause gehen", seufzt sie, doch die Produzenten entscheiden sich für sie. Dennoch gibt es Bedenken, ob sie für die Rolle der dicklichen

Hausfrau kräftig genug gebaut ist, und man diskutiert die Frage, ob man sie zusätzlich auspolstern sollte, um sie korpulenter erscheinen zu lassen.

Während des Castings machen die Produzenten immer wieder Vorschläge, fordern die Schauspieler auf (die zumeist kaum länger als eine Minute Zeit haben, einen Eindruck zu hinterlassen), ihre Darbietung zu variieren und gegebenenfalls zu improvisieren, da die Kandidaten lediglich einige Drehbuch-Seiten mit ihren jeweiligen Parts bekommen haben. Viele wirken nervös, nur ein junger Mann ist durch nichts aus der Ruhe zu bringen. „Ist irgendwie noch ziemlich früh", sagt er mit einem herzhaften Gähnen. „Ich wache gerade erst auf."

Für einige Rollen scheinen mehrere Leute vielversprechend, für andere gibt es keine akzeptablen Kandidaten. „Das könnten Sie übernehmen", meint Manners und stößt Gordon an, der schnell erwidert: „Das glaube ich nicht."

Obwohl die aktuelle Folge immer die dringendste ist, halten die Produzenten ständig nach Schauspielern Ausschau, die sie vielleicht auch später noch einsetzen können. „Der hier hat Qualitäten . . . für irgend etwas", sinniert Gordon laut, als ein Kandidat geht, während Carter in einem anderen Fall bemerkt: „Dieser Junge könnte großartig sein für . . ."

Später brechen Manners, Gordon und rund 15 Teammitglieder, darunter das Special Effects-As Dave Gauthier und der Produktionsdesigner Graeme Murray zu einer technischen Besichtigungstour auf. Alles zwängt sich nun in einen klimatisierten Bus, um sämtliche Drehorte für die anstehende Episode auszukundschaften, in der Regel eine sechs bis acht Stunden dauernde Rundfahrt. „Und das ist der einfache Teil", lacht die Bühnenbildnerin Shirley Inget.

Carter begleitet die Gruppe zur Tür, hat aber noch zuviel zu tun, um mitkommen zu können. „Ich muß diese Tour ausfallen lassen, Leute", sagt er, was ein einstimmiges „Ohh" hervorruft.

Ständig klingeln Handies, über die das Team fast ununterbrochen mit irgend jemandem in Los Angeles oder sonstwo in Verbindung steht. Kurze Zeit später steigt die Gruppe vor einem kleinen Einkaufscenter aus dem Bus, das den Schauplatz für eine Actionszene am Anfang der Folge bilden wird. Die Passanten mustern die Versammlung – künstlerische Leiter, die meisten in Shorts und T-Shirts, machen Fotos und vermessen Strecken – mit argwöhnischen Blicken, als hätten sie eine ausgeflippte Reisegruppe vor sich.

Hier besteht die Aufgabe darin, ein Bekleidungsgeschäft in einen Videoladen zu verwandeln und den Drehort, der jetzt nichts als ein leerer Platz ist, in fünf Tagen vollständig herzurichten, inklusive eines Blitzeinschlags auf dem Parkplatz. Die Mitglieder des Spähtrupps diskutieren in kleinen Gruppen miteinander, jeder völlig auf seinen Aufgabenbereich konzentriert. „Wir haben wirklich ein gutes Team“, stellt Gordon fest.

Wieder gibt es einige Probleme zu überdenken. So bleibt beispielsweise eins der Geschäfte stets lange geöffnet, was bedeutet, daß man sich wohl während der Dreharbeiten mit Betrieb auf dem Parkplatz wird auseinandersetzen müssen. Außerdem spielt die Szene nachts, und im Sommer bleibt der Himmel über Vancouver bis gut nach 21.00 Uhr hell. Letzteres ist nicht so tragisch, doch Manners kann es sich trotzdem nicht verkneifen, Gordon wegen der vielen Nachtaufnahmen aufzuziehen, mit denen er zu kämpfen hat. „Welcher Autor hat sich nur diese ganzen Nachtszenen mitten im Sommer einfallen lassen?“ ruft er so laut, daß Gordon es nicht überhören kann.

„Wer auch immer es war, er war ziemlich gedankenlos“, erwidert Gordon.

Danach schließt sich eine fast einstündige Busfahrt zu einem entfernt gelegenen Farmhaus an, das um die Jahrhundertwende erbaut wurde – was gewissermaßen auch auf den 94jährigen Bewohner zutrifft, der geduldig lächelnd dasitzt, während sich wahre Besucher-Scharen durch sein Wohnzimmer wälzen. Abgesehen von den Aufnahmen im Haus selbst (das im Film irgendwo in Oklahoma stehen soll) ist geplant, eine Schlüsselszene draußen im Gelände zu drehen und dabei die 20 Kühe des Farmers als Statisten einzubauen. Als Location Manager Todd Pittson dem Mann sagt, daß er auch für die Kühe bezahlt werden wird, zuckt dieser nur die Achseln und meint: „Die sind sowieso da“.

Frage: Wann sind sich Scully und Mulder zum ersten Mal begegnet?

Antwort: Am 6. März 1992.

Das Haus ist in Ordnung, aber es folgt eine Diskussion über die Frage, ob man nicht zusätzlich auch ein Sofa für die Szene besorgen sollte. Dann machen ein paar Leute einen ausführlichen Rundgang über die weiten Felder, und natürlich tritt irgend jemand prompt in etwas hinein, was lautes Gelächter hervorruft. Bei den Aufnahmen soll es auch Blitze in unmittelbarer Nähe geben, wozu man ein Gerät verwenden wird, das einen blendenden Lichtstrahl erzeugt. (Schon am Morgen des nächsten Tages hat Gauthier eine Vorrichtung aus Spiegeln konstruiert, die in den Boden versenkt werden kann und den Schauspielern nur wenig Bewegungsspielraum läßt. Die Spiegel dienen dazu, das Licht nach oben schießen und es nach allen Seiten flackern zu lassen. „Das wird teuflisch“, versichert er Manners und Gordon.)

Unglücklicherweise weiß niemand, wie die Kühe sich dabei verhalten werden. „Zu den wenigen Dingen, mit denen ich noch nicht vor der Kamera gearbeitet habe, gehören Kühe“, stellt Manners trocken fest.

„Aber Truthähne schon, was?“ witzelt Key Grip Al Campbell.

Einer der offensichtlicheren Vorteile, was die Dreharbeiten in Vancouver betrifft, wird deutlich, als das Team mit einer Autofähre einen hübschen, von Waldland gesäumten Fluß überquert und zum Mittagessen eine malerische Pension aufsucht. Natürlich hat man sich bereits unterwegs über ein Handy angemeldet, um Zeit zu sparen, so daß die meisten Gerichte schon bereitstehen, als die Gruppe eintrifft.

Mittlerweile ist später Nachmittag, aber das Team drängt darauf, auch noch die beiden letzten Drehorte zu besichtigen. Der erste ist eine verwaiste Straße, die man in eine befahrene Straßenkreuzung für einen Autounfall verwandeln will, wozu von den Kulissenbauern eine acht Meter große Tafel in vier Metern Höhe errichtet werden soll. Manners möchte die Tafel auch dazu benutzen, um hinter ihr eine Einstellung aus der Sicht eines der Darsteller zu schießen. Für den Autounfall sucht Stunt Coordinator Tony Morelli – ein ehemaliger Kickboxmeister, der immer noch so aussieht, als wäre er ein ernstzunehmender Gegner – nun sorgfältig die richtige Stelle aus. Die andere Actionsequenz, ein Blitzeinschlag, erfordert es, zwei Meter von der Spitze eines gut sieben Meter hohen Baumes zu kappen.

Frage: In welcher Episode schießt Mulder zum ersten Mal?

Antwort: Mulder feuerte seine Waffe in „Signale“ ab, um ein paar weiße Wölfe zu verjagen.

Der Autounfall scheint sich wunderbar zu entwickeln, obwohl Morelli noch nach einem Stuntdouble sucht, das jung genug aussieht, um den halbwüchsigen Fahrer ersetzen zu können. Was den Baum betrifft, ist nicht der Kostenfaktor das größte Problem, sondern „es ist die Zeit“, gibt Produzent Finn zu bedenken. „Wir müssen diese Geschichte in *acht* Tagen abgedreht haben.“ Da man heute noch unbedingt weiterziehen möchte, einigt man sich darauf, später noch einmal eine „Baumversammlung“ abzuhalten.

Ein weiterer Vorschlag besteht darin, eine Parkbank in die Luft zu jagen, die Idee wird aber schnell wieder fallengelassen. Da die Bänke nur gemietet sind, würde das ganze zu teuer werden und den Aufwand nicht lohnen, solange die Szene nicht wirklich wichtig ist.

Gegen halb acht abends trudelt die Gruppe wieder im Studio ein, fast acht Stunden nach ihrem Aufbruch. Mittlerweile weist Regisseur Bowman die Hauptdarsteller David Duchovny und Gillian Anderson bereits auf einer in der Nähe gelegenen Bühne ein und bemüht sich, die Begeisterung für eine weitere lange Arbeitsnacht wachzuhalten. Die Dreharbeiten sind immer ein langwieriger Prozeß, da oft viel Zeit für die einzelnen Aufbauarbeiten vergeht. Die beiden Hauptdarsteller spielen eine gefühlsbetonte Szene vor einem Fahrstuhl, der nicht wirklich ein Fahrstuhl ist. Ein Mitarbeiter hinter der Bühnenwand bedient eine hölzerne Schiebetür, um das Öffnen und Schließen des Aufzugs zu simulieren. „Ich bin begeistert!“ ruft Bowman am Ende der Szene aus, begutachtet die Aufnahme auf einem Monitor und lobt seinen Star als „Erste-Klappe-Duchovny.“

Ein Stück weiter auf der gleichen Filmbühne befindet sich ein Krankenhausset. Auf einer anderen Bühne stehen drei pechschwarz gekleidete Männer mit silbernen Gesichtmasken geduldig vor einer riesigen blauen Leinwand. Diese Aufnahmen dienen den Visual Effects, die später von Mat Beck in den Film eingearbeitet werden.

Draußen spielt Gillian Andersons kleine Tochter Piper, die im September 1994 geboren wurde, mit verschiedenen Teammitgliedern und ihrem Vater, dem Assistent Art Director Clyde Klotz, der gerade von einem technischen Prüfgang zurückgekehrt ist. Später vergnügt sich Piper, die die durchdringenden Augen ihrer Mutter geerbt hat, mit Duchovnys Hund Blue, seinem ständigen Begleiter am Set. Beide scheinen voneinander fasziniert und gleichzeitig etwas verunsichert zu sein. **AKTE X** ist wirklich ein familiäres Projekt, was noch deutlicher wird, als Goodwin am nächsten Morgen seinen zehnjährigen Sohn und dessen Freund mit ins Produktionsbüro bringt. Letzterer sammelt Autogramme von allen im aktuellen Drehbuch vertretenen Schauspielern.

Mitglieder des Filmteams mit einem Schaukelpferd, das sie für Gillian Andersons Tochter Piper gebaut haben.

Der letzte Tag vor Beginn der eigentlichen Dreharbeiten beginnt mit der sogenannten Abstimmungskonferenz, in der Carter, der Autor und der Regisseur noch einmal sämtliche Aspekte der Episode durchsprechen. Eine ausführlichere Versammlung, die immer am letzten Tag vor den Dreharbeiten abgehalten wird, folgt um elf Uhr. Der gesamte an dieser Folge beteiligte Mitarbeiterstab versammelt sich im Konferenzraum.

Carter, Manners, Goodwin und Gordon sitzen an einem Ende, während Regieassistent Stefoff Schritt für Schritt alle 52 Szenen in Gordons Drehbuch durchgeht – auf dem Tisch liegt die noch einmal überarbeitete Endfassung, aus der einige Sequenzen wegen Zeitmangels gestrichen wurden –, einschließlich der benötigten Requisiten und Effekte. Es ist ein Gemeinschaftsprozeß, bei dem sich jede Abteilung zu Wort meldet.

Wieder erstaunt die Aufmerksamkeit, die jedem Detail gewidmet wird, was in Carters Hang zum Perfektionismus begründet liegt. Die Kostümbildner erhalten Anweisung, die T-Shirts für den Darsteller der Hauptgastrolle, der erst nach neun Uhr abends aus Los Angeles eintreffen wird, umzuändern.

Die künstlerische Abteilung hat zwischenzeitlich eine äußerst detaillierte Reihe von Zeichnungen mit den Schauplätzen der einzelnen Handlungsabläufe angefertigt, einige davon beeindruckend plastisch. „Wir befinden uns eindeutig in den 90ern“, murmelt Manners versonnen, während er die Seiten mit den Skizzen durchgeht.

Der nächste Punkt betrifft die sturen Kühe und die bange Frage, ob sich die Tiere kooperativ verhalten werden. Man hat drei Kuhtreiber engagiert, die bei der Aufnahme helfen werden, aber Manners bleibt skeptisch. „Wenn die Kühe weglaufen, stecken wir in Schwierigkeiten, denn dann müssen wir warten, bis sie zurückkommen“, sagt er.

Eine weitere Frage betrifft die Verwendung eines toten Rindes, das der Stab für eine bestimmte Szene erwerben mußte. Carter versichert, daß der Kadaver nicht einfach fortgeworfen, sondern noch anderweitig verwertet werden wird. Zusätzlich wurden noch zwei künstliche Kuhkadaver besorgt. Die Kosten hierfür bringen Carter dazu, laut darüber nachzudenken, ob es nicht besser gewesen wäre, „zwei Männer in ein Kuhkostüm“ zu stecken.

In einer späteren Einstellung wird man sehen, wie die Kuh beseitigt wird, und Gordon, ein gebürtiger New Yorker, hat tatsächlich in dieser Angelegenheit recherchiert und irgend jemanden in Oklahoma angerufen, um nachzufragen, wie man dort mit toten Kühen verfährt, damit die Sequenz authentisch erscheint.

Nach einigen Diskussionen beschließt man außerdem, von einem der Darsteller, der vom Blitz getroffen werden wird, Rauch aufsteigen zu lassen. Der Kostümabteilung wird versichert, daß diese Aktion das Kostüm nicht beschädigen wird, aber für das Hemd wird ein Brandverzögerer benötigt. Carter entscheidet, die von Gauthier konstruierte Blitzmaschine noch bei einer weiteren Szene einzusetzen, um die Wirkung zu erhöhen. „Hier können wir unser gesamtes Geschütz auffahren und die Sache optisch interessant machen“, sagt er.

Manners begutachtet gewissenhaft ein psychiatrisches Krankenhaus, das den Schauplatz der Endeinstellung bilden soll, und Produktionsdesigner Murray verspricht ihm, daß es dem aus der Folge „Soft Light“ der zweiten Staffel, in dem ein Darsteller festgehalten wurde, nicht allzu ähnlich sehen wird. Trotz des bei Serienproduktionen herrschenden Drucks, bereits vorhandenes Material mehrfach zu verwerten, bemüht sich der Akte X-Stab, die Serie in jeder Beziehung einmalig wirken zu lassen und sich nicht zu wiederholen.

Die Konferenz dauert 90 Minuten. Finn sagt den Abteilungsleitern, daß er die Budgetplanungen bis drei Uhr braucht, in nur zweieinhalb Stunden. Alle Mitarbeiter machen sich sofort an ihre Arbeit.

Währenddessen bereitet Kameramann John Bartley, ein gebürtiger Neuseeländer, der problemlos als Collegeprofessor durchgehen könnte, auf der Filmbühne 2 die Aufnahmen für das Syndicate-Set vor, in dem der Cigarette-Smoking Man und seine undurchsichtigen Spießgesellen in der Eingangssequenz für die dritte Staffel konferieren. Es ist eine eindrucksvolle Konstruktion mit gemalter Innenausstattung – teure Holzvertäflung und Marmortresen –, „ein gräßlicher Altherren-Club“, wie es ein Mitarbeiter formuliert. Die Kamera steht auf einem Rollenwagen, damit sie das Trio umkreisen kann. Vier Plüschsessel sind aufgestellt worden, in denen einige Teammitglieder (unter ihnen Regieassistent und Gelegenheitsschauspieler Tom Braidwood) probesitzen. Ein muffiger und etwas unappetitlicher Geruch durchzieht die Bühne – aus einer metal-

Frage: In welcher Episode schießt Scully zum ersten Mal?

Antwort: Scully feuerte ihre Waffe ab, um einen Ventilatormoter in „Die Maschine“ auszuschalten.

lisch aussehenden Röhre dringen Rauchschwaden, die Atmosphäre erzeugen sollen –, was die Ersatzschauspieler und Statisten, die irgendwie die Zeit totschlagen müssen, weil ihr Auftritt um zwei Stunden verschoben wurde, allerdings nicht davon abhalten kann, sich an einem Tisch mit kaltem Aufschnitt, Sandwiches und Knabberzeug zu bedienen.

Kurz darauf treffen Duchovny und Anderson ein und genießen ein paar ruhige Momente, während Piper in der Nähe in einem kleinen roten Faß spielt, unter den wachsamen Augen ihres Kindermädchens. Gegen 18.30 legt das Team eine Pause ein und stärkt sich mit Hamburgern und Getränken, die von einem Verpflegungswagen geliefert worden sind. Alle sind gutgelaunt, scherzen miteinander und bereiten sich auf die Nachtschicht vor. Dann erscheint der Schauspieler Mitch Pileggi (der unter der weiblichen Belegschaft einige Aufregung hervorzurufen scheint), der an diesem Tag zwar nicht dreht, sich aber das Rohmaterial einer Kampfszene ansehen möchte.

Mittlerweile ist es Zeit, die Szene mit den Lone Gunmen zu proben. Das Set ist liebevoll ausgestattet und strotzt vor amüsanten Details, die sich die Art-Abteilung hat einfallen lassen, die aber bei der Ausstrahlung wohl nicht zu erkennen sein werden, darunter ein Aktenschrank, dessen Schubladen mit Aufklebern wie „Waco“, „Pol Pot“, „Cuba“ usw. versehen sind, sowie ein Bildschirmschoner, der Richard Nixon zeigt. Der Colliemischling Blue sieht seinem Herrchen von einem Seitenflügel aus geduldig bei der Arbeit zu. Immer wieder bleibt irgend jemand neben der Hündin stehen und streichelt sie.

Bowman muß mit fünf Schauspielern (Anderson, Duchovny und den Gunmen Dean Haglund, Bruce Harwood und Tom Braidwood) auf ziemlich beengtem Raum drehen, was die Inszenierung schwierig machen wird. Nachdem Bowman sie auf eine bestimmte Art gruppiert hat, schlägt Duchovny eine Alternative vor, wie man die Aufnahme gestalten könnte, und es werden verschiedene Möglichkeiten ausprobiert. Als die Proben endlich beginnen, wirken alle Beteiligten immer noch munter, und die Stimmung ist locker. Haglund nennt einen Naziwissenschaftler ständig „Kempler“ anstatt „Klemper“, und Duchovny muß sich jedesmal das Lachen verkneifen, wenn Braidwood, der ihm kaum bis ans Kinn reicht, auf ihn zukommt. Frohike soll erleichtert darüber wirken, Mulder nach den Ereignissen am Ende der letzten Staffel lebend anzutreffen. „Haben Sie jemals die *Star Trek*-Episode gesehen, in der Spock glaubt, Kirk wäre gestorben?“ fragt Duchovny auf seine typisch trockene Art. „Genau das verlangen sie von uns.“

Die Arbeit soll noch bis zwei Uhr in der Frühe andauern, aber die Schauspieler werden erst einmal entlassen, bis die Kamera aufgebaut und alles für den Dreh vorbereitet ist. Wie üblich hat jeder Zeit totzuschlagen und in dem Bemühen, sein Bestmögliches zu geben, eine weitere lange Nacht vor sich.

Pro-files – Die Schauspieler

pro-files

David Duchovny
(alias Fox Mulder)

Für die Beschreibung seines Werdegangs würde David Duchovny vermutlich eine literarische Anspielung gefallen. In diesem Fall könnte einem Steinbecks Roman „Von Mäusen und Menschen“ einfallen.

Der gebürtige New Yorker war tief mit den Eliteuniversitäten des Ostens verwurzelt, bevor er den Sprung aus einem akademischen Umfeld in die Welt der Schauspielerei wagte und sich damit einem Beruf verschrieb, in dem er sich immer wieder knöcheltief im Unkraut (oder schlimmerem) stehend wiederfindet und in den leeren Himmel zu etwas emporstarrt, das erst nachträglich mit Hilfe computergenerierter Grafiken Gestalt annimmt.

Durch **AKTE X** scheint sich für Duchovny die Chance abzuzeichnen, auch in großen Spielfilmen eine Hauptrolle zu bekommen, doch auch in diesem Fall nicht, weil er dem vorgezeichneten Weg folgte. Nachdem seine Karriere durch Filme wie *The Rapture*, *Chaplin* und dann durch eine Hauptrolle neben Brad Pitt und Juliette Lewis in *Kalifornia* einen vielversprechenden Anfang genommen hatte, hatte Duchovny ernsthafte Zweifel, was die Mitwirkung an einer Fernsehserie betraf. „Es ist wie beim Pferderennen“, stellt er fest, während er, in Arbeitshemd, Stiefeln und Jeans, einen ruhigen Moment vor seinem Wohnwagen am Akte X-Set in Vancouver genießt. „Da sind 15 Burschen am Start, die ‚die nächste große Nummer‘ werden könnten, aber nur drei von ihnen werden das Rennen machen. Ich konnte meinen Lebensunterhalt verdienen. Es schien, als würde ich zu irgendeinem Zeitpunkt meine Chance bekommen."

Duchovny war bereit, auf seine Chance zu warten. Er hatte in einigen interessanten Spielfilmen mitgewirkt und ging davon aus, daß ein Kinoerfolg ihn dank der verrückten Gesetze Hollywoods in die nächsthöhere Schauspielerriege katapultieren würde. „Ich war immer fest davon überzeugt, daß sich die Dinge für mich fügen würden", sagt er. „Auch wenn ich nicht wußte, wie. Und dann schickte mir meine Managerin, die wußte, daß ich nicht fürs Fernsehen arbeiten wollte, das Script zu **AKTE X,** weil sie es für ein wirklich gutes Drehbuch hielt. Sie liest die Scripts zu allen Serienpilotfolgen, doch dies war das einzige, das sie mir geschickt hat."

David Duchovnys Lieblingsfolgen sind „Unter Kontrolle" und „An der Grenze".

Duchovny dachte sich, es könne nicht schaden, den Pilotfilm zu machen – ein bißchen Geld zu verdienen, indem er einen Monat in Vancouver arbeitete –, um dann seinen nächsten Spielfilm zu drehen. Heute, inmitten eines weiteren 14-Stundentages, kann er über diese Einstellung nur noch grinsen und meint: „So ist es dann allerdings nicht gelaufen."

Auf die Gefahr hin, eine Metapher zu mißbrauchen, könnte man sagen, daß Duchovny vermutlich bereits an den meisten Pferden im Rennen vorbeigezogen ist, wenn man die Zahl der Darsteller, die das Fernsehen als Sprungbrett für eine erfolgreiche Spielfilmkarriere benutzten, betrachtet. Doch als selbstkritischer Mensch, der er ist, spürt Duchovny das Gewicht der Erwartungen, das auf ihm lastet, und trägt den Ruhm ohne große Begeisterung, nachdem er herausgefunden hat, daß plötzlicher Erfolg seine Schattenseiten auf persönlicher Ebene mit sich bringen kann.

Die Bereitschaft, **AKTE X** zu drehen, erwies sich für den Schauspieler anfangs vor allen Dingen als eine Herausforderung – auf das Arbeitspensum bezogen –, mit der er nicht gerechnet hatte. „Das erste Jahr schien das härteste zu sein", erinnert er sich, „was allein daran lag, daß ich noch nie eine derartige Belastung kennengelernt hatte. Im ersten Jahr ging es nur um die Frage, kann ich das *körperlich* durchstehen? Ich nehme an, so muß sich ein Triathlet fühlen. Wenn man zum ersten Mal an den Start geht, will man nur ins Ziel kommen, und dann beginnt man allmählich, sich zu wünschen, es in einer guten Zeit zu schaffen. Im ersten Jahr gab es viele Tage, an denen ich nach Hause gegangen bin und gedacht habe: ‚Ich schaffe es nicht. Ich kann nicht mehr an die Arbeit zurückkehren.'"

Auch wenn die Situation, was die anstrengenden Dreharbeiten während der zweiten Staffel betrifft, nicht wesentlich einfacher geworden ist – besonders weil ihn die Schwangerschaft seiner Filmpartnerin Gillian Anderson eine Zeitlang zwang, noch mehr Verantwortung zu tragen –, entdeckte der Schauspieler, daß die kreative Entwicklung der Serie die Bürde erleichterte. „Letztes Jahr, glaube ich, war die Arbeit um einiges angenehmer", sagt er. „Das war ziemlich ermutigend."

Duchovny, seit jeher ein unerbittlicher Kritiker, hatte das Gefühl, daß es im ersten Jahr einige gute Folgen gab, und es machte ihm Spaß, an etwas mitzuwirken, das sich von den meisten der anderen großen Fernsehserien unterschied. „Gelegentlich war ich mit meiner Arbeit recht zufrieden", sagt er.

„Wir haben uns wirklich zur besten Fernsehserie entwickelt", meint er dagegen zu der zweiten Staffel und ist dankbar, daß die Serie das erste Jahr überlebt hat, weil die Schauspieler, Autoren und Regisseure so gemeinsam reifen konnten. „Die dritte Staffel wird ähnlich gut werden", prophezeit er und fügt frotzelnd hinzu: „Bevor wir in die Mittelmäßigkeit zurückfallen."

Betrachtet man allerdings die Art, wie Duchovny und Chris Carter an die Sache herangehen, ist Mittelmäßigkeit ausgeschlossen. Der Ruhm bringt gewisse Vorteile mit sich, was es Duchovny ermöglichte, seinen kreativen Beitrag zu der Serie zu leisten, indem er Ideen für Geschichten beisteuerte und dabei half, die Akte X-Mythologie mitzuentwickeln. Weder Carter (mit dem Duchovny laut eigener Aussage „auch dann viel Zeit verbringen würde, wenn wir nicht zusammenarbeiten würden") noch sonst jemand aus dem Team übergeht leichtfertig die Vorschläge oder Ansichten des Schauspielers. „Er ist ein wirklich wunderbarer Produzent und meinen Ideen gegenüber sehr aufgeschlossen", sagt Duchovny über Carter und fügt trocken hinzu: „Das ist es, was ich unter einem wunderbaren Produzenten verstehe."

Über ihr berufliches Verhältnis sagt er: „Wir wollen beide, daß die Serie so gut wie möglich wird, deshalb streiten wir uns nicht. Jeder von uns weiß, daß der andere nach Kräften daran arbeitet, **AKTE X** zu einer großartigen Serie zu machen."

Zu Duchovnys Zielen gehört es, Fox Mulder – der, wie er hervorhebt, aus verständlichen Gründen zu Beginn der Serie ein ziemlich diffuser Charakter war – komplexer zu machen, um diese Rolle aus schauspielerischer Sicht interessanter zu gestalten. „Es war wirklich sehr spannend und neu für mich, das Schicksal eines Charakters zu lenken", erklärt er, „denn Mulder stand sozusagen im luftleeren Raum. Wie in jeder Fernsehserie wird man gezwungen, irgendwann eine Geschichte für seinen Charakter zu erschaffen, die er vorher nicht hatte."

Nachdem **AKTE X** den durch die Einschaltquoten vorgegebenen Ausleseprozeß überstanden hatte, war ihm und Carter klar, daß es die Serie noch eine Weile geben würde. Zu diesem Zeitpunkt, so Duchovny, „wurde es für mich als Schauspieler wichtig, die Geschichte so interessant wie möglich zu gestalten."

Die Abschlußfolge der zweiten Staffel mit dem Titel „Anasazi" und die Enthüllungen über Mulders Familie in den ersten beiden Folgen der dritten Staffel enthalten solche mythischen Höhepunkte. Sie verraten etwas über Mulders Charakter und seine Familiengeschichte wie auch über die Rolle seines Vaters bei Experimenten mit Außerirdischen. Diese Episoden werfen auch Licht auf die Entführung von Mulders Schwester Samantha,

Frage: Was trug David Duchovny, als er für die Rolle von Fox Mulder vorsprach?

Antwort: Laut Chris Carter trug er „eine Krawatte mit rosa Schweinen". Normalerweise hat Duchovny eine Abneigung gegen Krawatten, die so weit geht, daß er selbst zu Preisverleihungen ohne Schlips erscheint.

die für seine Motivation von maßgeblicher Bedeutung ist. Aus Duchovnys Sicht sind derartige mythische Qualitäten auch in Filmen von *Star Wars* (Krieg der Sterne) bis hin zu *Raiders of the Lost Ark* (Jäger des Verlorenen Schatzes) zu finden.

Diese Episoden, so sagt er, haben in Verbindung mit früheren Handlungsbögen „eine für das Fernsehen einzigartige Mythologie des Charakters erzeugt, und ich bin wirklich stolz darauf, selbstbewußt genug gewesen zu sein, um Chris zu sagen: ‚Hör mal, ich habe da ein paar Ideen, ich möchte bei der Erschaffung dieses Mythos mitwirken.'" Und Duchovny ist der Meinung, daß Andersons Schwangerschaft und ihre kurze Abwesenheit unbeabsichtig dabei geholfen haben. Mulders Suche nach Scully spiegelt wider, was er durch den Verlust seiner Schwester empfunden hat, während Scullys Entführung wiederum *ihr* Erfahrungen beschert, auf die man gegebenenfalls zurückgreifen kann. Das alles bietet nach Duchovnys Ansicht „Rohmaterial für den künftigen Gebrauch."

Frage: Welche Nummer hat Mulders Apartment?

Antwort: 42.

Nach seinen Worten beruht die Tiefe dieser Episoden auf „einer Art Formel, auf die wir schon Mitte des letzten Jahres zugetrieben sind", während sich die eigenständigen Episoden mit allen möglichen Ungeheuern und/oder paranormalen Phänomenen beschäftigen, die sich die Autoren einfallen lassen können. Was die Herstellung dieser Folgen betrifft, bezeichnet er **AKTE X** als eine „vielleicht interessantere Serie als die meisten anderen . . . aber aus Sicht des Schauspielers nicht so interessant zu spielen."

Duchovny räumt ein, daß es ihn gelegentlich ärgert, wenn er einen Schwall haarsträubender Monologe vorgesetzt bekommt, zum Beispiel, wenn Mulder sich in bemerkenswert detaillierten Erklärungen zu irgendwelchen früheren Vorfällen ergeht. „Anfangs war es beinahe unmöglich", sagt er. „Das ist so eine Art Holzhammermethode. Man bemüht sich, es aus schauspielerischer Sicht irgendwie interessant zu machen . . . aber meistens lernt man den Mist einfach nur auswendig und spult ihn ab."

Manchmal, gibt Duchovny zu, macht er sich Sorgen, diese langen Monologe könnten zu „Mulders Gute-Nacht-Geschichten" werden, und ab und zu fragt er die Autoren: „Könnten wir die Geschichte nicht vielleicht etwas besser erzählen?" Er gesteht allerdings auch ein, daß es nicht leicht ist, innerhalb der verfügbaren Zeit das Äquivalent eines Spielfilms zustandezubringen, und ihm ist klar, daß solche Erklärungen von Zeit zu Zeit einfach nötig sind. Also hat Duchovny den Autoren versichert, daß er sich durch diese Monologe kämpfen wird. „Aber man sollte mir später wenigstens eine schöne Szene geben, um mich dafür zu entschädigen."

Genauso direkt beschreibt Duchovny seine Einstellung zum Ruhm, bedenkt man, daß das Internet jedes Mal wie ein Weihnachtsbaum aufleuchtet, wenn er das Hemd auszieht, und daß die Leute manchmal gaffen oder ihm „Mulder" hinterherrufen, wenn er über die Straße geht. „Berühmt zu sein, macht keinen Spaß", sagt er schlicht. „Es heißt, daß man erkannt wird, und das ist überhaupt nicht toll. Ich kann mir vorstellen, daß es Spaß macht, dafür bekannt zu sein, das man etwas Bemerkenswertes geleistet hat, aber unglücklicherweise ist die Berühmtheit, die das Fernsehen mit sich bringt, sehr einseitig.“

Es ist unverkennbar, daß Duchovny viel über dieses Problem nachgedacht hat, sowohl was ihn selbst als auch andere betrifft. So beschreibt er beispielsweise seinen Filmpartner Brad Pitt aus *Kalifornia* als einen „reservierten Burschen“ und bemerkt, daß dessen ständigen Reibereien mit der Boulevardpresse unangenehm für ihn gewesen sein müssen.

„Ich weiß, daß das zu diesem Metier dazugehört“, räumt er ein, „aber manchmal fällt es schwer, das ganze locker zu sehen, wenn man einfach nur sein Leben leben will und keine Lust darauf hat, daß die Leute tratschen und mit dem Finger auf einen zeigen. Heutzutage möchte jeder berühmt und bekannt sein. Aber wenn ich schon bekannt sein muß, dann lieber, weil ich etwas *geleistet* habe.“ Und mit einem resignierten Achselzucken fügt er hinzu: „Aber ich glaube nicht, daß ich zur Zeit eine Wahl habe.“

Auf die schlimmsten Aspekte eines Lebens unter dem Mikroskop angesprochen, erwidert Duchovny nur: „Es läßt einem keinen Raum, um Fehler zu machen oder irgendeine Dummheit zu begehen. Alles, was man tut, wird im schlimmsten Sinn kalkuliert. Man hat einen spontanen Einfall, und sofort fragt man sich: ‚Kann ich das tun? Beobachtet mich irgend jemand?‘ Es ist so, wie katholisch zu sein“, witzelt er.

Nicht daß Duchovny auf die Erfahrung mit **AKTE X** verzichten wollte. Im Gegenteil. „Es ist wunderbar, und es verschafft mir finanzielle Sicherheit“, sagt er und hofft, daß er dadurch die Gelegenheit bekommt, entweder nach Einstellung der Serie oder in den Zeiten zwischen den einzelnen Staffeln an interessanten Spielfilmen mitarbeiten zu können. Auch wenn noch keine konkreten Pläne existieren, bestünde die Möglichkeit, in der Pause nach der 1995/96-Staffel an einer Kinoproduktion mitzuwirken, sofern ein geeignetes Angebot vorliegt: „Da wäre genug Zeit, aber alles müßte sich perfekt entwickeln.“

Ungeachtet der Last, die der Ruhm mit sich bringt, haben sich die Dinge, wenn vielleicht auch nicht perfekt, so doch zumindest verdammt gut für Duchovny entwickelt. Wie viele Leute können es sich schon leisten, ihren Hund mit auf die Arbeit zu nehmen? Blue ist ständig an seiner Seite und hat weniger Grund als sein Herrchen, sich zu beklagen. „Sie wartet jeden Morgen voller Begeisterung darauf, in den Wagen zu steigen, mit sehr viel mehr Begeisterung, als ich aufbringe“, erzählt Duchovny. „Das Filmteam ist wie ihr Rudel.“

Der Schauspieler hatte sogar die Gelegenheit, einen Gastauftritt in seiner Lieblings-TV-Serie (oder vielleicht seiner zweitliebsten) zu bekommen, in HBOs *The Larry Sanders Show.*

Frage: Welches war Mulders erster Fall beim FBI?

Antwort: Die Verfolgung eines Bankräuberrings, der von John Barnett geleitet wurde, den Mulder festnahm und zu dessen Verurteilung er beitrug („Ewige Jugend“). Barnett „starb“ am 16. September 1989 im Gefängnis.

Seine einzige Bedingung: Man sollte ihm erlauben, sich selbst als richtigen Widerling zu spielen.

Duchovnys Humor ist den schrulligen Einzeilern, mit denen Mulder um sich wirft, nicht unähnlich, was zum Teil daran liegen könnte, daß er so oft darüber staunt, wo er ist und was er tut. Duchovny, der an einem 7. August geboren wurde und in Manhatten aufwuchs, war so still, daß sein vier Jahre älterer Bruder Danny seinen Freunden gern erzählte, David sei „zurückgeblieben“. Wenn er sich an die Bemerkungen seines Bruders erinnert, lacht Duchovny, der noch eine jüngere Schwester hat, nur und kontert, daß Danny jetzt „mit behinderten Kindern arbeitet.“ (Tatsächlich ist sein Bruder ein erfolgreicher Regisseur in der Werbebranche.)

Wie Duchovny zugibt, war er als Jugendlicher ein eher scheuer Typ, der während der High-School nur selten mit Mädchen ausging. Seine Eltern ließen sich scheiden, als er elf Jahre alt war. Wie Duchovny in Interviews sagte, hat vielleicht diese Erfahrung dazu beigetragen, einerseits akademischen Erfolg zu suchen und andererseits seine eher introvertierte Persönlichkeit zu formen. Im Gegensatz zu den Stichelein seines Bruders war Duchovny sowohl ein ausgezeichneter Schüler als auch ein begabter Sportler, der Baseball und Basketball spielte. Er und Carter waren eine Zeitlang Squashpartner, bis ein überanstrengter Beinmuskel den Produzenten lahmlegte.

Nach dem Besuch einer Privatschule für Jungen – unter seinen Mitschülern waren unter anderem John F. Kennedy jr. und die späteren Schauspieler Zach Galligan, Billy Wirth und Jason Beghe, der in der **AKTE X**-Folge „Der Kokon“ mitspielte –, führte Duchovnys akademischer Weg an die Princeton University, wo er ein Jahr Mitglied des Basketballteams war, eine Begabung, die er in der Pilotfolge von *Red Shoe Diaries* neben Wirth unter Beweis stellen konnte. Von Princeton wechselte Duchovny nach Yale, wo er seinen Magister in englischer Literatur machte und auch eine Weile unterrichtete. Er liest noch immer gern und viel, wobei er besonders die Werke von Autoren wie Norman Mailer und Thomas Pynchon schätzt. Zu seinen Hobbies neben Yoga und Basketball zählte eine Weile auch das Deklamieren eigener Gedichte in diversen Clubs, wofür er durch seine derzeitige Terminplanung allerdings kaum noch Zeit findet.

Mit der Schauspielerei begann Duchovny eigentlich mehr aus einer Laune heraus, als er an einem Drehbuch arbeitete und zur Unterstützung einen Kurs belegte. Beghe, sein bester Freund seit der High-School, überredete Duchovny, für Werbeaufnahmen vorzusprechen, um sein Einkommen aufzubessern. Die beiden hatten hin und wieder gemeinsam als Barkeeper gearbeitet, und so ergab es sich ganz folgerichtig, daß Duchovny schließlich in einem Werbespot für Bier der Marke Löwenbräu landete.

1987, kurz vor einem Abschluß als Dr. phil. in Englisch (das Thema seiner Dissertation lautete „Magie und Technologie in zeitgenössischer Poesie und Prosa“), begann Duchovny, die

Frage: Welches Brettspiel spielte Mulder mit seiner Schwester, als sie entführt wurde?

Antwort: Stratego.

Frage: David Duchovny schreibt Gedichte. Wen schätzt er besonders?

Antwort: An erster Stelle nennt er John Ashbery, Wallace Stegner und Charles Bukowski. Er hat eine Kurzgeschichte von Bukowski für ein Off-Broadway-Stück adaptiert.

Schauspielerei wirklich ernsthaft zu betreiben, eine Entscheidung, die nicht nur für ihn, sondern auch für unzählige Internet-Surfer Auswirkungen haben sollte.

„Es war nie eine echte Wahl, die ich getroffen habe“, stellt Duchovny im Rückblick fest. „Ich habe beides gleichzeitig gemacht“ – unterrichtet, während er an seinem Dr. phil. bastelte, und als Schauspieler gearbeitet – „und ich denke, dabei ist mir irgendwann klargeworden, daß ich keine Lust hatte, Professor zu werden.“

Also zog Duchovny nach New York, fand aber einige Jahre lang kaum Arbeit. „Das war vermutlich die schwerste Zeit meines Lebens“, sagt er über diese Phase, in der er sowohl seine Motive, Schauspieler zu werden, als auch seine Begabung für diesen Beruf in Frage stellte.

Schließlich trat er in Off-Broadway-Stücken auf und bekam kleine Rollen in *Working Girl* und *New Year's Day*, bevor er in der zweiten (und wie sich herausstellen sollte auch letzten) Staffel von *Twin Peaks* die Rolle des Transvestiten und FBI-Agenten Dennis/Denise Bryson erhielt. Auch wenn der gesunde Menschenverstand es einem Schauspieler aus dem Fach „jugendlicher Liebhaber“ nicht gerade empfiehlt, sich dem Fernsehpublikum durch einen ersten Auftritt in einem Kleid und hochhackigen Schuhen zu präsentieren, machte sich Duchovny darüber nie Sorgen. „Zu diesem Zeitpunkt hatte ich noch keine Karriere gemacht, die ich mir hätte zerstören können“, stellt er fest.

„Es war eine tolle Rolle in einer tollen Serie, obwohl sie damals schon dem Ende entgegenging, und alle waren überglücklich, daß ich sie bekommen hatte. Ich war nur nervös, weil ich nicht wußte, wie ich sie spielen und mich darauf vorbereiten sollte.“

Duchovny spielte ebenfalls eine Hauptrolle in dem Showtime-Film *Red Shoe Diaries*, was zu einem periodisch wiederkehrenden Auftritt als Gastgeber von Zalman Kings erotischer Anthologie-Serie führte. „Ich wußte nicht, wohin sich das entwickeln würde, aber die Pilotfolge war gut“, sagt er. „Ich bin stolz darauf. Das war der Punkt, an dem ich wirklich eine Vorstellung davon bekam, wie ich meine Arbeit machen muß.“

Praktisch alle Auftritte Duchovnys sind innovativ und einzigartig gewesen, wenn auch nicht immer allzu breitenwirksam. Dazu gehören seine Rolle neben Mimi Rogers in Michael Tolkins ungewöhnlichem und beunruhigendem Film *The Rapture*; seine Verkörperung eines Hustlers in *Julia Has Two Lovers* und die Rolle eines Vertrauten des Titelhelden in *Chaplin*. Eine heiterere Rolle spielt Duchovny in der Familienkomödie *Beethoven* als bösartiger Yuppie.

Duchovnys Aussage zufolge erwies sich *Red Shoe Diaries* als Wendepunkt, der es ihm ermöglichte, eine andere Seite seines Könnens aufzuzeigen. Außerdem begann er, sich als Schauspieler wohler zu fühlen. *The Rapture* bezeichnet er als eine schwie-

Frage: Wer ist „Danny“?

Antwort: Von Anfang an haben Mulder und später auch Scully immer wieder einen mysteriösen und niemals in Erscheinung getretenen „Danny“ angerufen. Danny Valodella ist ein allwissender und äußerst hilfreicher FBI-Insider, der sich (mit Hilfe von Mulders Eintrittskarten für die *Washington Redskins*) bestechen läßt, nach Besitzern von Autonummernschildern zu fahnden, Adoptionslisten zu überprüfen und dergleichen mehr. Auf die Frage, wer diese mysteriöse Person sei, antwortete Carter: „Danny ist ein Gnom, der in Mulders Schreibtisch haust.“

rige Erfahrung“, *Twin Peaks* als Skurrilität. Nach Auftritten in Low-Budget-Filmen, die keine großen Anforderungen an ihn stellten, bot ihm *Red Shoe Diaries* auch seine erste Hauptrolle. „Es war für mich sehr wichtig festzustellen, daß ich das konnte“, meint er.

Auf seine typische Art wäre Duchovny wahrscheinlich der erste, der bestätigen würde, daß die gedrängte Terminplanung, die **AKTE X** mit sich bringt, zermürbend und manchmal frustrierend ist, aber sein Glaube an die Qualität der Serie und sein Engagement treiben ihn an, wie sehr er auch über die zungenbrecherischen Dialoge und den ermüdenden Druck schimpfen mag. Wie er es in der für ihn charakteristischen Untertreibung formuliert: „Auch eine schlechte Serie zu drehen, ist harte Arbeit.“

Frage: Wie hat David Duchovny seine Freundin kennengelernt?

Antwort: Er suchte einen Anzug (den ersten seit vielen Jahren) und fragte Perrey Reeves, die gerade Damenunterwäsche kaufen wollte, welchen er nehmen sollte – den grauen oder den blauen? Sie riet ihm, beide zu kaufen.

pro-files

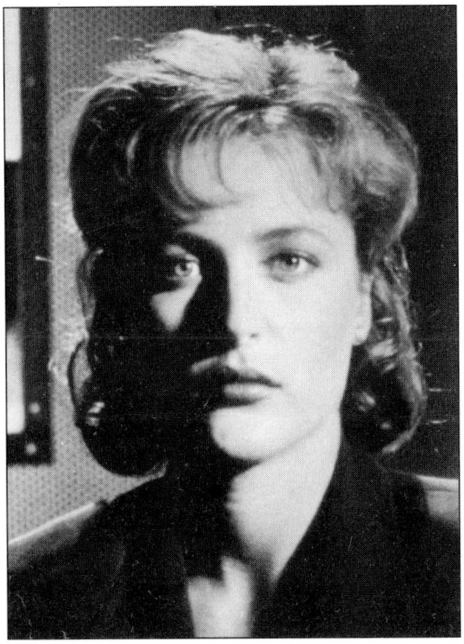

Gillian Anderson
(alias Dana Scully)

Gillian Anderson ist ihren eigenen Weg gegangen, und das meistens ohne Landkarte.

Ihre Erfahrung mit **AKTE X** hat nicht nur ihre berufliche Karriere verändert (die Rolle zu bekommen, war zweifellos eine einzigartige Chance), sondern auch ihr gesamtes Leben, und das in einem Ausmaß, das sie damals selbst kaum hätte vorhersehen können.

Darüberhinaus ist Andersons Beispiel die aufregende Erfolgsstory einer Frau, die erst jetzt allmählich den Gang der Ereignisse verarbeitet, die sie davor bewahrten, wieder als Kellnerin arbeiten zu müssen, und sie statt dessen zu einem Fernsehstar gemacht haben.

„Vom heutigen Standpunkt aus betrachtet, erscheint es, als wäre es schon immer so gewesen“, sagt die junge Schauspielerin. „Wieviel Glück ich hatte, begreife ich erst, wenn ich mich zurückerinnere und lese, wie der Weg anderer Menschen verlaufen ist.“

Andersons Odyssee begann, als sie, noch zu High-School-Zeiten in Grand Rapids, Michigan, beschloß, für ein Theaterstück einer kleinen Bühne vorzusprechen. Die damals schon weit in der Welt herumgekommene Schauspielerin wurde an einem 9. August in Chicago geboren. Die Familie zog nach Puerto Rico und später nach London um, wo Anderson die nächsten neun Jahre verbrachte. Danach kehrte die Familie – Vater Edward leitet eine Postproduktionsfirma, Mutter Rosemary ist Computeranalytikerin – in die

Vereinigten Staaten zurück und ließ sich in Grand Rapids nieder. Gillian, die älteste von drei Geschwistern, war damals elf Jahre alt.

Obwohl sie ein ziemlich wilder Teenager war, hatte Gillian Anderson wissenschaftliche Ambitionen, bevor sie das Schauspielfieber während der High-School packte. „Ich weiß eigentlich gar nicht, wie es dazu kam, daß aus meinem Ziel, Archäologin oder Meeresbiologin zu werden, der Berufswunsch Schauspielerin wurde“, sagt sie. „Es hat sich einfach irgendwie so ergeben.“

Anderson kehrte nach Chicago zurück, um an der DePaul University's Goodman Theater School Schauspielunterricht zu nehmen, wo sie von der in New York ansässigen William Morris-Agentur in einem Schaukasten mit Schauspielerporträts entdeckt wurde. Man bot ihr die Vertretung unter der Voraussetzung an, daß sie nach New York umzog, und so belud sie kurz entschlossen ihren Wagen und ließ sich im Alter von 22 Jahren im „Big Apple“ nieder.

Um ihren Lebensunterhalt zu bestreiten, arbeitete Anderson als Kellnerin und erhielt die erste einer Reihe zufälliger Chancen, als die Schauspielerin Mary-Louise Parker schon während der Proben zu dem Off-Broadway-Stück *Absent Friends* ausschied, um eine Rolle in dem Kinofilm *Grand Canyon* zu übernehmen. Die Produzent suchten hektisch nach einem Ersatz, und Anderson bekam die Rolle. Für ihre Leistung erhielt sie schließlich einen Theatre World Award.

Nach ihrem, wie sie sich bescheiden ausdrückt, „kleinen Erfolg“ in *Absent Friends* ging sie auch weiterhin zum Vorsprechen, während sie nebenher in zwei verschiedenen Restaurants bediente, und mußte eine entmutigende Durststrecke überstehen, bis sie plötzlich an einem einzigen Tag drei Angebote auf einmal erhielt, eine Rolle in einem anderen Off-Broadway-Stück, eine in einem Low-Budget-Film, der schließlich unter dem Titel *The Turning* mit den Hauptdarstellerinnen Tess Harper und Karen Allen lief, und eine in *The Philanthropist*, einem Theaterstück, das in New Haven, Connecticut, inszeniert wurde.

Da das Theaterstück in New York mit den anderen Projekten kollidiert wäre, entschied sich Anderson für die beiden anderen Angebote, drehte zuerst den Film und spielte dann in *The Philanthropist*. Letzteres sollte sie schließlich nach Los Angeles führen, denn während des Engagements verliebte sie sich in einen Schauspielerkollegen, folgte ihm an die Westküste und zog zu ihm. „Ich bin mir nicht sicher, ob ich heute **AKTE X** machen würde, wenn ich mich nicht zu diesem Schritt entschlossen hätte“, sagt sie nachdenklich.

Nach ihrer Ankunft im Mekka des Kinofilms erlebte Anderson, die immer noch vom Starruhm als Filmschauspielerin träumte, etliche Enttäuschungen. „Am Anfang hatte ich mir geschworen, nie nach Los Angeles zu gehen“, erzählt sie, „und

Bevor sie nach Vancouver zog, wohnte Gillian Anderson in einer Eigentumswohnung, die Steven Williams gehörte, der später der geheimnisvolle X werden sollte. Williams spielte zu dieser Zeit eine Hauptrolle in 21 Jump Street.

Frage: Welche modischen Extravaganzen hat sich Gillian Anderson früher geleistet?

Antwort: Sie trug einen Nasenring und färbte sich das Haar eine Zeitlang blau, purpurrot und schwarz.

nachdem ich es dann doch getan hatte, schwor ich, niemals fürs Fernsehen zu arbeiten. Erst nachdem ich fast ein Jahr lang ohne Job war, sprach ich für ein paar Sachen vor und betete, keine davon je zu bekommen, weil ich mich nicht darauf einlassen wollte."

Trotz ihrer „sehr snobistischen Einstellung zum Fernsehen", wie sie es heute nennt, las sie das Drehbuch zur Pilotfolge von **AKTE X** und fühlte sich augenblicklich sowohl von der Rolle der Dana Scully als auch von ihrem Verhältnis zu ihrem FBI-Kollegen Fox Mulder angezogen.

AKTE X war der einzige Pilotfilm, für den Anderson, die zu diesem Zeitpunkt kaum wußte, was alles damit zusammenhing, vorsprach. Sie mußte sogar ihren Manager fragen, was ein Pilotfilm überhaupt ist, und hatte keine Ahnung, daß jeder Sender etwa viermal mehr Pilotfolgen in Auftrag gibt, als er schließlich Serien bestellt. „Ich bin naiverweise *davon ausgegangen*, daß man uns auswählen würde", sagt Anderson, die hoffte, daß sie die Rolle bekommen und sich nach 13 Folgen einer TV-Serie (das ist die Zahl, die ein Sender normalerweise zunächst ordert) ein wenig etabliert haben würde. „Ich rechnete damit, höchstens ein Jahr mit dem Projekt beschäftigt zu sein."

Gillian Anderson war damals gerade 24 Jahre alt, und Scully – eine Frau mit einem Doktortitel in Medizin, die sich beim FBI bewirbt – sollte eigentlich Ende zwanzig, Anfang dreißig sein. So mogelten die Agenten der Schauspielerin ein wenig und gaben das Alter ihrer Klientin mit 27 an.

Daß sie die Rolle bekommen hatte, erfuhr Anderson, die schon befürchtete, wieder als Kellnerin arbeiten zu müssen, an dem Tag, an dem sie ihren letzten Scheck mit Arbeitslosengeld erhielt. Zwei Tage später flog sie nach Vancouver und begann mit den Dreharbeiten zu der Pilotfolge, erleichtert, wieder arbeiten zu können, aber kaum darauf vorbereitet, wohin dieser Flug sie letztendlich führen sollte.

„Ich habe überhaupt nicht in Betracht gezogen, daß die Serie so beliebt werden könnte, wie sie es jetzt ist", gesteht sie, und selbst nachdem die Produktion bereits begonnen hatte, glaubte sie nicht, daß **AKTE X** länger als zwei oder drei Staffeln laufen würde. „Ich habe mich oft gefragt: ‚Auf was hast du dich da nur eingelassen?' Das erste Jahr war das schwerste, was die Gewöhnung an sich endlos dahinschleppende Stunden, Schlafmangel und die ununterbrochene Arbeit tagein, tagaus betraf.

Mittlerweile habe ich mich körperlich und psychisch daran gewöhnt, aber ich kann mir immer noch nicht vorstellen, daß wir in das fünfte oder sechste Jahr gehen könnten. Ich kann nicht einmal daran denken, ohne in Panik zu geraten." Sie lacht, während sie das sagt. Wie Duchovny hat sie einen Vertrag für mindestens fünf Staffeln unterschrieben.

Im Märchen oder in einem Hollywoodfilm aus den 30er Jahren würde die Geschichte wahrscheinlich an dieser Stelle enden,

Gillian Andersons Lieblingsfolgen sind „Die Botschaft" und „Todestrieb".

Frage: Was ist Dana Scullys persönliche X-Akten-Nummer?

Antwort: In der Folge „Drei" sah man, wie Mulder eine X-Akte über das Verschwinden seiner Partnerin aufschlug. Er legte ihre Brille und ihre Dienstmarke in eine Mappe mit der Fall-Nummer X73317.

aber für Anderson hatte sie gerade erst begonnen. Während der Dreharbeiten begann sie, sich regelmäßig mit Clyde Klotz zu treffen, einem Art Director der Serie. Nach rund vier Monaten heirateten sie während eines Urlaubs auf Hawaii. Als Anderson kurz darauf erfuhr, daß sie schwanger war, stand ihr Entschluß fest, aber wie sie zugibt, hatte sie „nicht genau darüber nachgedacht, welche Konsequenzen diese Entscheidung nach sich ziehen würde."

In ihrer Sorge – sie hatte entsprechende Gerüchte gehört –, es könnte Bestrebungen geben, die Rolle umzubesetzen, vertraute sie die Neuigkeit zuerst Duchovny und dann dem Executive Producer Chris Carter an. Man beschloß praktisch auf der Stelle, die Dreharbeiten so zu gestalten, daß ihre Schwangerschaft nicht auffiel, aber es vergingen noch mehrere Monate, bevor sie die Genehmigung erhielt, das Team und die Presse über ihren Zustand zu informieren.

Frage: Aus welchem literarischen Werk stammen die Spitznamen, die Scully und ihr Vater untereinander benutzen?

Antwort: Aus *Moby Dick* von Herman Melville. Dana nannte ihren Vater „Ahab" nach dem tyrannischen Kapitän, der den weißen Wal jagte; er nannte sie „Starbuck" nach dem fähigen Lieutenant unter Ahabs Kommando.

Andersons Präsenz in der Serie einzuschränken, war keine allzu einfache Aufgabe. Im Gegensatz zu Serien mit mehreren Hauptdarstellern, in denen ein Schauspieler in den Hintergrund treten kann und Kollegen die so entstandene Lücke ausfüllen können, ist **AKTE X** ein Zwei-Personen-Stück und darauf angewiesen, daß die beiden Stars 14 bis 16 Stunden am Tag arbeiten und nur den halben Samstag und den Sonntag für sich haben.

Doch in der Folgezeit errang Anderson die Bewunderung praktisch aller Mitarbeiter, als sie bis in den neunten Monat hinein mit der beschwerlichen Arbeit weitermachte, bis rund eine Woche vor ihrer (verspäteten) Niederkunft. Die Aufnahmetechnik, so sagt sie, war vermutlich das größte Problem für die Regisseure und Regieassistenen, die Mittel und Wege finden mußten, die Kamerawinkel so zu wählen, daß ihre körperlichen Veränderungen verborgen blieben, doch sie gibt zu, daß die letzten Monate zu einer Tortur wurden.

„Meine Füße schwollen an, ich war erschöpft und schlief zwischen den einzelnen Szenen", erzählt sie und erinnert sich liebevoll daran, wie die Kollegen ihr zu helfen versuchten, indem sie zum Beispiel Apfelsinenkisten herbeischafften, damit sie sich setzen konnte. „Es wurde fast so etwas wie die Schwangerschaft des gesamten Teams. Alle rückten enger zusammen, damit die Sache klappte."

Ihre Tochter Piper kam im September 1994 nach unvorhergesehenen Komplikationen durch Kaiserschnitt zur Welt, was die Schauspielerin zwang, die nächsten sechs Tage im Krankenhaus zu verbringen. Vier Tage danach war sie bereits wieder am Set und drehte für die Folge „An der Grenze". In der Geschichte tauchte Scully nach ihrer Entführung in der zwei Wochen zurückliegenden Episode „Seilbahn zu den Sternen" auf unerklärliche Weise in einem medizinischen Center in Washington wieder auf, wo sie im Koma lag, während ihr verstorbener Vater und eine geheimnisvolle Krankenschwester versuchen, ihre Seele (die der

Zuschauer gemächlich in einem Boot vor der Küste treiben sieht) zu überreden, in die Welt der Lebenden zurückzukehren.

Obwohl man sich bemüht hatte, die Episode so zu gestalten, daß die körperliche Belastung für sie möglichst gering ausfiel, sagt Anderson: „Es war vermutlich eine der schwersten Aufnahmen für mich, denn wenn man gerade Mutter geworden ist, sind alle Gedanken völlig auf das Kind gerichtet, ob man will oder nicht.“ So fand sie sich unter einem Gewirr von Schläuchen, aus dem sie sich nur mit viel Mühe befreien konnte, an ein Bett gefesselt wieder, in dem sie manchmal mehrere Stunden hintereinander zubringen mußte und deshalb nicht in der Lage war, sich um ihr Baby zu kümmern.

„Es war psychologisch sehr belastend“, erzählt sie. „Gleichzeitig wußte ich, daß ich es dem Team schuldig war. Man hatte gewaltige Erwartungen in mich gesetzt, als man mir erlaubte, diese Sache durchzuziehen.“

Die Schauspielerin gesteht, daß die oft zungenbrecherischen medizinischen und wissenschaftlichen Ausführungen, die sie häufig machen muß, zu den größten Herausforderungen ihrer Rolle gehören. „Es ist schwer, sich darauf einzustellen“, sagt sie. „Man versteht nur einen gewissen Teil des Textes, den man täglich lernt. Also muß man sich einfach davon freimachen, ihn verstehen zu wollen, und darauf vertrauen, daß man es schafft, das Gesagte glaubwürdig erscheinen zu lassen und den Eindruck zu vermitteln, man wüßte, worüber man redet.“ Da die Produktion nicht ins Stocken geraten darf, „kann man keine Zeit darauf verwenden, diese Textpassagen wirklich zu verstehen“, fügt sie hinzu. Außerdem besitzt Duchovny ein nahezu fotografisches Gedächtnis, wodurch sich Anderson laut eigener Aussage angespornt fühlt, mit ihm Schritt zu halten. Und trotz des Serienmottos „Vertrauen Sie niemandem“ hat eben dieses Vertrauen in die Drehbuchautoren bei den Schauspielern eine gewisse Erleichterung zur Folge.

Wie sehr sie auch das ursprüngliche Script zur Pilotfolge von **AKTE X** bewundert, ist Anderson doch der Meinung, daß es nicht ganz an die Drehbücher heranreicht, die Carter und seine Co-Autoren seither verfaßt haben. Am stärksten angezogen fühlt sie sich von Folgen wie „Die Botschaft“ und „Todestrieb“, die ihr als Schauspielerin die größten Entfaltungsmöglichkeiten bieten. „Die Drehbücher legen das Ausmaß der Gefühle fest, die wir ausdrücken dürfen“, sagt sie und stellt fest, daß die beiden erwähnten Episoden „mehr emotionales Engagement und eine größere Bandbreite schauspielerischer Fähigkeiten erforderten.“

Zumindest während der ersten Staffel trainierte Anderson regelmäßig und hatte viel Spaß daran, ihre Stürze und andere Stunts selbst auszuführen, was durch ihre Schwangerschaft aber ein abruptes Ende fand. Sie erinnert sich an eine Szene aus der Folge „Ewige Jugend“, in der der Serienmörder John Barnett auf Scully schießt, die eine kugelsichere Weste trägt. Die Schauspie-

Frage: Welchen Dienstrang bekleidete Scullys Vater?

Antwort: Laut den Drehbüchern war er Captain, obwohl er seiner Tochter in der Folge „An der Grenze“ in der Uniform eines Admirals erschien (mit einem Stern auf den Schulterklappen).

lerin wiederholte die Aufnahme, in der sie sich nach dem Schuß auf den Rücken wirft, immer wieder und verfehlte dabei einmal nur ganz knapp die Kante einer Marmorsäule, die hinter ihr aufragte. „Ich habe erst später erfahren, daß ich zu diesem Zeitpunkt schon schwanger war", sagt sie.

Auch hatte sie vorher noch nie eine Schußwaffe in der Hand gehabt und stellte sich, wie sie zugibt, anfangs ziemlich ungeschickt an. „Meine Hand bedeckte praktisch die ganze Pistole", schmunzelt sie.

Der Erfolg der Serie hat andere Probleme aufgeworfen, die auch eine andere Art von Fähigkeit erfordern. Zwar sagt Anderson, sie wirke ganz anders, wenn sie nicht die Rolle der Scully spielt (sie mißt 1,60 Meter und meint, daß sie neben dem 1,85 Meter großen Duchovny manchmal so aussähe, als würde sie „ihm gerade bis zum Hosenknopf reichen"), aber mittlerweile wirft auch sie einen langen Schatten. Sie bestätigt, daß sie sich jetzt kaum noch in der Öffentlichkeit bewegen kann, ohne erkannt zu werden, und hat die Anonymität während einer Europa-Reise genossen.

Trotz der Rasanz der Ereignisse behaupten diejenigen, die mit **AKTE X** zu tun haben, daß der plötzliche Erfolg Anderson nicht verändert hat. Sie gibt allerdings zu, daß sie sich jetzt in der Öffentlichkeit vorsichtiger verhält, obwohl sie sich durch ihren Bekanntheitsgrad nicht bedrängt fühlt. „Ich bin ein Mensch, der großen Wert auf seine Privatsphäre legt, und ich möchte andere Menschen nur dann an mich heranlassen, wenn mir danach zumute ist, und nicht, wenn sie es wollen", erklärt sie.

Deshalb freut sie sich auch über die Art, wie die Fans auf ihren Rollencharakter reagieren, wozu der Umstand gehört, daß es eine „Gillian Anderson Testosteron Brigade" gibt, das Gegenstück zu Duchovnys weiblichem Fan-Club, der „David Duchovny Oestrogen Brigade". Außerdem schmeichelt es ihr, daß es sich bei den Leuten, die sich von ihrer Bildschirmpersönlichkeit angesprochen fühlen, häufig um, wie sie es nennt, „Computer-Typen" handelt, die unaufdringlichere Fanpost schreiben, als es wahrscheinlich bei den Fans aufreizenderer Stars der Fall ist. „Bei der Anziehungskraft ist Intelligenz im Spiel", stellt sie fest und verweist mit einigem Stolz auf England, wo man sie als Musterbeispiel für die Verbindung von Attraktivität und Intellekt bezeichnet.

„Es gefällt mir wirklich, daß ich *keine* Briefe von irgendwelchen Kerlen bekomme, in denen steht: ‚Sie sind ja so schön, ich möchte Sie heiraten, ich kann es gar nicht erwarten, daß Sie sich endlich ausziehen'", fährt sie fort und lacht, als sie dabei den Tonfall eines Anrufers bei einer Telefonsexagentur nachahmt. „Ich denke, ich würde mich übergeben, wenn ich derartige Post bekäme."

Obwohl sie den Zwei-Personen-Aspekt der Serie und das enge Verhältnis mag, das sich sofort zwischen Scully und Mulder

Frage: Wie hieß der einzige Mann, mit dem Scully ein Rendezvous hatte?

Antwort: Rob, in der Folge „Der Teufel von Jersey".

Frage: Welches war Gillian Andersons erste Fernsehrolle?

Antwort: Sie hatte einen Gastauftritt in *Class of '96*.

entwickelt hat, hätte sie nichts dagegen, wenn eines Tages eine dritte, nicht so stark emotionell gebundene Person zu **AKTE X** stoßen würde, die das Konzept erweitern und den beiden Hauptdarstellern dadurch mehr Freizeit ermöglichen könnte. Bei so wenig Erholung pro Woche und rund zehn Monaten Drehzeit pro Staffel „huscht das Jahr nur so an einem vorbei", sagt sie.

Es fiel ihr sogar schwer abzuschalten, als sie nach der wahnsinnigen Hektik der ersten Staffel tatsächlich etwas Freizeit hatte. „Ich wußte einfach nicht, was ich mit mir anfangen sollte", meint sie. „Mein Körper war angeschwollen, und ich watschelte herum. Es war furchtbar." Vielleicht war dies der Grund, daß sie die Pause zwischen der zweiten und dritten Staffel mit allen möglichen Aktivitäten füllte.

Nachdem sie sich in Vancouver häuslich eingerichtet hat, ist die Zeit mit ihrer Familie im Augenblick die einzige Erholung, die sie braucht. Außerdem ist sie immer noch daran interessiert, während der Drehpausen für das Kino zu arbeiten. Es hat sie ermutigt, daß sich die ihr angebotenen Rollen ziemlich deutlich von Scullys Charakter unterscheiden. „Den Angeboten nach hat man mich bisher noch nicht in eine bestimmte Schublade gesteckt", sagt die Schauspielerin mit einer gewissen Erleichterung und wartet sehnsüchtig auf den Tag, an dem sie – nachdem sie eher widerstrebend in eine Situation hineingestolpert ist, die ihr Fernsehruhm eingebracht hat – den nächsten Schritt auf ihrem Weg tun kann, den man vielleicht als ihr *x-zellentes* Abenteuer bezeichnen könnte.

Frage: Was wollte Gillian Anderson in ihrer Jugend werden?

Antwort: Meeresbiologin.

X pro-files

Mitch Pileggi
(alias Assistant Director Walter Skinner)

Wenn zum Rüstzeug eines Schauspielers die Fähigkeit gehört, auf Lebenserfahrung zurückzugreifen, dann schleppt Mitch Pileggi mehr Gepäck mit sich herum, als die meisten seiner Kollegen tragen könnten.

Pileggi, der größtenteils im Ausland aufgewachsen ist und für dem Verteidigungsministerium angegliederte Firmen im Mittleren Osten gearbeitet hat, bevor er in die Vereinigten Staaten zurückkehrte und im Alter von 27 Jahren ernsthaft an die Schauspielerei heranging, verleiht seiner Rolle als Stellvertretender Direktor des FBI ungewöhnliche Perspektiven.

Trotzdem sollte man ihn nicht fragen, ob er von der Glaubwürdigkeit des paranoiden Apekts der Serie in bezug auf Vertuschungsaktionen und regierungsamtliche Konspiration überzeugt ist. „Ich möchte nicht, daß der Geheimdienst hinter mir herschnüffelt", antwortet er lachend.

Wenn sein beruflicher Werdegang vielleicht keine großen Inspirationen geliefert hat – abgesehen von einer Art und Weise, die sowohl unbeabsichtigt als auch äußerst persönlich war –, konnte Pileggi doch auf einen Teil seiner Erfahrungen zurückgreifen, als er die Rolle von Skinner entwickelte, der zwar der Wahrheit verpflichtet ist, sich aber häufig zwischen zwei Stühlen wiederfindet: Agent Mulders verbissener Bessenheit, Geheimnisse aufzudecken, und den mächtigen und kaltblütigen Agenten, die versuchen, seine Arbeit zu unterminieren.

„Ich habe ihn unbewußt stark an meinen Dad angelehnt", sagt Pileggi, dessen Vater kurz nach der Premiere der Serie starb, „aber meine Mom und meine Brüder haben ziemlich heftig darauf reagiert. Ich war mir darüber gar nicht im klaren, bis irgendwann meine Mom anrief und sagte: ‚Weißt du, ich erkenne Dad wieder.' Es hat sie wirklich berührt."

Seinen Vater, ein Manager in einem Vertragsunternehmen des Verteidigungsministeriums, dessen Arbeit die Familie um die ganze Welt führte, beschreibt Pileggi als „einen riesigen Brocken in meinem Leben." Zu Hause war er ein liebevoller Familienvater, wie der Schauspieler erzählt, während er im Job „einigen Leuten in den Arsch trat. Er war sehr hart und streng, aber auch sehr fair seinen Angestellten gegenüber. Hoffentlich ist das ein Zug, den auch Skinner vermittelt."

Pileggi, der an einem 5. April in Portland, Oregon geboren wurde, begann bereits im Alter von sieben Jahren mit seiner Familie zu reisen und kam, wie er sagt, „erst viel später zur Ruhe."

Die Arbeit seines Vaters führte ihn für den größten Teil seiner Jugend in die Türkei, und nachdem er dort die High-School und in Deutschland das College besucht hatte, begann Pileggi für die gleiche Firma in Saudi Arabien zu arbeiten, wobei er ständig zwischen dem Nahen Osten und den Vereinigten Staaten hin und her pendelte. Später arbeitete er eine Zeitlang für ein anderes Unternehmen im Iran.

Während Pileggis Türkeiaufenthalt fanden dort zwei Staatsstreiche statt, und er reiste oft nach Beirut, um sich ein Visum für Saudi Arabien zu beschaffen. Er gehörte schließlich zu den letzten Amerikanern, die nach dem Regierungssturz den Iran verlassen konnten, mit gerade soviel Treibstoff im Tank, um den Flughafen von Athen zu erreichen. „‚Das stinkt', dachte ich mir danach. ‚Ich weiß nicht, ob ich das noch weitermachen will.'"

Mitch Pileggi kehrte in die USA zurück, und nachdem er bereits in der High-School und auf dem Junior College Theater gespielt hatte, begann er, „einfach ein bißchen damit herumzuexperimentieren." Er zog nach Austin in Texas und trat dort einem Theaterensemble bei, bevor er nach Kalifornien zurückkehrte, wo er Rollen in Fernsehserien wie *Dallas, The A-Team* und *Hooperman* (Inspektor Hooperman) sowie in den Kinofilmen *3 O'Clock High* und *Return of the Living Dead* (Verdammt, die Zombies kommen) bekam.

Danach wurde der muskulöse, knapp 1.90 Meter große Schauspieler (der über sich selbst sagt, er sei ein „leidenschaftlicher Basketballspieler", wenn er nicht gerade sein tägliches Fitneßtraining betreibt, und der liebend gern Rollerblades fährt, was ein imposanter Anblick sein muß) für *Shocker* verpflichtet, einen Kinofilm des Horrormeisters Wes Craven. Die Produzenten hatten einen „irgendwie sexy wirkenden Bösewicht" für die Rolle des psychopathischen Mörders Horace Pinker gesucht, und Pileggi machte das Rennen unter rund 50 Konkurrenten. Seine Probevorstellung war so beängstigend, daß die Produzentin Marianne Maddalena ihren Platz wechselte und sich einen Stuhl am anderen Ende des Raumes suchte. „Sie schwitzte“, erinnert sich Pileggi. „Es war wirklich sehr lustig.“

Shocker sollte ursprünglich der erste Film eines Mehrteilers in der Art von Cravens *Nightmare on Elm Street* (Nightmare – Mörderische Träume) werden, ein Plan, der sich allerdings schon nach dem ersten Film zerschlug. Obwohl Pileggi die Arbeit mit Craven Spaß machte (er spielt auch in seinem Film *Vampire in Brooklyn* an der Seite von Eddie Murphy), war die Rolle so angelegt, daß sie ihm nicht gerade viele Türen öffnete und ihm vielleicht sogar einige verschloß, weil ihm in den Augen vieler Leute das Image des Wahnsinnigen anhaftete.

Mitch Pileggis Lieblingsfolge ist „Die Kolonie – Teil 2“.

Trotzdem folgten weitere Arbeiten für Fernsehen und Kino, darunter eine Rolle in *Models Inc.* und dem Kinofilm *Basic Instinct*. „Ich war bei der Verhörszene mit Michael Douglas dabei . . . leider“, bemerkt Pileggi trocken, wobei er auf die ungleich berühmtere Szene mit Sharon Stone anspielt, und er fügt hinzu: „Ich habe ständig versucht, ihn dazu zu bewegen, *seine* Beine zu spreizen.“

Pileggi sprach zwei oder dreimal erfolglos für **AKTE X** vor, bevor er Skinners Rolle angeboten bekam. „Ich fragte mich: ‚Warum bestellen die mich schon wieder her? Die haben mich doch vorher auch nicht genommen‘“, erinnert er sich. „Also kam ich etwas gereizt zum Vorsprechen für Skinners Rolle. Ich war mürrisch und nicht gerade guter Laune, aber Chris dachte zum Glück, ich würde das nur spielen, weil es zu Skinners Charakter paßte.“

Erst später erfuhr Pileggi, warum er die früheren Rollen nicht bekommen hatte, nämlich wegen seiner Haare, oder besser gesagt, wegen seiner fehlenden Haare. Der stämmige Schauspieler, den Casting Director Rick Millikan aus Los Angeles noch immer als seinen glücklichsten „Fund“ bezeichnet und der in der Regel viel Aufmerksamkeit unter der weiblichen Belegschaft erregt, rasierte sich damals den Kopf, weshalb Carter ihn sich für die anderen Rollen nur schlecht vorstellen konnte. Im Rückblick meint Pileggi allerdings, daß er Glück hatte, die ersten Angebote nicht zu bekommen, denn es wären lediglich einmalige Auftritte gewesen, „aber dann hätte ich Skinners Rolle nicht annehmen können.“

Pileggi verleiht der Figur eine beachtliche Intensität. Skinner, so erklärt er, ist auf der einen Seite zwischen Mulder und Scully und auf der anderen Seite zwischen dem Cigarette-Smoking Man und den Mächten gefangen, für die letzterer steht. „Bis hierher ist das einfach die Situation, mit der er konfrontiert wird“, sagt er und meint, daß Skinner ebenfalls die Wahrheit herausfinden möchte, dabei aber auf konventionellere Vorgehensweisen als seine Untergebenen setzt.

Eine Folge, die ihm mehr Freiheiten gestattete, war „Die Kolonie – Teil 2“, in der Skinner auf eine für ihn untypische Weise

– und mit Hilfe „inoffizieller Kanäle“ – agiert, um Scully dabei zu helfen, Mulder aufzuspüren und zu retten, wobei es zu einem bemerkenswert brutalen Aufeinandertreffen mit X (gespielt von Steven Williams) kommt. „Steven hatte ein paar wunderbare Ideen“, erzählt Pileggi. „Er war es, der vorgeschlagen hat, Skinner sollte den Kopfstoß erwidern, und ich meinte: ‚Ja, das ist richtig klasse.‘ Ich glaube, das ist genau das, was Skinner in einer solchen Situation tun würde. ‚Mir einen Kopfstoß verpassen? Na schön, nimm *das*!‘“

Pileggi erinnert sich, wie der Regisseur Rob Bowman ihm vorschlug, Williams kräftiger gegen die Fahrstuhlrückwand zu stoßen. Bei der nächsten Aufnahme warf er ihn beinahe hindurch. „Die gesamte Rückwand der Fahrstuhlkabine brach fast in sich zusammen“, berichtet er. „Wir hätten sie beinahe zerlegt.“

Aufgrund der Geschichte, die Skinner in der Folge „An der Grenze“ über seine Dienstzeit in Vietnam erzählt, erhielt Pileggi, der diese Szene als besonders gelungen betrachtet, mehrere Briefe von Vietnamveteranen. Die Figur des Skinner hat inzwischen ihre eigene Gefolgschaft innerhalb der Fangemeinde, auch wenn Pileggi betont, daß sich das relativiert, sobald er sich in Begleitung von David Duchovny und Gillian Anderson, den Stars von **AKTE X,** befindet. „Wenn ich mit David zusammen essen gehe, ist es so, als wäre ich überhaupt nicht da“, meint er schmunzelnd. „Aber das ist völlig in Ordnung.“

Den Stars der Serie, auf die sich, wie er sagt, die ganze Aufmerksamkeit richtet, bringt er die größte Hochachtung entgegen. „Man muß sich nur das technische Geschwafel anhören, das ihre Rollen manchmal von ihnen verlangen. Ich habe keine Ahnung, wie sie das schaffen“, gesteht er beeindruckt und fügt hinzu: „Wir haben unseren Spaß. Wir kichern, lachen und albern herum, so wie es sein sollte.“

Pileggi hat einen Langzeitvertrag mit **AKTE X** abgeschlossen und äußert sich begeistert über Pläne, die Skinners Entwicklung im Lauf der Serie betreffen. Außerdem, so fügt er hinzu, liebt er Vancouver. Es bereitet ihm keine Probleme, so lange dort zu bleiben, wie Skinner – um ein Zitat der Serienfigur zu benutzen – seinen Weg gehen kann, den Mulder immer wieder kreuzt.

Nach all seinen Reisen erscheint Mitch Pileggi wie jemand, der ein Zuhause gefunden hat. „Das ist es, wovon ein Schauspieler träumt“, sagt er, „entweder eine Kinokarriere machen oder eine feste Rolle in einer Serie bekommen, die qualitativ so hochwertig wie diese ist. Ich könnte gar nicht zufriedener sein.“

William B. Davis
(alias The Cigarette-Smoking Man)

Um es gleich vorwegzunehmen, nein, William B. Davis ist in Wirklichkeit kein Raucher, auch wenn er in der Serie einen solchen spielt.

Davis hat früher tatsächlich einmal geraucht, aber schon lange vor **AKTE X** damit aufgehört, und pafft nun Kräuterzigaretten, wenn er den Cigarette-Smoking Man, auch – zweifellos zum Leidwesen der Tabakindustrie – als „Krebskandidat" bezeichnet, in der Serie verkörpert. Es ist eine Rolle, von der Chris Carter, wie er freimütig gesteht, nie erwartet hätte, daß ihr Darsteller so viel sprechen würde, oder daß sie sich einmal zu einem derart wichtigen Bestandteil der Serie entwickeln könnte.

Der weitgereiste Darsteller und Schauspiellehrer taucht bereits im Pilotfilm von **AKTE X** als undurchsichtige Gestalt auf, die dazu beiträgt, das von Mulder und Scully entdeckte Material verschwinden zu lassen, aber erst 20 Folgen später in der Episode „Ein neues Nest" kommt er zum ersten Mal zu Wort. Davis arbeitete den größten Teil seines Berufslebens als Regisseur und Schauspiellehrer, bis er im Rahmen seiner Lehrtätigkeit selbst ein paar Kurse belegte. „Damals dachte ich mir, ich könnte vielleicht selbst etwas dazulernen, nachdem ich den Leuten so lange erzählt hatte, was sie tun sollten", erinnert er sich. Das war 1980, bevor er ernsthaft damit begann, selbst der Schauspielerei nachzugehen.

Davis, der an einem 13. Januar in Toronto geboren wurde, begann seine Laufbahn als Kinderschauspieler, besuchte die University of Toronto und später die London Academy of Music and Dramatic Art. Nachdem er fünf Jahre lang als Theaterregisseur in England gearbeitet hatte, kehrte er nach Kanada zurück, wo er für die Canadian Broadcasting Co. am Theater und später beim Rundfunk tätig war. Seit 1985 leitet er die Vancouver Playhouse Acting School und ist Direktor des William Davis Centre for Actor's Study. Außerdem spielte er in Fernsehproduktionen wie *Stephen King's It* (Es), *MacGuyver* und *Heart of a Child* sowie in den Kinofilmen *Look Who's Talking* (Kuck mal, wer da spricht) und *The Dead Zone*.

William B. Davis' Lieblingsfolgen sind „Die Kolonie - Teil 2" und „Anasazi".

Der Cigarette-Smoking Man hat kaum eine oder gar keine Hintergrundgeschichte, auf die der Charakter aufbauen könnte, und in Davis' Augen auch kein Privatleben, über das es sich zu spekulieren lohnt. „Ich glaube, er ist einfach ausgebrannt", sagt er. „Ihn einen Workaholic zu nennen, wäre eine Untertreibung. Es gibt kein anderes Leben und keine Aspekte als die Funktion, die er erfüllt."

Über die Frage, ob der Cigarette-Smoking Man einen konventionelleren Namen hat, lacht Davis, findet aber die Art, wie er dargestellt wird, sehr symbolträchtig, besonders die Verbindung zum Feuer. Zwar zögert er, zuzugeben, daß er letztendlich den Teufel verkörpert, fragt dann aber mit einem unschuldigen Lächeln: „Welchen anderen Namen als Luzifer könnte ich wohl haben?" Allerdings, so fügt er hinzu, würde der Cigarette-Smoking Man sich selbst nicht als böse, sondern eher als „auf einem Kreuzzug zur Rettung der Welt" betrachten.

Der gebürtige Kanadier gesteht, daß die Rolle eine ständige Herausforderung an ihn darstellt. Der große, distinguiert wirkende Mann muß sich konzentrieren, um seinen schwachen aber unverkennbaren Akzent zu verbergen und einen Zeit seines Lebens in Washington beheimateten Bürokraten zu mimen. „Ich muß besonders auf die Aussprache der Vokale achten", sagt er.

Seit die Schauspielerei ihn stärker beansprucht, hat Davis seine Lehrtätigkeit etwas eingeschränkt. Mittlerweile haben seine Schüler Interesse und Bewunderung für seine Arbeit vor der Kamera entwickelt, was dazu führte, daß einer von ihnen die Theorie entwickelt hat, der Cigarette-Smoking Man sei ein Außerirdischer und auf die Zufuhr von Kohlenmonoxid angewiesen.

Davis tut solche Spekulationen mit einem Achselzucken ab. „Damals, als ich noch stumm war", sagt er mit einem Lächeln, das überhaupt keine Ähnlichkeit mit seinem Serien-Charakter hat, „haben die Leute mich gebeten, ihnen beizubringen, wie man finster *aussieht*."

pro-files

Steven Williams
(alias X)

Wer wissen will, was hinter den Kulissen von **AKTE X** vor sich geht, sollte sich nicht bei Steven Williams erkundigen. Der Grund ist nicht, daß er es nicht verraten will, sondern daß er es nicht sagen *könnte*.

„Was X betrifft, tappe ich fast genauso im dunkeln wie die Zuschauer", sagt er über den von ihm verkörperten Charakter, der kurz nach Beginn der zweiten Staffel eingeführt wurde. X ist eine hochkarätige Quelle aus der Regierung und hat die Aufgabe von Deep Throat übernommen, Agent Fox Mulder zu unterstützen, wenn auch widerwillig und mit einem eindeutig skrupellosen Einschlag. „Man läßt mich derart im ungewissen, daß es schon bemitleidenswert ist."

Trotzdem möchte es der sympathische Schauspieler (der im Gegensatz zu dem unwirschen Auftreten seiner Rollenfigur spontan und entwaffnend lachen kann) gar nicht anders – sieht man vielleicht einmal davon ab, daß er nichts dagegen hätte, früher über seine Drehtermine informiert zu werden und die Zusicherung zu erhalten, daß X nicht das gleiche Schicksal wie sein Vorgänger ereilen wird.

Nachdem er fünf Jahre lang den Captain Fuller in der erfolgreichen Fox-Serie *21 Jump Street* gespielt hat, kennt sich Williams bestens aus im Serienmetier und in Vancouver, wo auch *Jump Street* gedreht wurde. Die Rolle in **AKTE X** erhielt er buchstäblich in letzter Minute (ursprünglich war eine Frau dafür vorgesehen), was zum Teil an seinen Beziehungen zu einigen *Jump Street*-Mitarbeitern lag, darunter Produzent und Regisseur David Nutter sowie die Co-Executive Producer Glen Morgan und James Wong (*Jump Street*-Darsteller Peter DeLuise verpaßte dem Team den Spitznamen „The Wong Brothers“), mit denen er ebenfalls an der kurzlebigen Disney-Serie *The 100 Lives of Black Jack Savage* zusammengearbeitet hatte.

Trotz seines freundlichen Naturells bereitet es Williams nach eigener Aussage keine Schwierigkeiten, in den kalten Charakter zu schlüpfen, den die Rolle des X, Mulders undurchschaubarer Regierungskontaktmann, von ihm verlangt. „Das geht ganz automatisch“, sagt er. „Der Regisseur ruft: ‚Action!‘ und – zack – schon bin ich Mr. X. Ich habe ganz einfach die Fähigkeit, mich augenblicklich zu verändern und die Leute damit zu täuschen.“

Obwohl der Schauspieler anfangs herausfinden wollte, was X antreibt, hat er irgendwann beschlossen, das Mysterium aufrechtzuerhalten. „Je weniger ich über ihn weiß, desto interessanter wird er. So habe ich ihn bisher gespielt. Der wichtigste Aspekt an ihm ist, daß er ein Überlebenskünstler ist. An einer Stelle sagt er: ‚Ich möchte nicht sterben.‘ Obwohl er eiskalt ist, kann man seine Angst sehen. Ursprünglich wollte ich mich der ganzen üblichen Vorbereitungsarbeit unterziehen, aber dann sagte ich mir: ‚Nein, das funktioniert auch so für mich.‘“ Also spielte Williams seine Rolle auf die altmodische Weise. In seinen Worten: „Man liest den Text, betrachtet die Situation und nimmt seinen Platz ein.“

Die Schauspielerei hat Williams weit herumkommen lassen. Er wurde an einem 7. Januar in Memphis, Tennessee geboren und bis zu seinem neunten Lebensjahr hauptsächlich von seinen Großeltern erzogen (seine Eltern hatten sich scheiden lassen), wo er in einer ländlichen Gemeinde aufwuchs, in der sein Großvater Baptistenpriester war.

Nach einer kurzen Dienstzeit in der Armee arbeitete Williams als Schuhverkäufer in Chicago, bevor er 1972 diesen Beruf aufgab, um als Modell und später bei einer Kindertheatergruppe sein Geld zu verdienen. Seine Zeit als Modell führte ihn zu Werbeaufnahmen und Bühnenauftritten und brachte ihm schließlich zwei Nominierungen für den Joseph Jefferson Award ein.

Williams bekam seine erste Spielfilmrolle 1975 in dem Kinofilm *Cooley High*, gefolgt von *The Blues Brothers* 1980. Um diese Zeit zog der Schauspieler nach Los Angeles, wo sich regelmäßige Aufträge für Kino und Fernsehen anschlossen, darunter Auftritte in *Corrina, Corrina*, *Missing in Action II*, *Twilight Zone: The Movie* (Unheimliche Schattenlichter) sowie in zahllosen Fernsehserien sowohl vor als auch nach seiner Rolle in *21 Jump Street*. „Seit ich diesen Beruf ergriffen habe, mußte ich nie mehr etwas anderes tun“, sagt Williams über eine Branche, in der es so viel Arbeitslosigkeit gibt. „Ich konnte meinen Lebensunterhalt immer durch die Schauspielerei bestreiten ... Gott sei Dank.“

Obwohl er die Rolle des vorbildhaften Captain Fuller sehr gern mochte, genießt Williams den heimtückischen Charakterzug, den er in **AKTE X** zeigen darf, von der kaltblütigen Exekution eines Agentenkollegen in „An der Grenze“ („Ich mag diese eisige Kälte“) bis zu seinem brutalen Zusammenstoß mit dem Stellvertretenden Direktor Walter Skinner in einer Fahrstuhlkabine in „Die Kolonie-Teil 2“. Enge Freunde waren sehr verblüfft über diese Darstellung, berichtet Williams, und sagten ihm: „Mann, du hast da die Tür zu einer dunklen Seite in dir aufgestoßen.“

Seiner Aussage zufolge half Williams, der während seiner Zusammenarbeit mit Chuck Norris im zweiten *Missing in Action* - Film ein Interesse an der Choreographie von Kampfszenen und den Martial Arts entwickelt hat, sogar dabei, Xs Schlägerei mit Skinner zu inszenieren. „Da wir auf so engem Raum spielen mußten, fragte ich: ‚Wie wäre es mit einem hübschen Kopfstoß für den Anfang?‘“ erinnert er sich. „Skinner ist aus dem gleichen Holz, deshalb erwidert er den Kopfstoß . . . Diese Typen haben kein Interesse an einem langwierigen Kampf. Es kommt ihnen nur darauf an, ihren Gegner auszuschalten und zu verschwinden.“

Steven Williams' Lieblingsfolgen sind „Die Kolonie - Teil 2“ und „An der Grenze“.

Die meisten Szenen hat Williams mit Duchovny gedreht, den er als einen „angenehmen Burschen“ bezeichnet, wenn auch nicht unbedingt als einen Saufkumpan. Trotzdem haben sie keine Berührungsängste, auch einmal zu lachen, um die Spannung zu lockern, besonders wenn einer von ihnen bei einer Dialogzeile patzt. „Das Thema ist manchmal so ernst, daß man das Gegenteil tun muß, um die Stimmung aufzuhellen“, meint er.

Obwohl er sich am Anfang durch die Anlage seiner Rolle etwas eingeschränkt fühlte, ist Williams jetzt zufrieden mit der Entwicklung, die sie genommen hat, und es stört ihn nicht einmal, daß er eine der wenigen immer wieder auftauchenden Figuren in einer zur besten Sendezeit ausgestrahlten Serie spielt, die keinen richtigen Namen hat. Auf die Frage, wie X in Wirklichkeit heißen könnte, zögert der Schauspieler und gesteht, daß er sich darüber kaum Gedanken gemacht hat. „Leroy“, sagt er nach einer Weile mit einem herzhaften Lachen. „Leroy Williams. Das ist auch der Grund, warum er sich selbst Mr. X nennt.“

The Lone Gunmen

Dieses von Glen Morgan und James Wong erschaffene Trio paranoider Konspirationstheoretiker, bestehend aus Langly, Byers und Frohike, das den *Lone Gunman*-Newsletter herausgibt, tauchte zum ersten Mal in der Folge „Täuschungsmanöver" aus der ersten Staffel auf. Die drei haben sich in der Folgezeit zu einem festen Bestandteil der Serie entwickelt, sehr zu ihrem eigenen Schrecken.

Trotz ihrer knapp gehaltenen Auftritte ist die Gruppe äußerst beliebt geworden. Sie unterstützt Mulder bei seiner Suche nach der Wahrheit, und Frohike nutzt außerdem jede Gelegenheit, Mulders Partnerin Agent Dana Scully nachzustellen. Ihrer Serienidentität beraubt, besteht das Trio aus:

pro-files

Tom Braidwood
(alias Frohike)

Es war ein abfälliger Witz und ein zum rechten Zeitpunkt stattfindender Gang auf die Herrentoilette, der Tom Braidwoods Schauspielerkarriere reaktivierte, obwohl dieser nach wie vor zufrieden seiner eigentlichen Arbeit hinter der Kamera nachgeht.

Braidwood, seines Zeichens Erster Regieassistent bei **AKTE X,** kam zufällig des Weges, als die Produzenten darüber beratschlagten, welcher Schauspieler für Frohike in Frage kommen könnte. Wenn man der Legende Glauben schenken darf, sagte der Regisseur William Graham, ein langjähriger Bekannter Braidwoods, in diesem Moment gerade: „Wir brauchen jemand schleimigen ... jemanden wie Braidwood." Als dieser aus der Toilette zurückkehrte, wurde er mit dem einstimmigen Ruf „Ah, Frohike!" begrüßt – und ein Star war geboren.

Wie Braidwood zugibt, blieb ihm damals kaum eine andere Wahl, aber er hat seine Rückkehr zur Schauspielerei auch genossen. „Ich habe es immer vermißt", sagt er. Im letzten Jahr hat er sich sogar überlegt, im Sommer wieder auf der Bühne zu stehen, falls sein Terminplan das zuläßt.

Der an einem 27. September geborene Braidwood spielte Theater, bevor er eine feste Anstellung hinter den Kulissen für Serien wie *Danger Bay* und *21 Jump Street* fand, letzteres gemeinsam mit den Co-Executive Producer Glen Morgan und James Wong, die Frohike erfanden und damit unbeabsichtigt Braidwoods zweite Karriere begründeten.

Trotz seiner Pflichten als Regieassistent meint Braidwood, daß seine gelegentlichen Auftritte in der Serie den Kollegen Spaß machen – sie haben ein Fahrrad, mit dem er auf dem Studiogelände herumfährt, mit dem Aufkleber „Frohike Mobil“ versehen – und keineswegs eine Belastung darstellen. „Wir haben uns arrangiert“, sagt er. „Normalerweise ist es besser, wenn ich die Vorbereitungen für die Dreharbeiten treffe. Wenn ich selbst drehe, übernimmt einfach der Zweite Regieassistent die Leitung.“

Die Szenen mit den Lone Gunmen, fügt er hinzu, „werden normalerweise knapp und bündig erledigt. Wir fragen: ‚Haben wir unseren Text richtig hingekriegt? In Ordnung, macht weiter.‘“ Außerdem weist er darauf hin, daß seine Partner „alle schwierigen Aufgaben bekommen. Sie müssen die eigentliche Geschichte erzählen. Ich muß nur solche Dinge sagen wie ‚Sie ist heiß‘ oder ‚Sie ist lecker‘“, wenn Frohike mal wieder nach Scully lechzt“, weshalb Braidwood den Leuten auch gern erzählt, daß es „ziemlich hart ist, den einzigen Verliebten in einer großen Fernsehserie zu spielen.“

Tom Braidwoods Lieblingsfolge ist „Totenstille“.

Dean Haglund
(alias Langly)

Bruce Harwood kehrte kürzlich von einer Versammlung von **AKTE X**-Fans mit einem Button für seinen langhaarigen Filmpartner Dean Haglund zurück, auf dem steht: „Ich bin nicht Garth.“

Wenn eine Ähnlichkeit mit der Figur aus *Wayne's World* auch nicht zu leugnen ist, war es sein eigener komödiantischer Weg, der Haglund zu **AKTE X** geführt hat. Haglund, der in der Stehgreifkomiker- und Improvisationskünstlerszene von Vancouver wohlbekannt ist, erhielt die Rolle des komischsten Mitglieds der Lone Gunmen, nachdem er als einer von 30 Mitbewerbern vorgesprochen hatte.

Der an einem 29. Juli geborene Schauspieler gehört noch immer dem improvisatorischen Theatersports-Team an, zu deren Programm Nummern wie „Star Trick: Die nächste Improvisation“ und „Free Willy Shakespeare“ gehören. Außerdem tauchte er in vielen Filmen und Fernsehserien auf, die in der Gegend gedreht wurden, unter anderem *The Commish*, *Sliders* und *Street Justice*.

Haglund begegnete Harwood erst, nachdem er mit mehreren anderen Schauspielern vorgesprochen und Langlys Rolle bekommen hatte. „Schon das Vorsprechen war seltsam“, witzelt er, „denn ich hing die Hälfte der verdammten Zeit am Telefon.“

Da er normalerweise die Freitagabende auf der Bühne verbringt, war ihm die Serie fast völlig unbekannt, während seine Rolle einige der hartgesottenen X-Philes anlockte, um Haglund live zu erleben. „Sie sehen sich mehrere Folgen an, kommen richtig in Stimmung und erscheinen dann in den Vorstellungen, um mich zu sehen", erzählt der Schauspieler. „Sie fangen an zu johlen, und ich muß meine Nummer abziehen, während meine Freunde fragen: ‚Wow, wer sind diese Typen?'" Allerdings gibt es immer noch Leute in der Comedyszene, fügt er hinzu, die nicht wissen, um welche Serie es sich handelt, wenn der Conférencier ihn mit den Worten „Sie haben ihn bereits in **AKTE X** gesehen" vorstellt.

Dean Haglunds Lieblingsfolge ist „Ein neues Nest".

Bruce Harwood
(alias Byers)

„Ich bekomme keine lustigen Texte“, sagt Bruce Harwood über seine Rolle als Byers, des am ordentlichsten gekleideten Mitglieds der Lone Gunmen.

Nicht daß er sich darüber beschwert, denn er genießt seine Rolle in der Serie unverkennbar. Harwood, der in British Columbia geboren wurde, hatte Auftritte in etlichen dort produzierten Fernsehserien wie *MacGyver*, *21 Jump Street* und *Kampf gegen die Mafia* sowie in dem kürzlich gedrehten Remake des Fernsehfilms *Bye Bye Birdie*. Er spielte sogar einen Computertechniker in der unglückseligen Fortsetzung *The Fly II* (Die Fliege II), lacht aber, wenn das Thema zur Sprache kommt. „Der Film war ziemlich schlecht“, gibt er zu. „Er ist nur lustig, wenn man die Leute kennt, weil sie am Schluß alle abgemetzelt werden.“

Harwood, der an einem 29. April geboren wurde, sieht Byers – bekannt für seine konservativen Anzüge – als einen Akademiker, der nebenberuflich als Konspirationstheoretiker tätig ist. Wie Haglung wußte er vor seinem Engagement nichts über die Serie und hätte nie damit gerechnet, daß das Trio noch einmal auftauchen würde, bis man ihn zu den Aufnahmen für eine zweite Folge bestellte. „Als ich am Set eintraf, hörte ich merkwürdige Geschichten darüber, wie beliebt wir waren“, sagt er.

Der Schauspieler steuert sogar einen Teil der Garderobe bei, um das Erscheinungsbild der Gunmen zu prägen, die so gegensätzlich wirken; Langly als der Typ des langhaarigen Rockmusikers, Byers, der wie ein gepflegter Professor aussieht, und Frohike als der klassische Lüstling. Die Autoren Glen Morgan und James Wong nahmen sich ein ähnlich aussehendes Trio, das sie bei einer Versammlung von UFO-Fans entdeckten, als Vorbild für die Gunmen. „Deshalb kommen sie so gut an“, vermutet Harwood. „Sie definieren sich schon rein optisch.“

Die Gunmen haben eine klar definierte Funktion, fügt er hinzu. Sie treiben die Geschichte auf eine interessante Weise voran, indem sie ihre paranoiden Konspirationstheorien mit Mulder teilen und so die erforderliche Hintergrundebene liefern. Trotzdem stellt Harwood als spät bekehrter Anhänger der Serie trocken fest, daß er, nachdem er **AKTE X** zu verfolgen begann, zuerst nicht verstehen konnte, „warum Mulder der Wahrheit überhaupt nicht näherkommt, wenn ihm so viele Leute helfen.“

Bruce Harwoods Lieblingsfolge ist „Der Zirkus“.

Gerade deshalb möchte Harwood unbedingt, daß das Trio Mulder so viel Hilfe zukommen läßt, wie dieser benötigt, um selbst weitermachen zu können. „Wenigstens vier oder fünfmal im Jahr“, fügt er schnell hinzu. „Wir verlassen uns darauf.“

pro-files

Nicholas Lea
(alias Agent Alex Krycek)

Obwohl er nur in relativ wenigen Folgen der Serie aufgetaucht ist, sagt Nicholas Lea – er konnte als FBI-Agent Alex Krycek überzeugen, der als Maulwurf für die dunklen Mächte arbeitet und versucht, Mulders Arbeit zu behindern –, daß sich seine Mitarbeit an **AKTE X** bereits ausgezahlt hat, denn in den Casting-Agenturen von Los Angeles kennt man ihn nun. „Das bricht sofort das Eis“, sagt er, „besonders für einen Schauspieler, der aus Vancouver kommt und niemanden in Hollywood kennt.“

Lea begann erst im Alter von 25 Jahren hauptberuflich als Schauspieler zu arbeiten. Zuvor hatte er die Kunstschule besucht und in einer Band gesungen. Nachdem sich die Gruppe aufgelöst hatte, lernte er einen Schauspiellehrer kennen, und da er sich in diesem Metier schon immer einmal hatte ausprobieren wollen, stürzte er sich Hals über Kopf hinein. „Am nächsten Tag gab ich meinen Job auf und begann mit der Schauspielerei“, erzählt er und gesteht, daß er sich „damals vielleicht ein bißchen unverwundbar“ gefühlt hat.

Nach einigen Auftritten in diversen Fernsehserien und Lowbudget-Kinofilmen, die in Vancouver produziert wurden, verdiente sich Lea seine ersten richtigen Sporen durch eine ständige Rolle (mehr als 30 Folgen) in der ABC-Serie *The Commish*, durch die er auch seine Freundin Melinda McGraw kennenlernte, die in **AKTE X** Scullys Schwester Melissa spielte.

Nicholas Leas Lieblingsfolge ist „Unter Kontrolle“.

Lea tauchte erstmals in der Akte X-Folge „Verlockungen“ aus der ersten Staffel auf, in der er durch seine Begegnung mit einem geschlechtwandlerischen Killer völlig verängstigt ist. Dieser kurze Auftritt beeindruckte besonders den Regisseur Rob Bowman, der Lea für eine Rückkehr vormerkte und sofort an ihn dachte, als Krycek entwickelt wurde, ein Doppelagent, der in „Schlaflos“, einer frühen Folge der zweiten Staffel, als Mulders Partner eingeführt wurde. Krycek ist ohne Mulders Wissen im Auftrag des Cigarette-Smoking Man tätig.

Der an einem 22. Juni geborene Lea war der einzige Schauspieler, der in Vancouver für diese Rolle in Betracht gezogen wurde. Er selbst rechnete nur mit einer Beteiligung an einem drei Folgen überspannenden Handlungsbogen. Lea erinnert sich, daß er vor Freude laut schreiend in die Turnhalle rannte, wo Melinda ihr Fitneßtraining absolvierte, als er erfuhr, daß er die Rolle bekommen hatte.

Wie es bei vielen Nebenrollen der Serie der Fall ist, brachte auch Krycek so gut wie keine eigene Vergangenheit mit. „Es ist die Aufgabe eines Schauspielers, sich eine Vorgeschichte zu seiner Figur auszudenken“, erklärt Lea und berichtet, daß er über das FBI recherchierte und eine ausführliche Hintergrundgeschichte verfaßte, die beschrieb, „wer dieser Kerl war und woher er kam. Die Entscheidungen, die ein Seriencharakter trifft, werden wie bei jedem anderen Menschen auch durch seine Vergangenheit bestimmt. Dahinter verbirgt sich eine ganze Psychologie.“

Kryceks verräterische Aktivitäten haben ihm im Internet den Spitznamen „Ratboy“ eingebracht und eine kleine Gruppe von Bewunderern beschert, die sich selbst „The Ratnicks“ nennen. Lea fühlt sich laut eigener Aussage geehrt, unter den Fans so viel Aufmerksamkeit erregt zu haben.

Die meisten Szenen drehte Lea mit David Duchovny. Sieht man sich den von ihnen selbst choreographierten Kampf in „Anasazi“ an, fällt es einem schwer zu glauben, daß die beiden Freunde geworden sind. „Es war wirklich schmutzig“, sagt Lea. „Das war es, worauf es uns ankam, nicht auf einen dieser Kämpfe, wie sie gewöhnlich im Fernsehen gezeigt werden.“

Nachdem **AKTE X** ihm neue Popularität beschert hat, hat der gebürtige Kanadier – wenn auch etwas zögerlich – den Schritt nach Los Angeles gewagt. „Ich habe damit gewartet, bis ich wirklich etwas vorweisen konnte“, erklärt er bei einer Limonade im Akte X-Produktionsbüro in Vancouver. „Da hier keine Hauptrollen besetzt werden, mußte ich mich ganz einfach an die Quelle begeben.“

Allerdings, so fügt er hinzu, hält er sich bereit, jederzeit wieder in die Rolle des Krycek – oder welchen Spitznamen die Fans sich auch immer für ihn ausdenken mögen – zu schlüpfen. „Ich würde augenblicklich alles stehen und liegen lassen, um wieder hierherzukommen und die Rolle zu spielen“, versichert er und betont, wie sehr er das Akte X-Team schätzt.

„Es ist die beste Produzententruppe, für die ich jemals gearbeitet habe. Man hat mir hier eine riesige Chance gegeben. Es ist leicht, sich in dieser Branche zu bewegen, Rollen anzunehmen und dann zu sagen: ‚Tja, dann also bis zum nächsten Mal.' Aber diese Leute haben wirklich etwas für mich bewirkt, und das ist unbezahlbar."

X pro-files

Jerry Hardin
(alias Deep Throat)

Deep Throat, wie er von Jerry Hardin verkörpert wird, hat in vielerlei Hinsicht dazu beigetragen, die bedeutungsschwangere Atmosphäre zu schaffen, die das Rückgrat von **AKTE X** bilden sollte.

In diesem Licht betrachtet, erscheint es ziemlich unfair, den namenlosen Regierungsbeamten – und Agent Fox Mulders hochkarätigen Kontaktmann, der ihm dabei half, die Wahrheit aufzudecken – in der Abschlußfolge der ersten Staffel auf offener Straße erschießen zu lassen.

Executive Producer Chris Carter sah darin eine Schlüsselszene, mit der er beweisen konnte, daß es bei **AKTE X** keine heiligen Kühe gibt und sich jeder in ständiger Gefahr befindet. Hardin glaubte, sein „Tod" könnte mit seinem Wunsch nach einem regelmäßigeren Auftritt in der Serie zu tun haben, konnte aber dennoch eine Art Wiederauferstehung feiern – er erscheint zu Beginn der dritten Staffel in einer Traumsequenz. „Das Team hat meine Rückkehr wunderbar aufgenommen", sagt er.

„Ich stelle mir gern vor, daß es von den Fans abhängt, ob sie mich wiedersehen", fährt er, auf seine Rückkehr angesprochen, fort. „Es ist bemerkenswert, wie viele Leute Deep Throat sehen wollen. Wenn man es genau betrachtet, taucht er in den sieben Folgen, die ich gedreht habe, jeweils höchstens für drei bis vier Minuten auf, weshalb ich das als großes Kompliment empfinde."

Der altgediente Charakterschauspieler begrüßte die Möglichkeit, seine Rolle wiederzubeleben. „Ich habe die Figur immer gemocht und mich in ihr wohlgefühlt“, erzählt er mit seiner einschmeichelnden Stimme. „Die Vorlage war von Anfang an sehr offen. Sein Sinn für Humor sowohl auf sich selbst als auch auf das bezogen, was er tat, hat mich angesprochen. Es hat Spaß gemacht, damit zu spielen.“

Hardin fühlte sich von der Qualität der Drehbücher angezogen, als er für die zweite Folge mit dem Titel „Die Warnung“ unterschrieb, trotz gewisser Vorbehalte, was die Entwicklung seiner Figur betraf. „Die Situation bei periodisch auftretenden Charakteren ist immer unsicher. Man sagte mir, daß Deep Throat *vielleicht* wiederkommen würde, aber meine Erfahrung in dieser Branche hat mich gelehrt, daß es unklug ist, sich darauf zu verlassen.“ Er lacht. „Man nimmt den Auftrag an und zieht ihn durch.“

Jerry Hardins Lieblingsfolgen sind „Das Labor“ und „Die Warnung“.

Jerry Hardin hat in zahllosen Kinofilmen und Fernsehserien mitgespielt, erregte Carters Aufmerksamkeit jedoch hauptsächlich durch seine Mitwirkung in der Grisham-Verfilmung *The Firm* (Die Firma), wo er einen korrupten Rechtsanwalt spielt, eine Rolle, die eine gewisse Ähnlichkeit mit Deep Throat hat. Zuvor hatte Hardin Hauptrollen in *Reds* und *Tempest*. Zu seinen Fernsehauftritten gehören mehrere Folgen von *Star Trek: Die nächste Generation*, *Star Trek: Voyager* und *Die Abenteuer von Lois & Clark*.

Wie Hardin zugibt, spielt er sehr gerne Bösewichte. „Es ist gewöhnlich aufregender, diese Rollen zu verkörpern. Dabei wird man sehr viel stärker durch die Action bestimmt. In **AKTE X** ist mein Beitrag größtenteils dialoglastig.“ Dessen ungeachtet fügt er hinzu: „Es freut mich, daß die Rolle auch unter diesen Umständen erfolgreich war, ganz ähnlich wie das bei *Star Trek* der Fall ist.“

Tatsächlich sieht Hardin eine Gemeinsamkeit im Erfolg der beiden Projekte, dank starker Drehbücher, die die Phantasie der Zuschauer anregen. „Meiner Ansicht nach spricht das für ein Interesse an Dialogen“, meint er. „Wenn Sie darüber nachdenken, werden Sie bemerken, daß sich *Star Trek* im wesentlichen auf zwei oder drei Personen beschränkt, die sich auf der Kommandobrücke unterhalten . . . Es ist dialogorientiert, und die Sprache ist häufig ziemlich dicht.“

Von diesem Standpunkt aus betrachtet, war die Rolle des Deep Throat eine eher undankbare Aufgabe, da die Figur mit einer begrenzten Präsenz auf dem Bildschirm zu einer komplexen Handlung beitragen mußte, während sie mysteriös und absichtlich nicht klar definiert blieb. „Das sind Anforderungen, die umzusetzen Spaß macht“, sagt Hardin. „Es gibt einem Schauspieler mehr Freiraum, um seinen eigenen Beitrag einzubringen oder zumindest einen größeren Eigenbeitrag zu leisten. Ich halte das nicht für schwierig. Für mich ist das eine Herausforderung und macht Spaß.“

Die Schauspielerei ist für Jerry Hardin seit seiner Jugend eine Herausforderung und ein Spaß gewesen. Er wurde an einem 20. November in Dallas, Texas geboren und wuchs in einem kleinen Vorort auf. Sein Vater war Rancher, und so wuchs Hardin quasi auf einem Pferderücken auf, ging zu Rodeos und tat, wie er sich ausdrückt, „alles, was junge Cowboys so tun."

Trotzdem spielte Hardin schon damals in Kirchen- und Schultheateraufführungen. Während der High-School nahm er regelmäßig an Vortrag- und Schaupielwettbewerben teil, was ihm schließlich ein Stipendium an der Southwestern University in Georgetown, Texas einbrachte. Danach errang er ein prestigeträchtiges Fulbright-Stipendium an der Royal Academy of Dramatic Art in London.

Wie er sich erinnert, stieß sein Berufswunsch nicht überall auf Verständnis. „Die häufigste Reaktion in diesem Teil von Texas war: ‚Du bist ein Volltrottel, Junge. *Damit* verdient man doch kein Geld'", sagt Hardin schmunzelnd in seinem breitesten Texanisch.

Nach zwei Jahren in Europa kehrte er in die USA zurück und begann, in New York zu arbeiten. Danach verbrachte er fast zwölf Jahre auf regionalen Bühnen. „Meine arme Familie reiste mit mir herum", sagt er. Seine Frau, ebenfalls Schauspielerin, trat regelmäßig gemeinsam mit ihm auf, während sie kreuz und quer durch das ganze Land zogen.

Auch wenn er darüber scherzt, unterstützten seine Eltern (sein 91jähriger Vater und seine 89jährige Mutter leben noch immer in Texas) weitestgehend die Entscheidung ihres Sohnes, Schauspieler zu werden, obwohl sie die Risiken erkannten. „Selbst ich habe mich nach Kräften bemüht, meine eigenen Kinder davon abzuhalten, diesen Beruf zu ergreifen", gesteht Hardin lachend, allerdings ohne Erfolg. Seine Tochter Melora hat in Filmen wie *Soul Man* und *The Rocketeer* mitgespielt, sein Sohn arbeitet für NBC. Seine Frau ist mittlerweile als Schauspiellehrerin tätig und betreut außerdem junge Schauspieler.

Hardin, der die meisten Szenen in **AKTE X** mit David Duchovny gedreht hat, zeigt sich beeindruckt über die Art, wie der Hauptdarsteller „neue Kollegen mit offenen Armen aufnimmt" und so Gastschauspielern oder solchen, die periodisch wiederkehrende Nebenrollen spielen, das Gefühl vermittelt, willkommen zu sein. Das war sehr hilfreich, stellt Hardin fest, der in der Regel für die Aufnahmen eingeflogen wird, schon am nächsten Tag dreht und am übernächsten Tag weiterfliegt.

Trotz der kurzen Auftritte, die Hardin in **AKTE X** hatte, hat er einige bemerkenswerte Höhepunkte beigesteuert, unter anderem die Szene in „Täuschungsmanöver", in der Deep Throat gesteht, einer von drei Leuten zu sein, die einen Außerirdischen getötet haben, und seine eigene Exekution in „Das Labor". Die Worte, die er im Sterben an Agent Dana Scully richtet, sind den Zuschauern im Gedächtnis geblieben.

„Die Leute bitten mich zu Hunderten, mit ‚Vertrauen Sie niemandem' zu signieren", berichtet er mit einigem Stolz über seine Begegnung mit Fans der Serie. „Das läßt vermuten, daß die Art, wie ich diesen Satz gebracht habe, einen starken Eindruck bei ihnen hinterlassen hat, und daß er für sie untrennbar mit der Rolle verbunden bleibt."

Die Folgen

1. Staffel

1. Staffel

Schauplätze

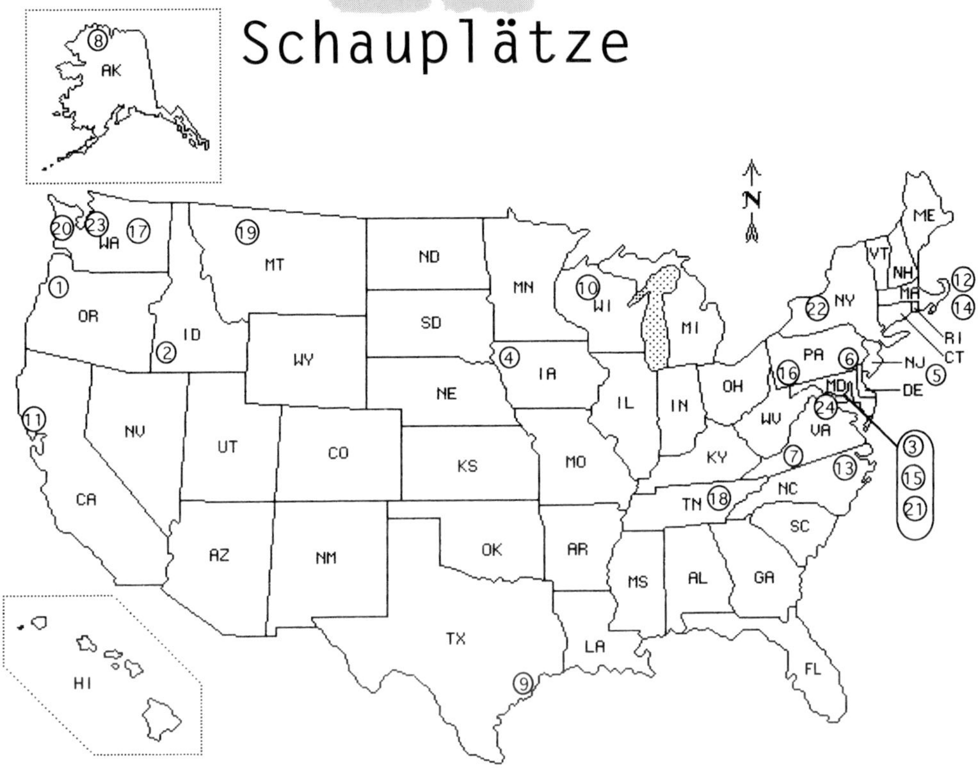

1. Bellefleur, Oregon (Pilotfilm: Gezeichnet)
2. Ellens Air Base, Idaho (Die Warnung)
3. Baltimore, Maryland (Das Nest)
4. Sioux City, Iowa (Signale)
5. Atlantic City, New Jersey (Der Teufel von Jersey)
6. Philadelphia, Pennsylvania (Schatten)
7. Crystal City, Virginia (Die Maschine)
8. Icy Cape, Alaska (Eis)
9. Houston, Texas (Besessen)
10. Townsend, Wisconsin (Gefallener Engel)
11. Marin Country, Kalifornien (Eve)
12. Cape Cod, Massachusetts (Feuer)
13. Raleigh, North Carolina (Die Botschaft)
14. Steveston, Massachusetts (Verlockungen)
15. Baltimore, Maryland (Lazarus)
16. Washington, D.C. (Ewige Jugend)
17. Mattawa, Washington State (Täuschungsmanöver)
18. Kenwood, Tennessee (Der Wunderheiler)
19. Browning, Montana (Verwandlungen)
20. Olympia National Forest, Washington (Der Kokon)
21. Baltimore, Maryland (Ein neues Nest)
22. Buffalo, New York (Wiedergeboren)
23. Colson, Washington (Roland)
24. Georgetown, Maryland (Das Labor)

Anmerkung: Die hier genannten Schauplätze beschränken sich auf das in der jeweiligen Folge zentrale Geschehen. Viele Folgen spielen an mehr als einem Ort.

Karte: Mit freundlicher Genehmigung von Sarah Stegall

X

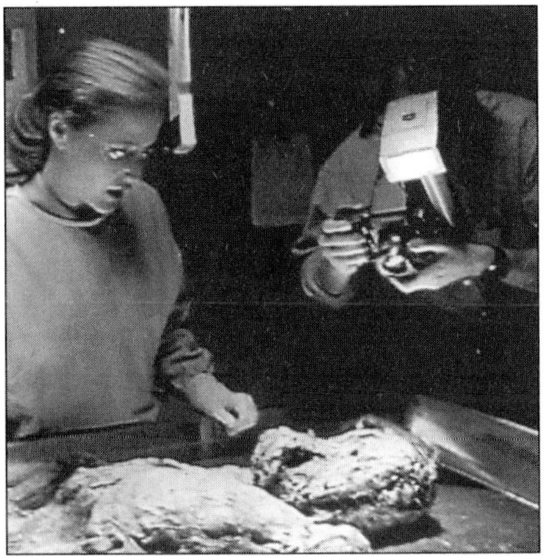

1. Pilotfilm: Gezeichnet

The X-Files

Erstausstrahlung:
USA: 10. 9. 1993
Deutschland: 5. 9. 1994

Drehbuch:
Chris Carter

Regie:
Robert Mandel

Darsteller:
Charles Cioffi (Chief Blevins)
Cliff DeYoung (Dr. Jay Newman)
Sarah Koskoff (Theresa)
Leon Russom (Detective Miles)
Stephen E. Miller (Truitt)
Zachary Ansley (Billy Miles)
Jim Jansen (Dr. Heitz Werber)
Malcom Stewart (Dr. Glass)
Alexandra Berlin (Pflegerin)
William B. Davis (Cigarette-Smoking Man)
Katya Gardener (Peggy O'Dell)
J. B. Bivens (Fahrer)
Ric Reid (Astronom)
Lesley Ewen (Portier)
Ken Camroux (Dritter Mann)
Doug Abrams (Polizist)

Story: FBI-Agentin Dana Scully wird dem bislang allein operierenden Agenten Fox Mulder als Partnerin zugeteilt. Mulder hat es sich zur Lebensaufgabe gemacht, unerklärliche Phänomene zu erforschen. Das Duo wird nach Oregon geschickt, um einige mysteriöse Todesfälle in einer Highschool aufzuklären.

Hauptschauplatz: Der Nordwesten Oregons

Inhalt: Diese erste Folge, die mit dem Hinweis „Der folgende Film stützt sich auf Tatsachenberichte" eingeleitet wird, ist für die gesamte Serie richtungsweisend. Der Zuschauer lernt die verschiedenen Charaktere kennen und erfährt von den geheimen Interessen der Regierung.

Zu Beginn der Folge sieht sich ein verängstigtes Mädchen in den Wäldern von Oregon einem gleißenden Licht und einer unheimlichen Gestalt gegenüber. Sie wird am nächsten Morgen mit zwei eigenartigen Malen auf dem Rücken tot aufgefunden.

In Washington D.C. führt unterdessen Dana Scully, eine Medizinerin, die seit zwei Jahren beim FBI arbeitet, ein Gespräch mit ihren Vorgesetzten. Einer der Anwesenden ist der zunächst als stumme Figur angelegte Cigarette-Smoking Man (Der Rauchende Mann), von Mulder später auch gern als „Krebskandidat" bezeichnet. Scully wird gefragt, ob sie Fox Mulder kenne, einen in Oxford graduierten Psychologen, der den Ruf genießt, der beste Analytiker von Gewaltverbrechen zu sein, sich aber wegen seiner Vorliebe für das Paranormale den Spitznamen „Spooky" gefallen lassen muß. Mulder übernimmt, so erfährt Scully, all diejenigen unbeliebten Fälle, die außerhalb des normalen Zuständigkeitsbereiches des FBI liegen und als „X-Akten" bezeichnet werden. Scully wurde dazu ausersehen, seine Partnerin zu werden und an höchster Stelle Bericht darüber zu erstatten, ob es Anhaltspunkte gibt, die Mulders Thesen untermauern.

Mulder ist Scully gegenüber zunächst mißtrauisch, da er den Eindruck hat, daß sie ihm zur Seite gestellt wurde, um ihn „auszuspionieren", und hat sich seinerseits gründlich über sie informiert. Er erwähnt ihre Doktorarbeit „Einsteins Doppelspaltversuch: Eine neue Interpretation". Ihre Frage, ob er sich die Mühe gemacht habe, sie zu lesen, bejaht er und fügt hinzu: „Aber bei dem größten Teil meiner Arbeit scheinen physikalische Gesetze kaum anwendbar zu sein."

Schon am nächsten Tag brechen die beiden auf, um eine Mordserie an Jugendlichen in Oregon, South Dakota und Texas zu untersuchen, bei der Mulder vermutet, die Opfer seien von Außerirdischen entführt und zu Experimenten mißbraucht worden.

In Oregon sind vier Schüler in der Nähe des Waldes tot aufgefunden worden, jedes Opfer weist die beiden bezeichnenden Male auf. Bei der Exhumierung eine der Leichen findet man ein affenähnliches Wesen im Sarg, in dessen Nasenhöhle ein seltsames metallenes Implantat steckt. Von den überlebenden Jugendlichen vegetiert der eine, der Sohn des Sheriffs, im Gehirnkoma dahin, der andere ist an den Rollstuhl gefesselt.

Mulder bringt seine Abduktionstheorie (Abduktion = Entführung durch Außerirdische) vor, wohingegen Scully überzeugt ist, es müsse für die Vorfälle eine rationale Erklärung geben. Kurz darauf werden die beiden von einem grellen Licht geblendet, neun Minuten sind daraufhin unerklärlicherweise verstrichen, und es gibt ein weiteres Todesopfer.

Zurück im Motel bemerkt Scully einige Einstiche auf ihrem Rücken und läuft aus Angst, es könne sich um dieselben Male handeln wie bei den ermordeten Jugendlichen, in Mulders Zimmer. Der versichert ihr, daß es sich nur um Mückenstiche handelt und erklärt ihr im folgenden Gespräch den Grund für seine Besessenheit: Seine Schwester sei im Alter von acht Jahren von Außerirdischen entführt worden, und dieser Vorfall habe seine Familie „zerrissen". Doch dank seiner Ermittlungserfolge und einiger Kongreßmitglieder, die ihm wohlgesonnen sind, genieße er bei seiner Arbeit ein gewisses Maß an Narrenfreiheit und könne seinen „eigenen Interessen nachgehen", obwohl es immer wieder vorkomme, daß seine Arbeit absichtlich behindert werde.

Kurz darauf brennt das Motel ab, und sämtliches Material über die exhumierte Leiche wird vernichtet, was Mulders paranoid anmutenden Thesen eine gewisse Glaubwürdigkeit verleiht.

Mulder und Scully erkennen schließlich, daß Billy, der Sohn

des Sheriffs, die treibende Kraft hinter den Todesfällen ist. Außerirdische haben etwas in seinen Kopf implantiert, das ihn in einem komaähnlichen Zustand versetzt und ihn nur dann aktiviert, wenn er gebraucht wird. Im Wald treffen die beiden Agenten auf den Jungen und seinen Vater. Plötzlich eine blendende Helle, und Billy ist wieder normal; die Male sind verschwunden . . .

Scully berichtet ihren Vorgesetzten, sie glaube an Mulders Theorie, könne sie aber mit nichts als dem einzig verbleibenden Beweisstück untermauern: dem kleinen Metallzylinder aus der Nase der Leiche, den Scully an sich genommen und so vor dem Feuer gerettet hatte. Als man sie nach dem Standpunkt ihres neuen Partners fragt, antwortet sie nur: „Agent Mulder glaubt, daß wir nicht allein sind."

Mulder ruft Scully an, um ihr mitzuteilen, daß das gesamte Material über den Fall vernichtet wurde, während man sieht, wie der Cigarette- Smoking Man in einer riesigen Lagerhalle des Pentagon den Metallzylinder, den Scully dem FBI überantwortet hat, in einem Behälter voll ähnlicher Beweisstücken deponiert. Und es sieht aus, als ob zumindest ein Teil der Wahrheit sich hier befände.

In der Ursprungsfassung des Drehbuchs heulen Mulder und Scully buchstäblich den Mond an.

Facts: Als Zugeständnis an das Reality-TV wird zu Beginn des Pilotfilms ein Text eingeblendet, der den Zuschauer darüber informiert, daß die Serie „auf Tatsachenberichten" basiert. Produzent Chris Carter bezeichnet die Szene, in der Scully sich im Morgenmantel in Mulders Zimmer flüchtet, als „Schlüsselszene, die klar zeigt, was ich zeigen wollte", nämlich, daß das Verhältnis zwischen den beiden Agenten rein platonischer Natur ist.

„Ich liebe diese Szene." (Carters ursprüngliche Drehbuchversion sah auch eine Einstellung vor, in der man Scully mit einem Liebhaber namens Ethan Minette im Bett liegen sieht, die jedoch gestrichen wurde.) Die Uhr in Scullys Zimmer zeigt übrigens 11.21 Uhr abends an, eine Zahl, die während der ganzen Serie immer wieder auftaucht, da sie für das Geburtsdatum von Carters Frau Dori steht.

Erwähnenswert ist auch, daß Dr. Heitz Werber, der Hypnotiseur, der Billy am Ende verhört, der gleiche Mann ist, der Mulder seinerzeit in Hypnose versetzt hat, um dessen Erinnerung an die Entführung seiner Schwester Samantha zu aktivieren.

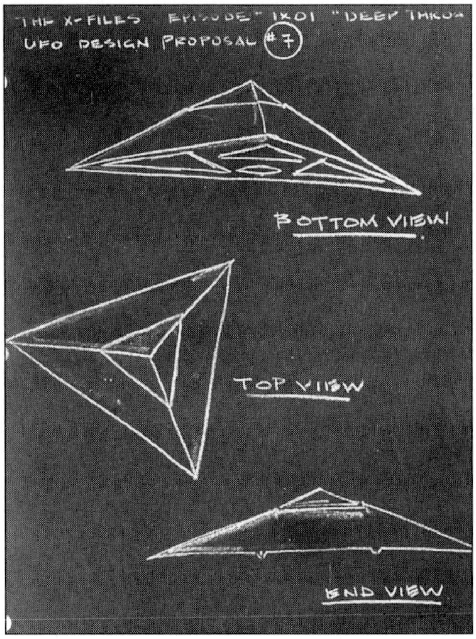

2. Die Warnung

Deep Throat

Erstausstrahlung:
USA: 17. 9. 1993
Deutschland: 12. 9. 1994

Drehbuch:
Chris Carter

Regie:
Daniel Sackheim

Darsteller:
Jerry Hardin (Deep Throat)
Charles Cioffi (Chief Blevins)
Michael Bryan French (Paul Mossinger)
Andrew Johnston (Colonel Budahas)
Seth Green (Emil)
Lalainia Lindejerg (Zoe)
Vince Metcalfe (Kissell)
Gabrielle Rose (Anita Budahas)
Monica Parker (Ladonna)
Doc Harris (Mr. McLennen)
Sheila Moore (Vera McLennen)
John Cuthbert (befehlshabender Offizier)
Brian Furlong (Zweiter Offizier)
Michael Puttonen (Moteldirektor)

Story: Auf einen Hinweis aus Insiderkreisen hin (Deep Throat, im Deutschen: Die Tiefe Stimme) reisen Mulder und Scully nach Idaho, um das unerklärliche Verschwinden mehrerer Testpiloten der U.S.-Army zu untersuchen.

Hauptschauplatz: Der Südwesten von Idaho

Inhalt: Mulder läßt einige Beziehungen spielen, um das Verschwinden eines Testpiloten von der Ellens Air Base bearbeiten zu können – des sechsten Piloten, der seit 1963 von diesem Stützpunkt verschwunden ist. Der Fall habe, wie er Scully gegenüber andeutet, „ein gewisses paranormales Bouquet."

Bevor das Team aufbricht, trifft Mulder im Waschraum auf einen ihm unbekannten Mann – Deep Throat –, der ihm erklärt, er habe „ein gewisses Interesse" an seiner Arbeit und ihn warnt: „Lassen Sie den Fall ruhen."

Mulder und Scully lernen die Frau des Piloten kennen, die ihnen erzählt, ihr Mann habe sich vor seinem Verschwinden wie unzurechnungsfähig benommen und beispielsweise auf einer Dinner-Party Fischfutter über sein Essen gestreut, die Kinder ohne jeden Grund angeschrien und plötzlich angefangen, unkontrolliert zu zittern. Später sehen die beiden zwei helle Lichter am nächtlichen Himmel und besuchen das „Flying Saucer Caf", wo sie hoffen, auf ein paar „UFO-Verrückte" zu treffen. Dort sieht Mulder das Bild eines UFOs, das genauso aussieht wie ein Foto, das angeblich 1947 in Roswell, New Mexico aufgenommen wurde. „Das wird sich sicher hervorragend in meinem Bericht machen", meint Scully bissig.

Mulder erklärt Scully, daß Ellens einer

der sechs Orte ist, wo Teile eines Wracks, das von einem UFO-Absturz übriggeblieben ist, gefunden wurden. Und er vermutet, daß die Regierung Flugzeuge testet, die unter Verwendung von UFO-Technologie konstruiert wurden. Seine Theorie: Die durch diese Arbeit entstehende Belastung könnte der Grund für das merkwürdige Benehmen des Piloten sein.

Mysteriöserweise taucht der verschwundene Pilot wieder auf, aber seine Frau beharrt darauf, daß er sich verändert hat: „Das ist nicht mein Mann, die haben irgendwas mit ihm gemacht."

Mulder ist der Ansicht, daß das Gehirn des Piloten manipuliert worden ist, um bestimmte Erinnerungen aus seinem Gedächtnis zu löschen, damit er nicht zu einem Sicherheitsrisiko werden kann. Kurze Zeit später werden die beiden in ihrem Wagen von einigen bewaffneten Männern angehalten, die sie vor die Wahl stellen, entweder sofort zu verschwinden oder auf eigenes Risiko weiterzumachen. Scully drängt ihren Partner, aufzugeben, „solange Sie noch einen Job haben", aber Mulder fährt noch einmal allein los und wird in einem zur Geheimzone erklärten Gebiet gefaßt, nachdem er eines der UFOs kurz zu sehen bekommen hat.

In dieser Folge tritt Deep Throat zum ersten Mal auf.

Mulder wird unter Drogen gesetzt. Um ihn aus der Gewalt der Sicherheitsleute zu befreien, nimmt Scully auf dem Stützpunkt einen von ihnen als Geisel. Doch ihr Partner wirkt reichlich mitgenommen und verwirrt: „Wie bin ich hierhergekommen?"

Später trifft Mulder Deep Throat beim Joggen wieder, der behauptet, ihm helfen zu können. Allerdings seien ihrer beider Leben in Gefahr und „höchste Vorsicht und Diskretion" jetzt äußerst wichtig, zudem interessiere ihn lediglich „die Wahrheit". Als Mulder ihn fragt: „*Sie* sind hier, nicht wahr?", antwortet Deep Throat: „Mr. Mulder, ich kann Ihnen versichern, daß *sie* sind schon seit langer Zeit hier sind."

Facts: Als Zugeständnis an den Sender Fox, der sich für diese Folge eine geschlossenere Form wünschte, ließ Carter Scully einen Off-Kommentar sprechen. Obwohl Carter weiterhin unermüdlich gegen Kompromißlösungen ankämpft, wurde diese Off-Erzählung zum festen Bestandteil der Serie.

Dies ist auch die erste Folge, an der Assistant-Art Director Clyde Klotz mitgewirkt hat. Klotz und Gillian Anderson haben am 1. Januar 1994 geheiratet.

3. Das Nest

Squeeze

Erstausstrahlung:
USA: 24. 9. 1993
Deutschland: 19. 9. 1994

Drehbuch:
Glen Morgan und James Wong

Regie:
Harry Longstreet

Darsteller:
Doug Hutchinson (Eugene Victor Tooms)
Donal Logue (Tom Colton)
Henry Beckman (Detective Frank Briggs)
Kevin McNulty (Fuller)
Terence Kelly (George Usher)
Colleen Winton (Bediener des Lügendetektors)
James Bell (Johnson)
Gary Hetherington (Kennedy)
Rob Morton (Kramer)
Paul Joyce (Mr. Werner)

Story: Mulder und Scully versuchen, einen mutierten Killer namens Eugene Tooms zu fassen, der alle 30 Jahre aus einer Art Winterschlaf erwacht, um zu morden.

Hauptschauplatz: Baltimore, Maryland

Inhalt: Ein Geschäftsmann wird in seinem Büro von einem Mann umgebracht, der sich durch den Lüftungsschacht schlängelt . . .

Tom Colton, ein Studienfreund Scullys, erzählt ihr von dem Fall: Drei Tote gibt es schon, doch nie waren sichtbare Spuren davon zu finden, wie sich der Mörder Zugang zu seinen Opfern verschafft hat, und allen dreien hat der Killer offenbar mit bloßer Hand die Leber aus dem Leib gerissen.

Mulder macht sich an die Ermittlungen, obwohl Colton ihn offensichtlich nicht mag, und findet einen höchst ungewöhnlichen, verlängerten Fingerabdruck am Tatort in der Nähe der Lüftung. Er merkt an, daß der Täter „mit 25 cm langen Fingern eigentlich auffallen müßte“. Seltsamerweise ist der Fingerabdruck identisch mit denen, die man bei zurückliegenden, alle 30 Jahre stattfindenden Mordserien gefunden hatte und bei denen stets fünf Opfer zu beklagen waren. Die Polizei-Unterlagen reichen bis ins Jahr 1903 zurück.

Mulder wird klar, daß der Killer noch zwei weitere Morde zu begehen beabsichtigt. Bei der Durchsuchung eines der Tatorte ertappen er und Scully einen Verdächtigen, Eugene Tooms, dabei, wie dieser gerade durch den Lüftungsschacht entkommen will. Tooms behauptet, vom Veterinäramt zu sein und in dem Schacht nach einem toten Tier gesucht zu haben, da es Beschwerden über üble Gerüche gegeben habe. Tooms besteht einen Lügendetektor-Test und wird auf freien Fuß gesetzt, bevor Mulder entdeckt, daß seine Finger-

abdrücke, sofern sie digitalisiert und dann gedehnt werden, genau mit denen übereinstimmen, die er an den früheren Tatorten gefunden hat.

Tooms schlägt schon bald wieder zu. Diesmal kriecht er durch einen Kamin, um den Mord zu begehen. Ein Opfer muß er für seinen Mordzyklus noch finden, und Mulder ahnt: „Falls wir ihn nicht vorher fassen, kriegen wir unsere nächste Chance erst wieder im Jahre 2023." Mulder und Scully machen den Detective ausfindig, der 1963 die ähnlich verlaufene Mordserie untersucht hat. Der Mann ist davon überzeugt, daß derselbe Täter auch für die 1933er-Morde verantwortlich ist und zeigt ihnen ein Bild von Tooms, das drei Jahrzehnte früher aufgenommen wurde. Tooms ist seitdem nicht gealtert.

Als sie das Gebäude durchsuchen, in dem Tooms in den 60er Jahren lebte, finden Mulder und Scully ein seltsames Nest, das aus Zeitungen und und Gallflüssigkeit zusammengebaut wurde. Mulder vermutet, daß Tooms ein Mutant ist, der sein Verlangen nach menschlicher Leber alle 30 Jahre stillen muß und dann in eine Art Winterschlaf fällt. Tooms, der jedem seiner Opfer ein kleines „Andenken" gestohlen hat, beobachtet die beiden heimlich, und als Scully ihre Halskette verliert, nimmt er sie an sich.

Tooms verfolgt Scully unbemerkt zu ihrer Wohnung. Als Mulder in der Zwischenzeit zu Tooms' Behausung zurückkehrt und die Kette wiedererkennt, wird ihm klar, daß Scully Tooms' nächstes Opfer werden soll . . . Mulder kommt gerade noch rechtzeitig bei Scullys Apartment an, um Tooms nach einem kurzen Kampf zu überwältigen und festnehmen.

Kurze Zeit später: In seiner Zelle beginnt Tooms damit, ein neues Nest zu bauen, und als ein Wärter ihm das Essen durch einen schmalen Spalt hereinreicht, betrachtet er die Öffnung und lächelt . . .

Facts: Da sich die ersten beiden Folgen um UFOs drehten, wollte Fox in dieser Episode eine andere Geschichte sehen. In diesem Sinne trug „Das Nest" dazu bei, daß aus **AKTE X** mehr wurde als nur ein paar Aliens pro Woche. Obwohl es einige Parallelen

Doug Hutchison, der den leberverschlingenden Mutanten spielt, ist in Wirklichkeit Vegetarier.

Frage: Wo hat Eugene Tooms 60 Jahre lang gelebt?

Antwort: In der Exeter Street 66.

zu *The Night Strangler* gab – dem zweiten *Night Stalker*-Film (Der Nachtjäger), in dem es um einen Mann geht, der alle 21 Jahre erwacht, um eine Serie von Morden zu begehen – ließen sich Glen Morgan und James Wong eher von Jack the Ripper und von einem großen Ventilatorschacht vor ihrem Büro inspirieren. Morgan erinnert sich, daß alles damit begann, als er Wong fragte: „Was wäre, wenn wir hier spätabends noch arbeiten würden, und jemand käme durch das Ding hochgekrochen?"

Morgan gibt zu, daß er, als Doug Hutchinson zum ersten Mal vorsprach, der Meinung war, dieser sei für Tooms zu jung. „Ich dachte: Nein, der Junge ist der Falsche für die Rolle. Er sieht aus wie zwölf." Der Schauspieler überzeugte aber schließlich doch mit seiner prompten Reaktion auf die leicht verwirrende Anweisung von Regisseur Harry Longstreet, aus „einer neutralen Position in eine Angriffsposition" überzugehen und versetzte allen einen ordentlichen Schrecken, als er unvermittelt in die Rolle schlüpfte und nach Longstreet schnappte.

Chris Carter sagt, sein Beitrag zu dieser Folge bestand lediglich darin, aus Frankreich zurückzukehren und eine Menge *foie gras* gegessen zu haben. Er begann darüber zu spekulieren, wie es wohl wäre, wenn jemand eine Vorliebe für menschliche Leber entwikkeln würde. Morgan sagt, sie hätten sich für Leber entschieden, weil sie irgendwie „witziger als die anderen Organe" sei.

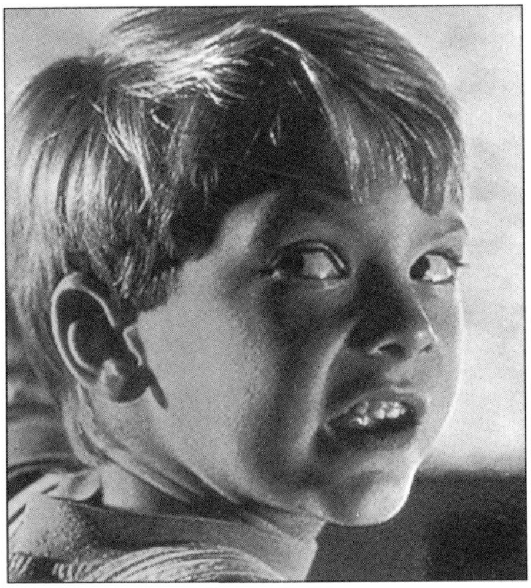

4. Signale

Conduit

Erstausstrahlung:
USA: 1. 10. 1993
Deutschland: 26. 9. 1994

Drehbuch:
Alex Gansa und Howard Gordon

Regie:
Daniel Sackheim

Darsteller:
Carrie Snodgress (Darlene Morris)
Joel Palmer (Kevin Morris)
Charles Cioffi (Chief Blevins)
Taunya Dee (Ruby Morris)
Michael Cavanaugh (Sheriff)
Shelley Owens (Tessa)
Don Thompson (Holtzman)
Don Gibb (Kip)
Akiko Morison (Leza Atsumi)
Anthony Harrison (vierter Mann)
Glen Roald (Arbeiter)
Mauricio Mercado (Untersuchungsbeamter)

Story: Ein Mädchen wird von Außerirdischen entführt, was Mulder dazu veranlaßt, sich endlich seinen qualvollen Erinnerungen vom Verschwinden seiner eigenen Schwester zu stellen.

Hauptschauplatz: Sioux City, Iowa

Inhalt: Ein junges Mädchen, das neben ihrem kleinen Bruder schläft, verschwindet von einem Campingplatz in der Nähe des Okobogee-Sees, der Mulder schon als berühmter „UFO-Treffpunkt" bekannt ist. Mulder übernimmt den Fall, und Scully erfährt erstmals „offiziell" über die 21 Jahre zurückliegende Entführung seiner jüngeren Schwester.

Ruby, das vermißte Mädchen, ist die Tochter einer Frau, die 1967 zu Protokoll gegeben hatte, ein UFO gesehen zu haben. Der kleine Bruder des Mädchens benimmt sich unterdessen recht merkwürdig: er notiert binäre Zahlencodes, die Mulder nach Washington schickt. Kurz darauf werden die Mutter und ihr Sohn von Agenten verhört, die behaupten, der Code sei eine streng geheime Verteidigungssatellitenübertragung.

Mulder und Scully sehen sich den Campingplatz genauer an und finden die Leiche von Rubys Freund. Scully glaubt, daß die beiden Kinder von einer Freundin ermordet worden sind und gibt Mulder den Rat: „Hören Sie auf, Ihrer Schwester nachzujagen". Im Haus hat Rubys Bruder unterdessen seitenweise Zahlengruppierungen auf dem Boden ausgebreitet, die von oben betrachtet ein riesengroßes Bild von Ruby ergeben . . . Mulder spricht mit Scully über seine Schwester und gesteht ihr, daß er jeden Tag seines Lebens „damit leben" müsse.

Wieder im Wald geraten die Agenten in ein wahres Lichtermeer, das sich allerdings als von Motorradscheinwerfern stammend herausstellt. Sie finden Ruby, die zwar bewußtlos, aber noch am Leben ist. Im Krankenhaus zeigt sie alle Symptome eines Men-

schen, der lange Zeit der Schwerelosigkeit ausgesetzt war, aber die Mutter will ihre Tochter nicht der Lächerlichkeit preisgeben und lehnt jegliches Gespräch über das Vorgefallene ab . . .

Mulder sitzt allein in der Kirche und trauert um seine Schwester, während Scully sich die Aufnahmen anhört, die bei seiner Hypnosetherapie gemacht wurden. Auf diesen erinnert sich Mulder an eine Stimme, die ihm sagt, seiner Schwester werde nichts zustoßen und sie werde wieder zurückkehren. Auf die Frage des Therapeuten, ob er der Stimme glaube, antwortet Mulder nur: „Ich möchte ihr glauben."

Facts: Assistant-Art Director Greg Loewen entwarf das riesige Bild von Ruby, aber seine Kollegin Vivien Nishi mußte den gesamten Computerausdrück überarbeiten und gewissenhaft sämtliche Einsen und Nullen mit der Hand nachmalen, damit es auch wirklich aussah, wie von einem Achtjährigen gezeichnet. Das allein nahm Tage in Anspruch – für eine Einstellung, die dann nur ein paar Sekunden lang war.

In dieser Folge erfahren wir auch, aus welcher Stadt Mulder stammt, nämlich aus Chilmarc, Massachusetts (als der Name in „Kontakt", der Eröffnungsfolge der nächsten Staffel, noch einmal vorkommt, wird er allerdings „Chilmark" geschrieben.)

Fox Mulder öffnete die X-Akte Nr. X-40253 über seine Schwester Samantha fast sechs Monate bevor er sich mittels hypnotischer Rückführung an die Entführung erinnert.

Die Adresse in Samantha Mulders Akte, Vine Street 2790, ist der ehemalige Standort des AKTE X-Produktionsbüros in Vancouver.

5. Der Teufel von Jersey

Jersey Devil

Erstausstrahlung:
USA: 8. 10. 1993
Deutschland: 10. 10. 1994

Drehbuch:
Chris Carter

Regie:
Joe Napolitano

Darsteller:
Michael MacRae (Peter Boulle)
Gregory Sierra (Dr. Diamond)
Wayne Tippit (Detective Thompson)
Claire Stansfield (die Bestie)
Jill Teed (Glenna)
Tamsin Kelsey (Ellen)
Andrew Airlie (Rob)
Bill Dow (Dad)
Hrothgar Mathews (Jack)
Jayne Knox (Mom)
Scott Swanson (Erster Polizist)
Sean O'Byrne (Zweiter Polizist)
David Lewis (Junger Polizist)
D. Neil Monk (SWAT-Team-Polizist)

Story: Mehrere Mordfälle, die für das Werk eines legendären Wesens, halb Mensch, halb Bestie, gehalten werden, das in den Wäldern von New Jersey lebt, erschüttern die dort lebende Bevölkerung. Mulder und Scully ermitteln.

Hauptschauplatz: New Jersey

Inhalt: 1947: Ein Mann wird von seinem Auto weggezerrt und mit abgefressenen Beinen wiederaufgefunden. Die Polizei durchkämmt den Wald, stellt und tötet dort ein großes, nicht näher erkennbares Wesen.

Im Atlantic City der Gegenwart wird ein Obdachloser mit abgefressenen Körperteilen aufgefunden. Die Bißspuren scheinen von einem Menschen zu stammen. Mulder erzählt von dem legendären Teufel von Jersey, den Scully als Produkt der Volksphantasie abtut. Sie läßt Mulder allein weiter ermitteln und geht zur Geburtstagsfeier ihres Patenkindes.

Mulder spricht mit einigen Obdachlosen, die behaupten, die Kreatur gesehen zu haben und auch, daß die Polizei über die Vorfälle Bescheid wisse. Als er den Tatort genauer inspiziert, bekommt Mulder die Bestie einen Augenblick lang zu Gesicht, bevor er verhaftet wird. Nun weiß er, daß die Polizei aus Angst, die Wahrheit könnte das Tourismus-Geschäft verderben, die Vorfälle zu vertuschen sucht.

Mulder bittet seine Kollegin um Hilfe, doch Scully hat eine Verabredung, die sie nicht absagen möchte: „Im Gegensatz zu Ihnen, Mulder, möchte ich gern ein bißchen *leben*". Kurz darauf berichtet ein Parkwächter Mulder, er habe die Leiche einer männlichen Bestie im Wald gefunden und sie der Polizei überantwortet. Mulder glaubt, daß die „Frau" dieses Wesens seit dem Tod ihres Partners in die Stadt vorgedrungen ist, um Nahrung zu finden.

Mulder gelingt es, die Spur der Kreatur aufzunehmen, wird aber von ihr angegriffen, doch Scully kann sie gerade noch rechtzeitig vertreiben. Die Bestie flieht in den Wald, wo sie von der Polizei gestellt und getötet wird. Bei der Untersuchung der Leiche findet sich ein menschlicher Knochen in ihrem Verdauungstrakt . . .

Ihre nächste Verabredung hält Scully nicht ein, sondern arbeitet zusammen mit Mulder weiter an dem Jersey-Fall. Sie hat sich entschieden. Auf die Frage von Mulder: „Kein Privatleben, Scully?", gibt sie zurück: „Machen Sie nur so weiter, und ich schlage zu wie diese Menschenfresserin."

Unterdessen wandert ein Vater mit seinem Sohn durch den Wald und wird von dem Kind der beiden Wesen beobachtet, das sich im Unterholz versteckt . . .

Facts: Um ein Gegenstück zum zotteligen Bigfoot zu schaffen, wollte Carter den „Teufel von Jersey" sozusagen als evolutionären Rückschritt zeigen. „Wir wollten kein Monster an sich vorführen, sondern eher eine Art *missing link* der Evolutionskette." Claire Stansfield, die über 1,80 m groß ist, verkörperte die Bestie und mußte in dieser Folge die meiste Zeit nackt herumlaufen. „Das war ganz schön aufregend", kommentiert Carter lachend, fügt aber hinzu, daß man der Schauspielerin das Haar über ihren Brüsten befestigen und in einigen Szenen ihre Lenden bedecken mußte, um den Zuschauern nicht etwa einen tieferen Einblick in die Natur zu ermöglichen, als der frühe Sendeplatz erlaubt. In der Nebenhandlung versucht Scully so etwas wie ein Privatleben gegen die völlige Hingabe (oder auch schon Besessenheit) für die Arbeit zu verteidigen, die Mulder an den Tag legt. Sie spricht mit ihrer verheirateten Freundin Ellen, die ein Kind hat und wird von ihr gefragt, ob Mulder jemand sei, in den sie sich verlieben könnte. Scully antwortet ausweichend. Und obwohl sie zunächst zu ihrer Verabredung geht, entscheidet sich Scully aus freien Stücken dafür, weiterhin gemeinsam mit Mul-

Alles Lüge: AKTE X wird in Vancouver gedreht, was bedeutet, daß Mulder nicht wirklich die Casinos in Atlantic City besucht hat. Stattdessen wurde David Duchovnys Part vor einem Blue Screen gefilmt und vorhandenes Bildmaterial von den Casinos später einmontiert. Ein Verfahren, das erheblich billiger ist, als es die Dreharbeiten in New Jersey gewesen wären.

Diese Folge verrät uns, daß Scullys beste Freundin Ellen heißt und ihr Patenkind den Namen Trent trägt.

der an FBI-Fällen zu arbeiten, anstatt Ellens Weg zu wählen. Der Zweck dieser Szene, erklärt Carter, bestehe darin, „die Art von Leben zu zeigen, auf das die junge Agentin verzichtet. Ich wollte Scully den Zuschauern einfach ein bißchen näher bringen." In einer weniger ernsten Szene hält Mulder ein Magazin in die Höhe. Die Frau auf dem Bild, sagt er, behaupte, an Bord eines Raumschiffes in einer Schwerelosigkeitskammer gefangen gehalten worden zu sein. „Schwerelosigkeit scheint mir genau der richtige Ausdruck", murmelt Scully.

6. Schatten
Shadows

Erstausstrahlung:
USA: 22. 10. 1993
Deutschland: 17. 10. 1994

Drehbuch:
Glen Morgan und James Wong

Regie:
Michael Katlemann

Darsteller:
Lisa Waltz (Lauren Kyte)
Barry Primus (Robert Dorland)
Lorena Gale (Ellen Bledsoe)
Veena Sood (Ms. Saunders)
Daryl Hayes (Webster)
Kelli Fox (Pathologe)
Tom Pickett (Polizist)
Tom Heaton (Platzwart)
Janie Woods-Morris (Ms. Lange)
Nora McLellan (Jane Morris)
Anna Ferguson (Ms. Winn)

Story: Mulder und Scully beschäftigen sich mit einigen seltsamen Morden, die von einer unsichtbaren Macht ausgeführt werden, um eine junge Frau zu schützen.

Hauptschauplatz: Philadelphia, Pennsylvania

Inhalt: Lauren Kyte trauert um ihren Chef Howard Graves, der Selbstmord begangen hat. Kurz darauf wird sie auf der Straße von zwei Männern überfallen, die jedoch von einer unsichtbaren Macht getötet werden.

Regierungsagenten weisen Mulder und Scully an, die Leichen zu untersuchen. Diese weisen Spuren elektrostatischer Ladung auf, und es hat den Anschein, als ob ihnen die Kehlen von innen heraus zerdrückt worden seien. Mulder weist darauf hin, daß dabei psychokinetische Kräfte im Spiel gewesen sein könnten.

Die Aufzeichnung der Überwachungskamera führt das Duo zu Lauren, die aber nur widerwillig bereit, mit ihnen zu sprechen. Als die beiden wieder aufbrechen wollen, zündet ihr Wagen unerklärlicherweise von selbst und rast über die Straße. Mulder vermutet, ein Poltergeist sei am Werk. „Sie sind wieder da-ha", spöttelt Scully.

Während die beiden Lauren beschatten, finden sie heraus, daß Graves eine Tochter hatte, die als kleines Kind starb und nun in Laurens Alter wäre. Auf der Vergrößerung eines Fotos entdecken sie Graves, der zuvor nicht darauf zu sehen war, hinter Lauren stehend.

Kurz darauf wird Lauren von Graves' Stimme geweckt. Im Bad sieht sie Blut in ihre Wanne sprudeln, was sie auf den Gedanken bringt, daß ihr Chef durch Mord, und nicht durch Selbstmord, den Tod gefunden hat. Lauren sagt Graves' Partner

Dorland auf den Kopf zu, sie wisse, daß er ihren Chef ermorden ließ. Kurze Zeit später brechen zwei Männer bei ihr ein, die sie angreifen wollen, aber auf die gleiche Weise wie die beiden anderen ums Leben kommen.

Agenten des CIA informieren Mulder und Scully, daß sie vermuten, Graves' Firma habe verbotene Waren an eine extremistische Gruppierung aus dem mittleren Osten verkauft. Zwei Mitglieder dieser Vereinigung waren auch an dem ersten Anschlag auf Lauren beteiligt. Dorland wird verdächtigt, Graves getötet zu haben, aus Angst, dieser könne seine Machenschaften aufdecken. Als Lauren verhört wird, warnt Mulder die CIA-Beamten trocken: „Ich gebe Ihnen den guten Rat: Werden Sie nicht grob zu ihr."

FBI-Agenten durchsuchen Graves' Firma, ohne Erfolg, bis Lauren Dorland in seinem Büro aufsucht. Als dieser auf sie losgehen will, wird er gegen die Wand gepreßt, die Tür schließt sich wie von selbst, Bilder fliegen durch den Raum, und ein Messer wird von unsichtbarer Hand gegen die Wand geschleudert. Dabei wird ein Geheimfach freigelegt, das eine Computerdiskette mit Beweisen für Dorlands kriminelle Machenschaften enthält.

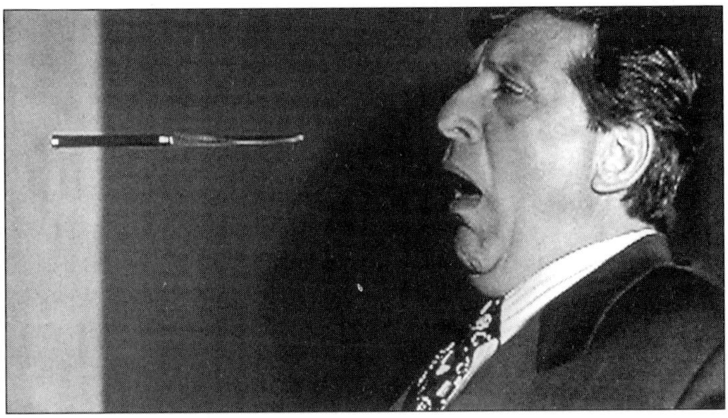

Lauren nimmt in einer anderen Stadt eine Arbeit an. Als eine ihrer Kolleginnen sich ihr gegenüber unfreundlich verhält, beginnt ihre Kaffeetasse zu wackeln. Doch es ist nur ein vorüberfahrender Lastwagen . . . oder?

Facts: Laut Glen Morgan hat Fox den Produzenten nahegelegt, mehr Folgen zu drehen, wo im wesentlichen „Scully und Mulder das Paranormale erforschen und dabei anderen helfen." Daher war der eigentliche Anstoß hinter „Schatten", dem Sender eine Episode zu präsentieren, in der die Agenten genau das taten und sie sich damit „vom Hals zu halten", so daß die Produzenten auch ein paar der bisher nicht berücksichtigten Ideen verwirklichen konnten. Morgan und Wong hatten außerdem eine Vorliebe für Geistergeschichten, und Fox hatte ihnen vorgeschlagen, in einer Folge eine Art Poltergeist unterzubringen.

Auch die Schwäche der Serie für kleine Insider-Scherze kommt in dieser Episode zum Tragen, wenn der Name des Regieassistenten Tom Braidwood (noch lang vor seiner Zeit des Ruhms als einer der Three Lone Gunmen) in der Szene verwendet wird, in der der Parkplatzwächter den Namen auf dem Schild vor Graves' persönlichem Parkplatz auswechseln will.

In der Originalfassung des Drehbuchs verrät Mulder Scully, was einmal auf seinem Grabstein stehen soll: „No regrets" – „Ich bereue nichts".

7. Die Maschine

Ghost In the Machine

Erstausstrahlung:
USA: 29. 10. 1993
Deutschland: 24. 10. 1994

Drehbuch:
Alex Gansa und Howard Gordon

Regie:
Jerrold Freeman

Darsteller:
Wayne Duvall (Jerry Lamana)
Gillian Barber (Nancy Spiller)
Rob Labelle (Brad Wilczek)
Jerry Hardin (Deep Throat)
Blu Mankuma (Claude Peterson)
Marc Baur (Mann im Anzug)
Bill Finck (Sandwichverkäufer)
Theodore Thomas (Clyde)
Tom Butler (Benjamin Drake)

Story: Ein Computer beginnt zu morden, um seine Existenz zu sichern.

Hauptschauplatz: Crystal City, Virginia

Inhalt: Der Leiter einer High-Tech-Firma namens Eurisko kommt durch einen Stromschlag ums Leben, nachdem er angekündigt hat, daß er das COS (Central Operating System)-Projekt der Firma beenden will.

Sein früherer Partner Jerry Lamana bittet Mulder um Hilfe bei diesem Fall und gibt dessen Täterprofil als sein eigenes aus. Als sie erfahren, daß der Mörder das Computersystem der Firma ausgetrickst haben muß, machen Scully und Mulder einen Besuch bei Brad Wilczek, der das System entwickelt hat, aus der Firma aber nach einem Streit mit deren ermordetem Leiter Benjamin Drake ausgeschieden ist.

Eine Stimmanalyse ergibt, daß Wilczek als letzter mit dem Toten gesprochen hat. Lamana will ihn festnehmen, wird aber in einem herabstürzenden Fahrstuhl getötet, wobei Wilczek ihn nur hilflos auf einem Monitor beobachten kann. Wilczek gesteht, und Mulder, der nicht an seine Schuld glaubt, wird jeglicher Zugang zu ihm verweigert.

Deep Throat erklärt, daß das Verteidigungsministerium an Wilczek interessiert sei, weil er Spezialist für künstliche Intelligenz sei. Wilczek habe eine „denkende Maschine" erschaffen, die, so vermutet er, Drake aus reinem Selbsterhaltungstrieb getötet habe.

Mulder fragt Wilczek, wie man COS stoppen könne, und entschließt sich, das System mit einem Virus zu infizieren. Scully taucht auch bei Eurisko auf, weil sie durch einen Telefonanruf erfahren hat, daß jemand dort sich Zugang zu ihrem Computer verschafft hat. Als sie das Gebäude betreten, folgt ihnen eine Überwachungskamera. Dann fällt das Licht aus. Scully wird in einen großen Lüftungsschacht gesogen und immer mehr auf die scharfen Rotorblätter eines riesigen Ventilators zugetrieben. Ein Wachmann der Firma stellt sich als Spion des Verteidigungsministeriums heraus und hält Mulder auf. Scully aber kann sich befreien, überwältigt ihn, und Mulder gelingt es, den Virus zu installieren. „Brad, warum?" ist die letzte Frage, die COS stellt, bevor das Programm beendet wird.

Deep Throat berichtet, daß Wilczek verschwunden ist und die Regierung ihn festhält, um zu erfahren, was genau er weiß. Unterdessen erforschen Computerexperten das lahmgelegte COS, dabei flackern unbemerkt Lichter auf . . .

Scullys FBI-Ausweisnummer lautet 2317-616.

Facts: Der Produzent der Folge, Howard Gordon, der diese Episode gemeinsam mit seinem Partner Alex Gansa schrieb, bezeichnet „Die Maschine" als „eine meiner größten Enttäuschungen", da auch ihm bewußt war, daß die Intelligenz des Computers nicht so differenziert dargestellt wird, wie es angesichts berühmter Vorbilder wie *2001 – A Space Odyssee* (2001 – Odyssee im Weltraum) und *Demon Seed* (Des Teufels Saat) notwendig gewesen wäre.

„Fox war der Meinung, die Geschichte sei als X-Akte ein wenig zu zahm", erklärt Gordon, der dazu neigt, über die von ihm selbst verfaßten Folgen härter als nötig zu urteilen, „und ausnahmsweise war ich mit ihnen einmal einer Meinung."

Es gibt eine in visueller Hinsicht besonders gelungene Szene, in der Scully in einen Riesenventilator hineingesogen wird. Diese wurde erst in letzer Minute eingefügt, weil man befürchtete, die im Drehbuch vorgesehene Szene in einem Aufzugsschacht würde zu teuer. Die rotierenden Ventilatorblätter „machten sich gut", wie Gordon sagt, „und waren entschieden billiger."

Gaststar Wayne Duvall ist der Neffe des Filmschauspielers Robert Duvall. Für alle, die einen Sinn für Zahlen haben: Scullys in der Sendung angegebene Telefonnummer ist (202) 555-6431. 555 wird als Standard-Vorwahlnummer in Filmen und Fernsehsendungen verwendet, da sie von der amerikanischen Telefongesellschaft nicht vergeben wurde und daher niemand mit Anrufen belästigt werden kann.

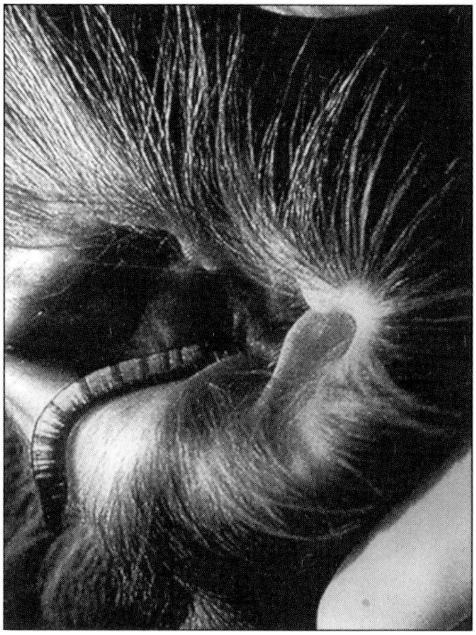

8. Eis

Ice

Erstausstrahlung:
USA: 5. 11. 1993
Deutschland: 31. 10. 1994

Drehbuch:
Glen Morgan und James Wong

Regie:
David Nutter

Darsteller:
Xander Berkeley (Dr. Hodge)
Felicity Huffmann (Dr. DaSilva)
Steve Hytner (Dr. Denny Murphy)
Jeff Kober (Bear)
Ken Kirzinger (Richter)
Sonny Surowiec (Campbell)

Story: Mulder und Scully sitzen nach dem unerklärlichen Tod eines Forschungsteams mit einigen anderen zusammen in der Arktis fest.

Hauptschauplatz: Icy Cape, Alaska

Inhalt: Eine Forschungsmannschaft, die mit dem Auftrag in die Arktis geschickt worden ist, Bohrungen im arktischen Eiskern vorzunehmen, hört unerwartet damit auf, Nachrichten zu übertragen, nachdem ein Mann aus dem Team bei seiner letzten Botschaft in die Kamera gesprochen hat: „Wir sind nicht, wer wir sind. So kann das nicht weitergehen. Das muß aufhören, und zwar gleich." Daraufhin wird er von einem anderen Mann angegriffen. Die beiden zielen zunächst mit ihren Pistolen aufeinander, richten dann die Waffen auf sich selbst und drücken ab.

Rechtzeitig vor dem nächsten arktischen Sturm brechen Mulder und Scully mit drei Ärzten und Forschern – DaSilva, Murphy und Hodge – und dem Piloten Bear zusammen auf. Als sie ankommen, finden sie die Forscher tot vor. Ein Hund greift Mulder an und beißt Bear, als der ihm zu Hilfe kommt. Man betäubt den Hund und beobachtet, wie sich etwas unter seiner Haut bewegt. Bear entdeckt an sich die gleichen dunklen Knötchen wie an dem Hund.

Scully findet Ammoniak im Blut der Opfer, außerdem ein kleines einzelliges Wesen, das, wie sie glaubt, die Larve eines größeren Tieres sein könnte. Mulder weist darauf hin, daß sie, wenn sie es wirklich mit einem unbekannten Organismus zu tun hätten, die Quarantäneregeln beachten müßten, aber Bear ist dagegen. Er geht auf Mulder los, kann aber mit vereinten Kräften überwältigt werden. Als die ande-

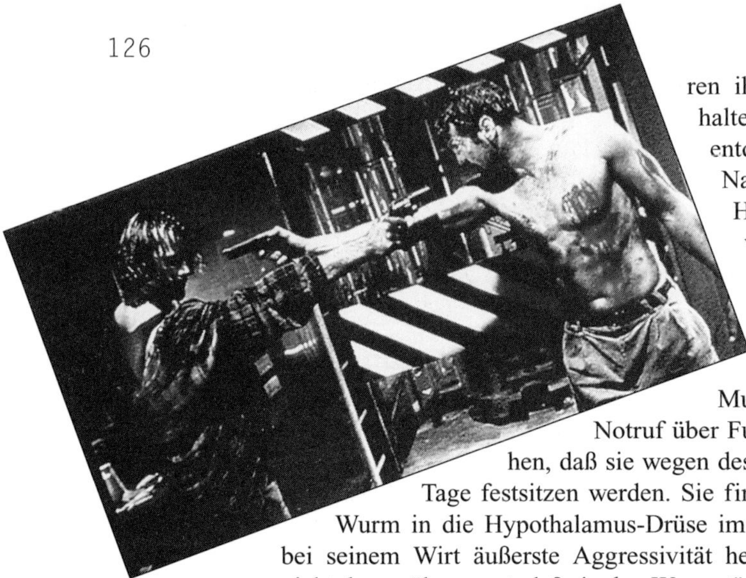

ren ihn mit Gewalt festhalten und untersuchen, entdecken sie an Bears Nacken unter seiner Haut einen merkwürdigen Wurm, durch den er zu Tode kommt, und schneiden ihn heraus.

Mulder sendet einen Notruf über Funk, muß aber einsehen, daß sie wegen des Sturms noch einige Tage festsitzen werden. Sie finden heraus, daß der Wurm in die Hypothalamus-Drüse im Hirn eindringt, was bei seinem Wirt äußerste Aggressivität hervorruft. Mulder ist nicht davon überzeugt, daß sie den Wurm töten sollten. Er hält es für möglich, daß dieser vor 250000 Jahren von einem anderen Planeten mit Ammoniakatmosphäre auf die Erde gekommen ist und dann unter einer Eisschicht begraben wurde. Scully ist der Ansicht, sie müßten ihn töten, bevor er sich verbreiten könne.

Die fünf Überlebenden beobachten sich gegenseitig mißtrauisch, stets im Ungewissen, wer von ihnen sich infiziert haben könnte. Als Mulder morgens aufwacht, findet er Murphy mit durchschnittener Kehle vor, und er selbst wird zum Hauptverdächtigen. Die anderen halten Mulder mit gezogener Waffe in Schach und sperren ihn in einen Raum. Er warnt Scully, die sich ihnen anschließt: „Hier drin bin ich sicherer als Sie".

Bei der Untersuchung einer Blutprobe findet Scully heraus, daß zwei verschiedene Wurmlarven im gleichen Wirt sich gegenseitig töten. Sie beweist, daß ihre Theorie stimmt, indem sie dem Hund einen ausgewachsenen Wurm ins Ohr einführt und der sich daraufhin wieder sichtlich erholt.

Obwohl Hodge und DaSilva Mulder die gleiche Behandlung angedeihen lassen wollen, läßt Scully ihn frei, da sie sich überzeugen konnte, daß er nicht infiziert ist. Die anderen stürzen sich auf ihn und wollen ihm gerade einen Wurm ins Ohr setzen, als Hodges bemerkt, daß sich etwas unter DaSilvas Haut bewegt. Gemeinsam werfen sie sie zu Boden, und Mulder pflanzt ihr den Wurm ein, woraufhin auch sie wieder gesund wird.

Schon kurz nach ihrer Rettung möchte Mulder zurück an den Ort des Geschehens, um die Würmer genauer zu untersuchen, muß aber erfahren, daß das Militär die Station nach ihrer Evakuierung niedergebrannt hat. Er ist überzeugt, daß das Wurmwesen noch da ist, eine Viertelmillion Jahre tief im Eis begraben. „Lassen sie es dort", antwortet Scully ihm.

Facts: Es gibt in dieser Folge gewisse Übereinstimmungen mit *The Thing* (Das Ding aus einer anderen Welt) und der Erzählung

David Duchovnys eigener Hund, die Bordercolliehündin Blue, ist die Tochter der Hündin, die in dieser Folge zu sehen ist.

Wenn man genau aufpaßt, bemerkt man, daß Richters Worte „Das muß aufhören, und zwar gleich" von Scully am Ende der Folge in einem völlig anderen Kontext wiederholt werden.

von John W. Campbell Jr. *Who goes there?*, (auf deutsch ebenfalls *Das Ding aus einer anderen Welt*), auf der *The Thing* basiert: Auch die Charaktere in „Eis“ sitzen zusammen mit einem Mörder, der unter ihnen ist, auf engem Raum fest. Die Idee zu der Folge kam Glen Morgan aber, als er in der Fachzeitschrift *Science News* einen Artikel las über „ein paar Typen in Grönland, die ein 250000 Jahre altes Ding aus dem Eis gegraben haben.“ Um das FBI als Ermittlungsinstanz zu rechtfertigen, wurde der Schauplatz nach Alaska verlegt

Die Folge wurde der bis dahin größte Erfolg des Makeup-Spezialisten Toby Lindala, der sich zum ersten Mal einer echten Herausforderung stellen mußte und danach zum unverzichtbaren Makeup-As der Serie avancierte. Lindala weiß noch, wie er Blut und Wasser schwitzte, als die Prothese, die er für die Wurm-Bewegungen unter der Haut einsetzte, auseinanderzureißen begann. Morgan erinnert sich: „Seine Hände zitterten regelrecht, so nervös war er.“

Der Weltraum-Wurm rangiert ganz oben auf der Akte X-Beliebtheitsskala. Zum Teil deshalb, weil die Produzenten mehr bekamen als sie ursprünglich erwartet hatten. Morgan gibt zu, daß sie geplant hatten, eine der Wurm-Szenen besonders lang auszudehnen – ungefähr vier Sekunden – „weil wie dachten, daß die Leute von Fox sie bestimmt herausschneiden würden, aber sie haben sie nicht angerührt.“

9. Besessen

Space

Erstausstrahlung:
USA: 12. 11. 1993
Deutschland: 7. 11. 1994

Drehbuch:
Chris Carter

Regie:
William Graham

Darsteller:
Ed Lauter (Lieutenant Colonel Marcus Aurelius Belt)
Susanna Thompson (Michelle Generoo)
Tom McBeath (Wissenschaftler)
Terry David Mulligan (Mission Controller)
Tyronne L'Hirondelle (Datenbank-Fachmann)
Norma Wick (Reporterin)
Alf Humphreys (Zweiter Controller)
David Cameron (Junger Wissenschaftler)
French Tickner (Priester)
Paul DesRoches (Sanitäter)

Story: Eine geheimnisvolle Macht versucht, ein Space Shuttle-Projekt der U.S. zu sabotieren, und Scully und Mulder müssen versuchen, die Astronauten des Shuttleflugs zu retten.

Hauptschauplatz: Houston, Texas

Inhalt: 1977: Bilder vom Mars zeigen etwas, das wie ein modelliertes Gesicht in der Landschaft aussieht, dies ist der Ausgangspunkt für diese Folge.

Lieutenant Colonel Belt, der mittlerweile das Shuttle-Programm leitet, war bei dieser Mission dabei und hat Visionen von demselben Gesicht, das auf ihn heruntersieht.

Unterdessen wendet sich Michelle Generoo, die für die Mission zuständige Kommunikationskommandeurin der NASA, an Mulder und Scully. Sie berichtet von einem kürzlich Sekunden vor dem Abheben unterbrochenen Shuttle-Start. Ihre Befürchtung ist, daß dabei Sabotage im Spiel war. Sie bittet die Agenten, ihr bei dem Fall zu helfen, bevor ihr Verlobter bei der nächsten Mission mitfliegt.

Belt beruhigt sie, daß es nichts zu befürchten gäbe, und der Shuttlestart verläuft erfolgreich. Gleich darauf aber bricht der Kontakt zu den Astronauten ab, und Generoo hat einen schweren Autounfall, als ihr das mysteriöse Gesicht durch den Nebel hindurch erscheint.

Obwohl das Shuttle beschädigt ist, befiehlt Belt den Astronauten, ihre Aufgabe zu vollenden und die Fracht abzuliefern, denn er fürchtet, daß Millionen Dollar verloren gehen könnten – und das Raumfahrtprogramm vorzeitig abgebrochen werden könnte –, wenn sie die Mission nicht zuende bringen. Mulder ist von ihm enttäuscht, aber Belt erklärt ihm: „Heute kommen Sie nur auf die Titelseiten, wenn Sie was vermasseln."

Wieder allein hat Belt eine zweite Vision, in der das Astralwesen seinen Körper verläßt und gen Himmel schwebt. Das Shuttle wird von einem „dumpfen Schlag" erschüttert. Sauerstoff entweicht in den Weltraum und verursacht Sauerstoffknappheit an Bord – es wiederholt sich, was schon damals auf Belts Mission geschehen ist. Die Astronauten geben voller Panik nach Houston durch, es sei „so eine Art Geist außerhalb des Schiffs".

Die Agenten überprüfen die Unterlagen zu dem Projekt und finden heraus, daß Belt über den Geräteausfall Bescheid wußte, sowie vermutlich auch über den Defekt des Dichtungsrings auf der „Challenger". Belt bricht zusammen und gesteht, das Astralwesen „lebte in mir" und habe ihn beherrscht. Auf sein Drängen hin ändern sie die Flugbahn des Shuttle und verhindern so, daß es beim Wiedereintritt in die Atmosphäre verbrennt. Noch mit dem Wesen ringend, das wieder von ihm Besitz ergreifen will, springt Belt durch das Fenster seines Krankenzimmers in den Tod.

Mulder drückt als langjähriger Bewunderer Belts seine Anerkennung für dieses Opfer aus: „Er war von etwas besessen. Und zwar von etwas, das er draußen im Weltraum gesehen hat". Etwas, das anscheinend keinen Wert auf Gesellschaft legt.

Facts: Chris Carter ist nicht sehr zufrieden mit dieser Episode, die ausgehend von der berühmten Fotografie vom „Gesicht auf dem Mars" konzipiert wurde. Der Produzent erinnert sich, wie er in seinem Hotelzimmer in Vancouver auf dem Bett lag und dachte: „Wäre es nicht furchtbar unheimlich, wenn dieses Gesicht auf einmal auf mich zukäme?" – Die Vision des Colonel Belt wurde in Analogie dazu angelegt.

Es gab einige logistische Beschränkungen, die zu Carters Enttäuschung über die Folge beitrugen, unter anderem, daß es unmöglich war, die besessenen Astronauten in dem Space Shuttle zu zeigen und daher dieser gesamte Handlungsstrang offscreen behandelt werden mußte. „Das kann man mit einem Fernsehbudget für acht Tage einfach nicht bewerkstelligen", bedauert er.

„Besessen" wurde zum Teil deshalb produziert, weil es eine billige Folge werden sollte, die relativ preiswert zu beschaffendes NASA-Material verwendete, denn das Budget war für einige der früheren Folgen überzogen worden. Am Ende wurde dann aber wegen des Ausstattungsaufwandes für den großen Kontrollraum die teuerste Folge der ersten Staffel daraus.

Carter bekennt, von allem ein wenig überfordert gewesen zu sein, als diese Folge im September gedreht wurde, da zu diesem Zeitpunkt auch die erste Folge ausgestrahlt wurde und es von allen Seiten Kritiken, Besprechungen und Kommentare hagelte. „Alles geschah auf einmal", erinnert er sich, „als wir eigentlich völlig damit ausgelastet waren, diesen Ballon zu starten."

10. Gefallener Engel

Fallen Angel

Erstausstrahlung:
USA: 19. 11. 1993
Deutschland: 14. 11. 1994

Drehbuch:
Alex Gansa und Howard Gordon

Regie:
Larry Shaw

Darsteller:
Frederick Coffin (Chief Joseph McGrath)
Jerry Hardin (Deep Throat)
Marshall Bell (Commander Henderson)
Scott Bellis (Max Fenig)
Alvin Sanders (Deputy Wright)
Sheila Paterson (Gina Watkins)
Tony Pantages (Lieutenant Fraser)
Jane Mac Dougall (Laura Dalton)
Bret Stait (Corporal Taylor)
Freda Perry (Mrs. Wright)
Michael Rogers (Lieutenant Griffin)
William McDonald (Dr. Oppenheim)
Kimberley Unger (Karen Koretz)

Story: Ein potentieller UFO-Absturz, den die Regierung Mulders Meinung nach zu vertuschen versucht, hat schwerwiegende Folgen.

Hauptschauplatz: Townsend, Wisconsin

Inhalt: Ein außerirdisches Raumschiff stürzt in den Wäldern ab, aber ein Offizier des dortigen Militärs befiehlt dem Radarbeobachter, den Vorfall als einen Meteor zu deklarieren. Die Regierung läßt bald darauf mit der Begründung, es seien dort giftige Chemikalien ausgetreten, die Umgebung evakuieren.

Deep Throat berichtet Mulder, daß eine schnelle Einsatztruppe zu Bergungsarbeiten an die Absturzstelle geschickt wurde, was bedeutet, daß Mulder nur 24 Stunden bleiben, um sich das Wrack anzuschauen, bevor die ganze Gegend „gesäubert" werde. Mulder gelingt es, sich unbemerkt in die Operation mit dem Decknamen „Operation Falcon" einzuschleusen, wird aber beim Fotografieren des Wracks erwischt, als Militärtruppen den entkommenen UFO-Piloten suchen. „Ich schlage vor, daß Sie ganz schnell vergessen, was Sie gesehen haben – oder besser: was sie gesehen zu haben *glauben*", warnt ihn der Commander. Mulder wird festgenommen und lernt Max Fenig kennen, ein Mitglied des NICAP („National Investigative Committee of Aerial Phenomena" – „Nationales Komitee für atmosphärische Phänomene"). Fenig erzählt Mulder, daß er mit dessen Arbeit vertraut sei. „Die versuchen das genauso zu vertuschen wie im Fall Roswell", fügt er hinzu.

Scully erscheint, um Mulder gegen Kaution freizubekommen. Sie warnt ihn, er sei in Washington in großen Schwierigkeiten und die Abteilung der X-Akten laufe Gefahr, geschlossen zu werden. In der Zwischenzeit hat das Militär den außerirdischen Piloten ausfindig gemacht, aber alle Soldaten, die dem Wesen begegnet sind, haben schreckliche Verbrennungen erlitten.

Als Mulder Fenig wiedersieht, findet er ihn von Krämpfen geschüttelt auf der Erde, und Mulder bemerkt einen seltsamen Einschnitt hinter seinem Ohr – eine Wunde, die er schon vorher an Abduktionsopfern gesehen hat. Mulder weiß jetzt, daß Fenig nicht zufällig dort ist. Unterdessen hat das Radar einen neuen „Meteor“ ausgemacht, diesmal einen sehr viel längeren als beim ersten Mal, der, wie die Radarbeobachterin ironisch bemerkt, „über einer kleinen Stadt im östlichen Wisconsin zu schweben“ scheint.

Deep Throat warnt den Ausschußvorsitzenden mit einem Zitat von Don Corleone aus The Godfather (Der Pate): „Sie sollten immer engen Kontakt zu ihren Freunden halten, aber noch viel engeren zu Ihren Feinden“

Mulder sucht nach dem aus seinem Wohnwagen verschwundenen Max und findet noch mehr verkohlte Soldatenleichen. Fenig blutet aus einem Ohr, als er ihn in einer Lagerhalle findet. Mulder wird dort von dem fremden Wesen quer durch die Halle geschleudert und sieht noch, wie Max kurz in der Luft schwebt, bevor er in einem blendenden Lichtblitz völlig verschwindet – zum zweiten Mal entführt.

In Washington nimmt ein Ausschuß Mulder ins Verhör. „Was kann ich mit meinen Beweisen schon gegen hochamtliche Lügen ausrichten?“, rechtfertigt Mulder sich, erklärt aber gleichzeitig: „Niemand, nicht einmal die Regierung der Vereinigten Staaten, hat ein Recht, die Wahrheit zu verschweigen.“ Deep Throat macht dem Vorsitzenden des Ausschusses klar, daß das Risiko, Mulder „sein Wissen an die Falschen weitergeben zu lassen“, „obwohl er eigentlich gar nichts weiß“, zu groß ist, als daß man ihn trotz gelegentlicher Insubordination einfach „loswerden“ dürfte.

Facts: In gewisser Hinsicht stellt die Figur des Max Fenig und seine NICAP-Organisation eine Art Vorgänger der Three Lone Gunmen dar. Die Folge deutet schon an, daß am Ende der Staffel die X-Akten-Abteilung geschlossen wird, obwohl der Produzent Howard Gordon behauptet, die Autoren hätten „nicht die leiseste Ahnung gehabt, daß das schließlich tatsächlich geschehen würde“.

Gordon fährt fort, daß es sein Anliegen gewesen sei, „die Zuschauer daran zu erinnern, wozu Scully in erster Linie da ist“, nämlich um als skeptischer Ausgleich für Mulders hingebungsvollen Glauben an das Paranormale zu fungieren und – aus Sicht des FBI – seine Arbeit zu diskreditieren.

Castingchefin Lynne Carrow hält den kanadischen Schauspieler Scott Bellis, der Max Fenig spielt, für ihren vielleicht besten „Fund“ für die Besetzungsliste der Serie. Gordon gibt zu bedenken, daß meist Schauspieler aus Los Angeles für die führenden

Rollen verpflichtet würden und man daher sicher sein könne, daß, wenn ein ortsansässiger Schauspieler aus Vancouver eine solche Rolle bekommt, „er uns schon wirklich vom Hocker gerissen haben muß", wie in Bellis' Fall. Die Produzenten haben ihn noch nicht vergessen und eine neue Rolle oder gar ein Comeback als Max sind für ihn immer noch im Gespräch. Schließlich, so merkt Gordon an, werden Entführte ja wieder zurückgeschickt.

Um Bellis in der Entführungsszene in der Luft zu halten, wurden keinerlei Postproduction-Tricks, sondern nur dünner Klavierdraht eingesetzt.

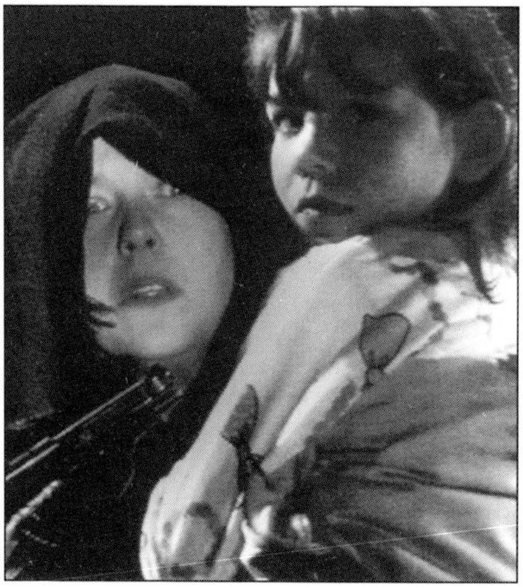

11. Eve
Eve

Erstausstrahlung:
USA: 10. 12. 1993
Deutschland: 21. 11. 1994

Drehbuch:
Kenneth Biller und Chris Brancato

Regie:
Fred Gerber

Darsteller:
Harriet Harris (Sally Kendrick)
Erika Krievins (Cindy Reardon)
Sabrina Krievins (Teena Simmons)
Jerry Hardin (Deep Throat)
George Touliatos (Dr. Katz)
Janet Hodgkinson (Kellnerin)
Tasha Simms (Ellen Reardon)
Tina Gilbertson (Donna Watkins)
David Kirby (Ted Watkins)
Christine Upright-Letain (Ms. Wells)
Gordon Tipple (Detective)
Garry Davey (Hinter)
Joe Maffei (Wärter)
Maria Herrera (Wärterin)
Robert Lewis (Polizist)

Story: Zwei bizarre Morde werden zur gleichen Zeit an der Ost- und an der Westküste auf genau die gleiche Weise verübt. Ein eigenartiges kleines Mädchen scheint in beiden Fällen eine wichtige Rolle zu spielen.

Hauptschauplätze: Greenwich, Connecticut und San Francisco, Kalifornien

Inhalt: Zwei Männer mit achtjährigen Töchtern werden in Kalifornien und in Connecticut ermordet, beide haben eine gewaltige Menge Blut verloren.

Das eine der Mädchen, Teena, berichtet den Agenten, daß „Männer aus den Wolken" zu ihrem Vater gekommen seien und ihn „zur Ader lassen" wollten. Kurz darauf wird sie aus dem Waisenhaus entführt. Mulder und Scully reisen nach Nordkalifornien, wo sie überraschenderweise feststellen, daß das andere Mädchen, Cindy, Teena wie ein Zwilling ähnelt. Beide Familien sind mit einer Ärztin bekannt, Dr. Sally Kendrick, die ihren Job in einer Klinik verloren hat, weil sie verbotene eugenische Experimente durchgeführt hatte. Die Eugenik ist eine Wissenschaft, die menschliche genetische Anlagen – meist mittels Zuchtversuchen – zu verbessern versucht.

Deep Throat erzählt Mulder vom Litchfield-Projekt, einem streng geheimen Eugenik-Versuch der 50er Jahre zur Erschaffung des „idealen Soldaten". Aus dem Experiment gingen identische kleine Jungen mit dem Namen Adam und Mädchen mit dem Namen Eve hervor. Auf seinen Ratschlag hin statten Mulder und Scully einem Heim für psychisch gestörte Straftäter einen Besuch ab, wo sie Eve 6 finden, die Sally Kendrick aufs Haar ähnelt. Sie erklärt, die Adams und Eves besäßen zusätzliche Chromosomen, die ihnen größere Kraft und Intelligenz, aber auch buchstäblich mörderische Fähigkeiten verliehen. Über ihren IQ sagt sie: „Eigentlich sollte er über 265 liegen" und fügt hinzu: „Wir Eves sind sehr klug."

Zwei der geklonten Eves (eine davon ist Dr. Kendrick) sind noch am Leben. Ein Bild, das sie als junge Mädchen zeigt, beweist, daß es sich um genetische Duplikate von Cindy und Teena handelt. Mulder und Scully durchsuchen Cindys Haus, die aber flieht zusammen mit einer weiteren Eve. Als die beiden Mädchen von dieser miteinander bekannt gemacht werden, sagen sie, sie „wußten einfach" von der Existenz der anderen und geben zu, ihre Väter getötet zu haben. Ihre mörderischen Triebe sind offenbar viel früher ausgebrochen als bei ihren Vorgängerinnen. Die beiden vergiften Eve.

Die Polizei findet die Mädchen, und als Mulder und Scully sie zurückbringen, wird Mulder – kurz bevor sie auch ihn und Scully vergiften können – klar, daß nicht die Eves, sondern sie die Morde begangen haben. Die Mädchen versuchen zu entkommen, werden aber gefaßt und zusammen mit Eve 6 eingesperrt. In der letzten Szene bekommen sie Besuch: Sally Kendrick alias Eve 8. Als sie sie begrüßen, fragt sie: „Woher wußtet ihr, daß ich euch besuchen werde?"

„Wir wußten es einfach."

Teena und Cindy wurden nach den Ehefrauen der Autoren und Produzenten Glen Morgan und James Wong benannt.

Facts: Die herausragende Leistung der Zwillinge Erika und Sabrina Krievens erzeugt eine unheimliche Stimmung, die an Filme wie *Boys from Brazil* erinnert. Die Castingleute hatten anfänglich nur in Los Angeles nach geeigneten Zwillingen gesucht, aber die Rechtsvorschriften für Kinderarbeit erlauben nur eine sehr begrenzte Anzahl an Arbeitsstunden pro Tag, was in Anbetracht der Notwendigkeit, die Kinder erst nach Vancouver zu fliegen, die Dreharbeiten „so gut wie unmöglich" gemacht hätte, wie Chris Carter sagt. Deshalb mußten ortsansässige Darsteller gesucht werden, und glücklicherweise fand man die Krieven-Zwillinge. „Das ist ein paarmal passiert", fügt der Produzent hinzu und meint damit, daß sie bei der Serie oft gezwungen waren, aus logistischen Gründen kurzfristig Darsteller aufzutreiben, die dann eine erstklassige Leistung boten. „Wir hatten eben Glück."

Diese Folge bringt wieder einen interessanten Wortwechsel zwischen Scully und Mulder: Er sagt von einem der Mädchen, es sei „weggeholt" worden und Scully korrigiert ihn prompt: „Gekidnapped."

„Sie mit ihrer Terminologie", gibt er zurück.

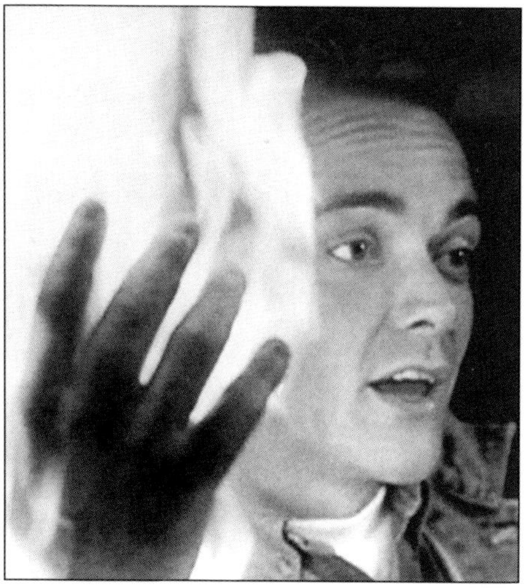

12. Feuer

Fire

Erstausstrahlung:
USA: 17. 12. 1993
Deutschland: 28. 11. 1994

Drehbuch:
Chris Carter

Regie:
Larry Shaw

Darsteller:
Mark Sheppard (Cecil L'ively/Bob)
Amanda Pays (Phoebe Green)
Dan Lett/(Sir Malcolm Marsden)
Duncan Fraser (Beatty)
Lynda Boyd (Kneipenwirtin)
Laurie Paton (Lady Malcolm)
Phil Hayes (Fahrer)
Christopher Gray (Jimmie)
Alan Robertson (grauhaariger Mann)
Keegan Macintosh (Michael)

Story: Mulder und Scully bekommen es mit einem Attentäter zu tun, der allein durch psychische Kräfte Feuer entfachen kann.

Hauptschauplatz: Boston, Cape Cod, Massachusetts

Inhalt: Mulder erhält Besuch von seiner alten Flamme (Sorry wegen des Wortspiels!) aus seiner Studentenzeit in Oxford, Phoebe Green. Die soll einen englischen Lord beschützen, der seine Ferien in Massachusetts verbringt. Ein unbekannter Mörder hat einige Abgeordnete des britischen Parlaments umgebracht, indem er seine Opfer in Flammen aufgehen ließ. Mulder, der seit eines prägenden Erlebnisses in seiner Kindheit unter einer heftigen Angst vor Feuer leidet, vermutet, daß ein Pyrokinetiker, das heißt jemand, dessen geistige Kräfte Feuer beherrschen und es entfachen können, seine Hand im Spiel haben könnte.

In Erwartung der Ankunft Sir Malcolms tötet der Attentäter den Verwalter des Anwesens und nimmt seinen Platz ein. Er geht in eine Kneipe und steckt das Lokal mit seinem bloßen Arm in Brand. Dann vergiftet er den Chauffeur der Familie und fährt sie selbst zu einem offiziellen Dinner in Boston.

Scully erstellt unterdessen ein Profil des Mörders und kommt zu dem Schluß, daß er zu exzessiven Phantasien über Frauen neigen könnte, während Mulder und Phoebe ihre frühere Romanze wieder aufleben lassen. Scully fährt zu dem Hotel, wo das Dinner stattfindet und entdeckt gerade noch rechtzeitig, daß die Etage, auf der die Kinder schlafen, in Flammen steht. Der falsche Verwalter hilft der Familie, die Kinder zu retten und erschleicht sich so ihr Vertrauen.

Scully erfährt, daß ein Engländer namens Cecil L'ively, der für zwei der vorherigen Opfer gearbeitet hat, vor kurzem in die

USA gekommen ist. Dann erhält sie ein Phantombild von dem verdächtigen Brandstifter und erkennt darin den „Chauffeur".

Mulder entdeckt den ermordeten Fahrer auf dem Anwesen in Cape Cod. Plötzlich bricht im ganzen Haus Feuer aus. Mulder bringt die Kinder in Sicherheit, während Scully den Mörder stellt, der vor ihren Augen in Flammen aufgeht und irre lachend in sich zusammensackt.

Scully berichtet per Off-Kommentar, daß L'ively am ganzen Körper Verbrennungen fünften und sechsten Grades erlitten habe, sich aber sehr schnell davon erhole und wahrscheinlich in etwa einem Monat wieder gesund sei. Die Polizei ist sich noch nicht im klaren, wie er in Haft gehalten werden soll. Als eine Schwester L'ively fragt, ob er etwas braucht, murmelt er heiser: „Ich würd' gern mal wieder eine rauchen."

Facts: Man hatte Carter vor den unüberschaubar hohen Kosten gewarnt, die bei der Arbeit mit Feuer entstehen können. Aber es kam nur einmal zu einer wirklich brenzligen Situation, als Duchovny sich eine Verbrennung zuzog, die immerhin schwer genug war, um eine Narbe auf seiner Hand zu hinterlassen.

Phoebe Green, dargestellt von Amanda Pays, die unter anderem in *The Flash* (Der rote Blitz) und *Max Headroom* zu sehen war, sollte eigentlich häufiger in der Serie auftauchen, da Carter sie sehr bewunderte und außerdem ein großer Fan von Sherlock Holmes war. Denn Carter war von der Idee, eine Scotland-Yard-Kriminalistin in die Serie zu integrieren, begeistert. Die Chemie „kam nicht so rüber wie wir es uns gewünscht hätten", erklärt er, obwohl Phoebe letztlich doch die erwünschte Wirkung erzielte, indem sie zu einer Figur wurde, die, wie Carter meint, „von den Fans im Internet mit Begeisterung gehaßt wurde".

Im Drehbuch war ursprünglich noch ein Dialog am Ende vorgesehen, in dem Scully spitz bemerkt: „Na, jedenfalls kann niemand behaupten, daß Sie für eine Frau nicht durchs Feuer gehen würden, Mulder", worauf er charmant entgegnet: „Und es soll auch niemand behaupten, daß ich es nicht wieder für Sie tun würde, Scully."

Die berühmt-berüchtigte „Schwarze-Boxershorts"-Einstellung war ursprünglich eine Szene für „Jockey"-Unterwäsche . . .

Der englische Lord Malcolm Marsden wurde nach dem Chef-Friseur der Serie benannt.

13. Die Botschaft

Beyond the Sea

Erstausstrahlung:
USA: 7. 1. 1994
Deutschland: 5. 12.1994

Drehbuch:
Glen Morgan und James Wong

Regie:
David Nutter

Darsteller:
Brad Dourif (Luther Lee Boggs)
Don Davis (Captain William Scully)
Sheila Larken (Margaret Scully)
Fred Henderson (Agent Thomas)
Lisa Vultaggio (Liz Hawley)
Chad Willett (Jim Summers)
Lawrence King (Lucas Jackson Henry)
Don MacKay (Joseph Cash)
Katherynn Chisholm (Krankenschwester)
Randy Lee (Sanitäter)
Len Rose (Arzt)

Story: Der zum Tode verurteilte Luther Lee Boggs, der behauptet, außerordentliche psychische Fähigkeiten zu besitzen, bietet Scully und Mulder seine Hilfe bei der Suche nach einem ausgebrochenen Mörder an.

Hauptschauplatz: Raleigh, North Carolina

Inhalt: Scully wacht nachts auf und sieht im Wohnzimmer ihren Vater sitzen. Die Erscheinung verschwindet wieder und gleich darauf ruft ihre Mutter an, um ihr zu sagen, daß ihr Vater an einem schweren Herzinfarkt gestorben ist.

Unterdessen werden in North Carolina ein Student und eine Studentin gekidnapped und der Todeszelleninsasse Luther Lee Boggs – der zum Teil auch wegen Mulders Psychogramm zum Tod verurteilt wurde – behauptet, psychische Fähigkeiten zu besitzen, mit deren Hilfe er sie bei der Suche nach den Studenten unterstützen würde, wenn dafür sein Todesurteil aufgehoben würde. Mulder hat Bedenken, da er der Meinung ist, Boggs habe die Entführung selbst inszeniert, um sein Leben zu retten. „Verstehen Sie mich nicht falsch, Luther, ich *will* Ihnen ja glauben“, erklärt er ihm skeptisch.

Scully jedoch ist bereit, sich auf das, was Mulder die „extremste Möglichkeit“ bezeichnen würde, einzustellen und Boggs Glauben zu schenken, als er „Beyond the Sea“, das Musikstück, das auf der Beerdigung ihres Vaters gespielt wurde, anstimmt und sie mit „Steuermann“ (im Original: „Starbuck“, nach einer Figur aus Melvilles *Moby Dick*) anredet, wie ihr Vater sie immer nannte. Auf einen Tip von Boggs hin findet Scully an genau der Stelle, die er ihr angegeben hat, Spuren von den Opfern. „Warum glauben Sie mir nicht?“, fragt er Mulder, als sie versuchen, ihn mit einer gefälschten Zeitung, in der steht, die Studenten seien gefunden worden, hereinzulegen. „Agent Scully tut es.“

Boggs warnt Mulder auch vor einem weißen Kreuz, und als das FBI den Tatort der Entführung stürmt, wird Mulder angeschossen und sein Blut spritzt tatsächlich auf ein weißes Kreuz. Das Mädchen wird in Sicherheit gebracht, aber der Junge und auch der mutmaßliche Täter Lucas Henry, ein Komplize von Boggs, bleiben verschwunden.

Scully besucht Boggs noch einmal, der ihr eine ihrer Kindheitserinnerungen erzählt. Er bietet ihr an, sie mit ihrem Vater sprechen zu lassen und den Jungen zu retten, wenn er dafür weiterleben dürfe. Er hat große Angst vor dem Tod, da er sich vor der Rache der von ihm Ermordeten fürchtet, und erklärt unmißverständlich: „Niemand spricht hier mit irgendjemandem, bevor ich meinen Handel kriege."

Scully sagt ihm zu, das Tauschgeschäft für ihn durchzusetzen, und obwohl Boggs weiß, daß das eine Lüge ist, sagt er ihr, wo der Junge ist. Der wird gefunden, Henry aber kommt um, wohingegen Scully dank einer Warnung von Boggs überlebt.

Boggs verspricht Scully, er wolle ihr vor seiner Exekution eine Botschaft von ihrem Vater überbringen. Sie aber geht dann nicht zu ihm, sondern zu Mulder, der sie fragt, warum sie sich nicht zu Boggs gewagt habe, warum sie nicht endlich anfinge zu glauben. „Ich habe Angst davor zu glauben", bekennt sie. Als Mulder zu bedenken gibt, daß sie so auch nie hören würde, wie die Botschaft ihres Vaters lautete, antwortet sie: „Jetzt weiß ich es: Er war mein Vater."

In der Szene, in der Captain Scully seiner Tochter im Wohnzimmer erscheint und mit seinen Lippen stumme Worte formt, rezitiert Don Davis, der ihn spielt, das Vaterunser.

Facts: Sheila Larken, die in mehreren Folgen Scullys Mutter Margaret verkörpert, ist mit dem Koproduzenten der Serie R. W. Goodwin verheiratet. Don Davis, der Scullys Vater spielt, ist einer der fünf *Twin Peaks*-Ehemaligen, die bei **AKTE X** spielen, genau wie David Duchovny, Jan D'Arcy („Ein neues Nest"), Michael Horse („Verwandlungen") und Michael Anderson (der Zwerg aus „Der Zirkus"). Duchovny spricht von Horse und Anderson als „der große und der kleine Michael".

Die beiden Namen der Serienmörder Luther Lee Boggs und Lucas Henry erinnern an den echten Mörder Henry Lee Lucas. „Die Botschaft" ist immer noch eine der absoluten Lieblingsfolgen sowohl von Chris Carter als auch von Gillian Anderson, die die emotionale Tiefe, die das Drehbuch ihr hier einräumt, schätzt.

14. Verlockungen

Gender Bender

Erstausstrahlung:
USA: 21. 1. 1994
Deutschland: 12. 12. 1994

Drehbuch:
Larry Barber und Paul Barber

Regie:
Rob Bowman

Darsteller:
Brent Hinkley (Bruder Andrew)
David Thomson (Bruder Oakley)
Kate Twa (weiblicher Marty)
Peter Stebbings (männlicher Marty)
Mitchell Kosterman (Detective Horton)
Michele Goodger (Schwester Abigail)
Audrea McDonald (schöne Frau)
John R. Taylor (Ehemann)
Grai Carrington (großer Mann)
Tony Morelli (Polizist)
Lesley Ewen (Erster Agent)
Nicholas Lea (Michael)
Paul Batten (Bruder Wilton)
Doug Abrahams (Zweiter Agent)

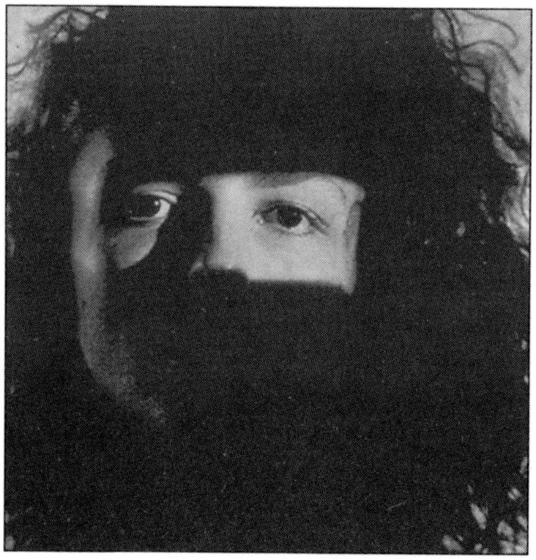

Story: Eine bizarre Serie von Morden, die von einer Person verübt wurden, welche sowohl als Mann als auch als Frau in Erscheinung tritt, soll aufgeklärt werden.

Hauptschauplätze: Germantown, Maryland; Steveston, Massachusetts

Inhalt: Ein Mann stirbt unter Krämpfen in seinem Bett, nachdem er eine Frau aus einem Nachtclub mitgenommen hat und von ihr verführt worden ist. Obwohl eindeutig eine Frau seine Wohnung betreten hat, wird beim Verlassen des Hauses nur ein Mann gesehen.

Mulder bemerkt, der Tod sei der fünfte dieser Art. Die Opfer, drei Frauen und zwei Männer, starben alle unter lustvollen Krämpfen an einem plötzlichen Herzstillstand. Bei allen wurden große Mengen von Pheromonen festgestellt, tierischen Sexualhormonen, die menschliche DNS enthalten – was Mulder zu der Bemerkung veranlaßt, der Mörder sei ein „wandelndes Aphrodisiakum", „ein Sex-Magnet".

Einige Spuren führen die Agenten zu den Kindred, einer mysteriösen und zurückgezogen lebenden Sekte. Als Andrew, eines der Mitglieder, Scullys Hand berührt, scheint sie intensive Empfindungen zu durchleben. Mulder und Scully besuchen die Gruppe, erfahren aber kaum etwas. Doch als sie sich heimlich zu ihrem Versammlungsort schleichen, beobachten sie, wie eines der Mitglieder in einer fremdartig anmutenden Katakombe durch ein bizarres Ritual wiederbelebt wird.

Andrew berichtet Scully von Bruder Martin, einem der Kindred, der sie verlassen hat, „um einer von euch zu werden". Er beginnt sie zu verführen, aber Mulder geht dazwischen. Ihm ist rätselhaft, was Scully dazu veranlaßt haben könnte, sich so ungewöhnlich zu verhalten, und „etwas sehr Unanständiges mit einem Fremden zu tun", wie er es ausdrückt.

In der Zwischenzeit nähert sich die Mörderin einem neuen Opfer, aber ein Polizist greift noch rechtzeitig ein. Plötzlich ist „sie" ein Mann, schlägt den Polizisten nieder und entkommt. „Und in der Club-Szene war mal alles so einfach", sagt das verblüffte Opfer im Krankenhaus.

Mulder und Scully verfolgen den Mörder bis zu einem Motel und finden dort einen weiteren Toten. Nach einem Kampf gelingt es ihnen, ihn bzw. sie festzunehmen, doch die Kindred tauchen auf, nehmen ihn in ihre Mitte und verschwinden auf ungeklärte Weise mit ihm. Eine Durchsuchung des Bauernhauses ergibt, daß sie den Ort verlassen haben. Das einzige, was man noch sehen kann, ist ein großer Kreis im Kornfeld. „Sie sind weg", beobachtet Scully richtig, und Mulder fügt hinzu, daß sie dazu mit Sicherheit „keine irdischen Transportmittel" benutzt haben.

Die Musik, die in der Eröffnungssequenz in der Disco gespielt wird, stammt aus Mark Snows Filmmusik für den TV-Film In the Line of Duty: Street War.

Facts: Schon in der Entstehungsphase dieser von den Brüdern Larry und Paul Barber geschriebenen Episode wurde mehrmals das Konzept überarbeitet. Einige kleinere Änderungen wurden vorgenommen, weil inhaltliche Bedenken aufkamen, zum Beispiel war in der Eröffnungssequenz anfangs eine Szene vorgesehen, in welcher man sah, wie jemandem der Unterleib wegfault. Diese Szene wurde aber schnell gestrichen, als der Koproduzent R. W. Goodwin dazu sagte: „Wenn ich das mit meinem Kind zusammen sehen würde, würde ich ausschalten".

Nicholas Lea, der später die Rolle des häufiger in Erscheinung tretenden Alex Krycek übernahm, ist hier zum ersten Mal als eines der Opfer zu sehen. Kate Twa, die weibliche Hälfte des Mörders, bekam später eine etwas größere Rolle als Kriminalpolizistin in der Folge „Soft Light".

Regisseur Rob Bowman arbeitete nach seiner Arbeit für *Star Trek: The Next Generation* ebenfalls das erste Mal für diese Serie. Bowman, der einer der produktivsten Regisseure der Serie wurde, fand das Filmen in den Kindred-Tunneln, die extra konstruiert werden mußten, sehr anstrengend. Wegen des begrenzten Raumes (auch für die Geräte) und der allgemeinen Enge war ein zusätzlicher Drehtag notwendig.

Auf die Frage, ob es irgendwelche Bedenken wegen etwaiger Parallen zu den Amish gab – eine Sekte, deren Lebensweise in dem Film *Witness* (Der einzige Zeuge) gezeigt wird, die alle Bequemlichkeiten des modernen Lebens ablehnt und deren Mitglieder ähnlich gekleidet sind – antwortete Carter ironisch: „Die sehen nicht fern, also hatte ich keine Befürchtungen.".

Zu Anfang der Folge in der Szene am Tatort hat sich Mitch Kosterman, der Darsteller des Detective Horton, bei seinem Text vertan und „chum chippy" statt „some Chippy" (in der deutschen Fassung: „irgendeine Nutte") gesagt. Mit diesem Versprecher hat David Duchovny ihn dann während der gesamten Dreharbeiten aufgezogen.

15. Lazarus

Lazarus

Erstausstrahlung:
USA: 4. 2. 1994
Deutschland: 19. 12.1994

Drehbuch:
Alex Gansa und Howard Gordon

Regie:
David Nutter

Darsteller:
Christopher Allport (Agent Jack Willis)
Jason Schambing (Warren James Dupre)
Cec Verell (Lula Philips)
Calum Keith Rennie (Tommy)
Peter Kalamis (O'Dell)
Jay Brazeau (Prof. Varnes)
Jackson Davies (Agent Bruskin)
Lisa Bunting (Ärztin)
Russel Hamilton (Officer Daniels)
Brenda Crichlow (Reporterin)
Alexander Boynton (Mann)
Mark Saunders (Arzt)

Story: Während eines Banküberfalls werden ein FBI-Agent und ein Bankräuber angeschossen. Der Bankräuber stirbt, der Agent aber beginnt die Persönlichkeit des Verbrechers anzunehmen.

Hauptschauplatz: Maryland: Washington, D.C.

Inhalt: In Notwehr schießt Scully auf einen Bankräuber, während ein befreundeter Agent – Jack Willis, ihr ehemaliger Ausbilder und Freund – schwer verletzt wird. In der Notaufnahme beschließt man, den Agenten wiederzubeleben, doch der Körper des Bankräubers, Warren Dupre, reagiert synchron auf die Wiederbelebungsversuche. Willis kommt, nachdem er für einige Zeit klinisch tot war, wieder zu sich, als Dupre stirbt.

Willis erwacht, aber mit dem Bewußtsein Dupres. Er geht zum Leichenschauhaus, trennt Dupres Finger ab, um seinen Ehering mitzunehmen, und verschwindet. Eine Tätowierung, die vorher auf Dupres Unterarm war, erscheint auf seinem eigenen.

Der Agent hatte Dupre, der zusammen mit seiner Komplizin und Ehefrau Lula sieben Menschen bei Raubüberfällen getötet hat, schon seit einem Jahr verfolgt. Angesichts des merkwürdigen Verhaltens von Willis bemerkt Mulder: „Zwei Männer sind zur gleichen Zeit gestorben, Scully. Ein Mann ist zurückgekommen. Die Frage ist, welcher von beiden?"

Willis/Dupre ist sicher, daß Lulas Bruder ihn verraten hat und tötet ihn, danach taucht er am Tatort auf. Um seine Theorie zu überprüfen, läßt ihn Mulder eine Geburtstagskarte für Scully unterschreiben, obwohl Willis wissen müßte, daß ihr Geburtstag erst Monate später liegt.

Willis behauptet, er habe Lula gefunden, und Scully begleitet ihn. Sie stellen die Frau, aber Willis überwältigt Scully und erzählt Lula Details aus ihrem Leben, die beweisen, daß er wirklich Dupre ist. Als Scully versucht, Willis' Gedächtnis aufzufrischen, erklärt ihr Dupre verächtlich: „Du hast mich niedergeschossen – und dann hast du mich sterben lassen".

Willis bricht zusammen, denn er ist Diabetiker und braucht Insulin. Lula verweigert es ihm und gibt zu, daß sie ihn verraten hat, um das Geld für sich zu behalten. Sie meldet sich beim FBI und verlangt eine Million Dollar Lösegeld für Scully.

Wir erfahren, daß Scully am 23. Februar Geburtstag hat.

Hintergrundgeräusche, die das FBI aus dem Telefongespräch isoliert, führen die Agenten zu dem Ort, an dem Scully gefangen gehalten wird. Willis täuscht seinen Tod vor, und es gelingt ihm, Lula die Waffe zu entreißen und sie zu erschießen. Dann stirbt er – und Dupres Tätowierung verschwindet.

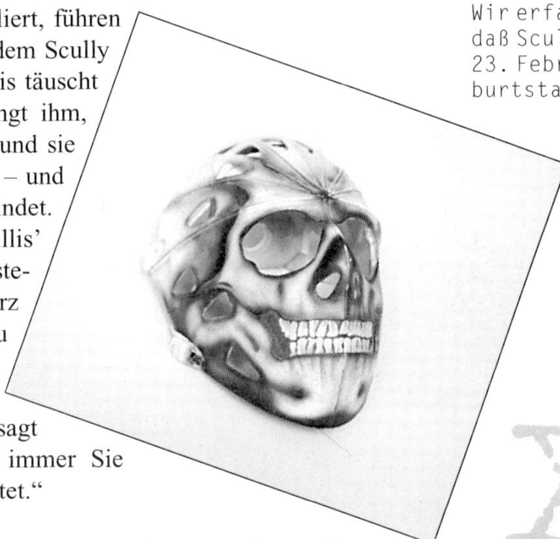

Scully bemerkt, daß Willis' Uhr genau zu dem Zeitpunkt stehengeblieben ist, als sein Herz im Krankenhaus aufhörte zu schlagen. Sie ist sich nicht ganz sicher, was das bedeuten könnte. „Es bedeutet", sagt Mulder teilnahmsvoll, „was immer Sie möchten, das es für Sie bedeutet."

Facts: Im Originaldrehbuch von Lazarus sollte Dupre in Mulders Körper fahren anstatt in den Körper von Scullys Jugendfreund, aber Fox und die Studios waren gegen diese Idee. Die Produzenten erklärten sich mit der Änderung sehr widerstrebend einverstanden, obwohl der Autor Howard Gordon meint, im Nachhinein sei es so besser gewesen. „Wir wollten zunächst, daß Mulder die Seelenwandlung selbst durchmacht", erklärte er, aber die Mehrheit der Verantwortlichen war zu diesem Zeitpunkt der Meinung, daß keiner der beiden Hauptdarsteller direkte Erfahrungen mit Phänomenen dieser Art machen sollte.

Chinesische Astrologie: Laut Drehbuch sollte Dupre sagen, er sei im Jahr des Drachen geboren, das wäre 1964, also im selben Jahr wie Scully. Stattdessen sagt er, er sei im Jahr der Ratte geboren, also 1960, dem Geburtsjahr von Mulder (und Duchovny).

Gordon erklärt, daß die Einführung von Scullys Freund eine willkommene Gelegenheit war, sich näher mit ihrer Vergangenheit zu beschäftigen. Erfreulicherweise ließ auch diese Folge sowohl eine weltliche als auch eine paranormale Erklärung zu, und das entsprach dem ursprünglichen Serienkonzept, von dem man zwischenzeitlich zum Teil abgekommen war. So betrachtet waren „alle verschiedenen Ansichten gut begründet und nachzuvollziehen", sagt Gordon, was sich auch auf den Wortwechsel am Schluß bezieht, als Mulder Scully antwortet, Willis' Todeszeit bedeute, was immer sie wolle.

In dieser Folge wird Scully das erste Mal entführt, was sich im Lauf der Serie noch einige Male wiederholt.

16. Ewige Jugend
Young at Heart

Erstausstrahlung:
USA: 11. 2. 1994
Deutschland: 3. 1. 1995

Drehbuch:
Scott Kaufer und Chris Carter

Regie:
Michael Lange

Darsteller:
Dick Anthony Williams (Reggie Purdue)
Alan Byce (junger John Barnett)
David Petersen (alter John Barnett)
Graham Davis (Arzt)
William B. Davis (Cigarette-Smoking Man)
Merrilyn Gann (Anklägerin)
Jerry Harding (Deep Throat)
Robin Mossley (Dr. Joe Ridley)
Gordon Tipple (Joe Crandall)
Courtney Arciaga (Progerie-Opfer)
Robin Douglas (Computerspezialist)
Christine Estabrook (Agent Henderson)

Story: Mulder erfährt, daß ein Verbrecher, den er früher verhaftet hat, und von dem er dachte, er sei im Gefängnis gestorben, zurückgekehrt ist. Er provoziert Mulder, indem er eine neue Orgie der Gewalt ankündigt.

Hauptschauplatz: Washington, D.C.

Inhalt: Mulder wird von seinem ehemaligen Partner, Agent Reggie Purdue, zu einem Überfall auf ein Juweliergeschaft gerufen. Jemand hat eine Nachricht am Tatort hinterlassen, die lautet: „Der Fuchs kann den Hühnerstall nicht bewachen" (im Original: „Fox can't guard the chicken coop") – die Visitenkarte von John Barnett, zu dessen Verurteilung Mulder vor Jahren beigetragen hat.

Obwohl Aufzeichnungen existieren, die belegen, daß Barnett im Gefängnis gestorben ist, ergibt die Analyse der Handschrift eine 95%ige Übereinstimmung. Während seiner Gerichtsverhandlung hatte Barnett geschworen, sich an Mulder zu rächen. Später findet Mulder eine Nachricht auf dem Sitz seines Autos, welche lautet: „Ein gejagter Fuchs stirbt am Ende" („A hunted Fox eventually dies"). Als Barnett anruft, ist Mulder sicher, daß er noch lebt, und meldet sich bei Purdue, der erwürgt wird, noch während Mulder mit ihm telefoniert. „Begräbnis für Fox' Freunde und dann für Fox" („Funeral first for Fox' friends – then for Fox"), steht auf einer Nachricht, die am Tatort zurückgelassen wurde.

Weitere Nachforschungen ergeben, daß Dr. Ridley, der Barnett für tot erklärt hat, seine Lizenz wegen der Durchführung verbotener Experimente verloren hat. Ridley arbeitete an einer Umkehrung des Alterungsprozesses, was bedeuten könnte, daß Barnett inzwischen jünger aussieht, als er ist. Ridley taucht bei Scully auf und erklärt, Barnett sei der letzte überlebende Patient, mit dem er Experimente durchgeführt hat. Er hat ihm damals die Hand abgesägt und eine neue wachsen lassen, dabei benutzte er Salamanderzellen. Ridley steht wegen seiner Experimente kurz vor seinem Tod, verrät aber Scully noch, daß die Regierung seine Arbeit finanziert hat.

Bei einem Treffen mit Deep Throat erfährt Mulder, daß die Regierung mit Barnett verhandelt, um an die von ihm gestohlenen Ergebnisse aus Ridleys Forschung heranzukommen. Barnett ruft Mulder an und droht an, alle seine Freunde nach und nach umzubringen. Auf Scullys Anrufbeantworter finden sich Barnetts Fingerabdrücke; durch eine Nachricht auf dem Anrufbeantworter hat er erfahren, daß Scully an dem Abend ein Cellokonzert besuchen will. Auf dem Konzert erwarten ihn zwar etliche Agenten, er kann aber dennoch auf Scully schießen (die dank einer schußsicheren Weste überlebt), bevor ihn Mulder im Konzertsaal stellt, wo er eine Geisel genommen hat. Mulder, der bei Barnetts erster Verhaftung gezögert hatte zu schießen, was zum Tod eines befreundeten Agenten geführt hatte, feuert und tötet ihn. Spezialisten versuchen vergeblich, ihn zu retten, um doch noch an die gestohlenen Forschungsergebnisse zu kommen.

John Barnett war Mulders erster Fall in der Abteilung für Gewaltverbrechen.

Mulder grübelt über die Ironie des Schicksals, daß ein lebensrettendes Mittel in ihrer unmittelbaren Nähe versteckt ist, sie aber nicht wissen wo, während die Kamera auf ein ganz gewöhnliches Bahnhofschließfach schwenkt. Er murmelt. „Ich hab das Gefühl, daß das noch nicht das letzte war, was wir von John Barnett gehört haben".

In dieser Folge tötet Mulder erstmals einen Menschen.

Facts: Wieder hatte Carter einen Kampf mit der Fox-Produktionsleitung zu bestehen. Diesmal ging es um die Szene, in der Agent Purdue von Barnetts Salamanderhand erwürgt wird. Der Produzent ließ sich auf einen Kompromiß ein, denn der Sender äußerte Bedenken über diese gewalttätige Folge und fühlte sich nicht wohl dabei, die Mordszene so ausführlich zu zeigen, also kürzte Carter diese Szene beträchtlich.

17. Täuschungsmanöver

E.B.E.

Erstausstrahlung:
USA: 18. 2. 1994
Deutschland: 20. 1. 1995

Drehbuch:
Glen Morgan und James Wong

Regie:
William Graham

Darsteller:
Jerry Hardin (Deep Throat)
Allan Lysell (Chief Rivers)
Peter LaCroix (Ranheim/Druse)
Bruce Harwood (Byers)
Dean Haglund (Langly)
Tom Braidwood (Frohike)

Story: Scully und Mulder entdecken Beweise dafür, daß die Regierung bestimmte Vorfälle zu vertuschen versucht. Sie finden heraus, daß ein UFO, welches über dem Irak abgeschossen wurde, heimlich in die Vereinigten Staaten transportiert wurde.

Hauptschauplätze: Reagan, Tennessee; Washington State

Inhalt: Ein irakischer Pilot feuert auf ein UFO, welches daraufhin in der Nähe einer U.S.-Anlage an der irakisch-türkischen Grenze abstürzt.

In Reagan, Tennessee, behauptet der Fahrer eines Trucks, er habe eine fliegende Untertasse und Lichter gesehen.

Obwohl Mulder den Mann eingehend vernehmen will, entläßt ihn der Sheriff mitten aus dem Verhör und sagt, daß er nicht weiter zu Kooperation mit dem FBI bereit sei. Mulder ist überzeugt, daß der Truck eine E.B.E. („Extraterrestrial Biological Entity", extraterrestrische biologische Einheit) quer durch das Land transportiert.

Auf der Suche nach Unterstützung macht Mulder Scully mit den Lone Gunmen bekannt, den Herausgebern eines Magazins mit diesem Titel und den, wie Mulder sie bezeichnet, „Wadenbeißern der Regierung".

Einer von ihnen, Langly, prahlt, er habe mit dem „Mörder von John F. Kennedy gefrühstückt". Scully hält sie für paranoide Spinner, bis sie ein Abhörgerät in ihrem Stift entdeckt.

Deep Throat übergibt Mulder ein Päckchen, das ihn nach Georgia führt, und warnt ihn, er befinde sich „auf einem gefährlichem Weg". Scully befürchtet, daß er Mulder täuschen will, doch dieser vertraut Deep Throat. Der Hinweis stellt sich jedoch wirklich als falsche Fährte heraus.

„Mulder, Sie sind der einzige, dem ich vertrauen kann", hatte Scully vorher bekannt und ihn gewarnt, daß seine Leidenschaft ihn verblende und andere das ausnutzen und gegen ihn verwenden könnten.

Als Mulder Deep Throat wiedertrifft, erklärt ihm dieser nur: „Es gibt einige Geheimnisse, die auch geheim bleiben sollten."

Auf der Jagd nach dem Lastwagen fahren Scully und Mulder durch Washington State, wo sie plötzlich von einem hellen Licht geblendet anhalten müssen. Sie finden den Truck verlassen vor. „Ich denke, wir waren gerade Zeugen einer Rettungsmission", bemerkt Mulder, bevor ihm klar wird, daß es nur wieder ein Ablenkungsmanöver war. Sie sehen den Truckfahrer aus einer Regierungseinrichtung kommen, zu der sie sich mit Hilfe gefälschter Zugangsberechtigungen von den Lone Gunmen Eintritt verschaffen. Mulder sprintet blindlings die Treppen hinunter, bis er von Sicherheitsleuten aufgehalten wird.

Dort trifft er auf Deep Throat, der ihm von einem streng geheimen internationalen Abkommen nach dem Roswell-Zwischenfall 1947 berichtet. Es wurde vereinbart, daß jede überlebende E.B.E. unverzüglich vernichtet werden muß. Deep Throat gibt zu, einer der drei Männer zu sein, die ein solches Geschöpf beseitigt haben. Damals war er in Vietnam bei der CIA, und seitdem verfolgt ihn diese Sache, brachte ihn aber auch darauf, sich in einer Art Akt der Wiedergutmachung um Mulder zu kümmern. „Vielleicht wird einmal durch Sie", erklärt er, „die Wahrheit bekannt werden."

Mulder kann nirgends einen Außerirdischen entdecken. „Ich frage mich, welcher Lüge ich glauben soll", antwortet Mulder Deep Throat, der im Nebel der Nacht verschwindet.

Politischer Anspruch:

Byers: Vladimir Schirinowski, der Kopf der russischen Rechtsradikalen, kommt an die Macht durch die bösartigste und verruchteste Kraft des Zwanzigsten Jahrhunderts.

Mulder: Mc Donalds?

Facts: Zwar legt Deep Throat in einer denkwürdigen Szene dieser Folge seine Motive dafür, Mulder zu helfen, dar – er hat während seiner Arbeit für die CIA einen Außerirdischen getötet. Doch den größten Eindruck hinterließen eindeutig die Lone Gun-

men, die paranoiden Verschwörungstheoretiker, die Mulder noch öfter unterstützen werden. Die Idee dazu hatten der Produzent Glen Morgan und die Drehbuchautorin Marilyn Osborn („Verwandlungen"), als sie im Juni 1993, kurz bevor Morgan und James Wong begannen, an der Serie zu schreiben, einen UFO-Kongreß in Los Angeles besuchten.

Morgan erinnert sich an drei Männer, die ähnliche Sachen wie später Langly, Byers und Frohike trugen und an einem Tisch saßen, an dem sie, wie er es ausdrückt, „eine bunte Mischung aller möglichen Arten von Paranoia" zur Schau trugen. Er erzählt: „Sie redeten von den Magnetstreifen in Zehn- und Zwanzigdollarnoten, und sofort fing ein halbes Dutzend Leute an, ihre Geldscheine zu zerreißen."

Die Lone Gunmen waren ursprünglich nur als Lachnummer für diese Folge geplant, aber Morgan war nicht mit dem Ergebnis zufrieden. Er befürchtete, er und sein Partner hätten die Sache ein wenig verpfuscht. „Wir hatten sie irgendwie schon abgeschrieben", sagt er, bis dann die Produzenten von der begeisterten Reaktion im Internet auf die Lone Gunmen erfuhren. Das hatte einen weiteren Auftritt der drei in der zweiten Sendestaffel und schließlich ihren regelmäßigen Einsatz in der Serie zur Folge.

18. Der Wunderheiler
Miracle Man

Erstausstrahlung:
USA: 18. 3. 1994
Deutschland: 27. 1. 1995

Drehbuch:
Howard Gordon und Chris Carter

Regie:
Michael Lange

Darsteller:
R.D. Call (Sheriff Daniels)
Scott Bairstow (Samuel)
George Gerdes (Reverend Cal Hartley)
Dennis Lipscomb (Leonard Vance)
Campbell Lane (Margarets Vater)
Chilton Crane (Margaret Hohman)
Howard Storey (Chef der Feuerwehr)
Lisa Ann Beley (Beatrice Salinger)
Alex Doduk (Samuel als Kind)
Walter Marsh (Richter)
Iris Quinn Bernard (Lillian Daniels)
Roger Haskett (Deputy Tyson)

Story: Die Agenten müssen einen jungen Wunderheiler unter die Lupe nehmen, der seine Kräfte scheinbar ebenso zum Bösen wie zum Guten einsetzt.

Hauptschauplatz: Kenwood, Tennessee

Inhalt: Die Geschichte beginnt mit einem Jungen, der einen Mann mit entsetzlichen Verbrennungen wieder zum Leben erweckt. Ein Jahrzehnt später werden Mulder und Scully mit dem Auftrag betraut, die „Wunderheilungskirche“ zu untersuchen, eine religiöse Vereinigung, in dem der Junge, Samuel, mit seinen Kräften zwar heilt, wo aber auch schon zwei Menschen nach seiner Berührung starben.

Samuel ist nicht da, wird aber dann in einer Bar gefunden, wo er Mulder erklärt: „Ich habe die Reinheit meines Glaubens beschmutzt. Seitdem ist meine Gabe korrumpiert.“ Er verstört Mulder, indem er ihm detailgenau über seine entführte Schwester berichtet, die Mulder immer wieder in Visionen sieht. Der Junge wird festgenommen. Während seiner Gerichtsverhandlung füllt sich der ganze Saal auf einmal mit Heuschrecken. Samuel berührt auf seiner nächsten Veranstaltung eine Frau im Rollstuhl, die unter Krämpfen stirbt. Scully hat ernste Zweifel; sie erinnert Mulder daran, daß sie katholisch erzogen wurde: „Und Gott läßt sich vom Teufel nie die Show stehlen.“

Die Autopsie ergibt, daß die Frau mit Cyanid vergiftet wurde. Außerdem entdekken Mulder und Scully, daß die Heuschrekken durch einen Lüftungsschacht in den Gerichtssaal gelangt sind. Der Sheriff schickt unterdessen zwei Männer in Samuels Zelle, die ihn zu Tode prügeln.

Auf der Suche nach dem Urheber der Heuschreckenflut bekommen die Agenten

Frage: Was steht auf Reverend Hartleys Nummernschild?

Antwort: „BHEALD" – „Laßt Euch heilen"

heraus, daß Leonard Vance, der Mann, dem der Junge am Anfang geholfen hat, ihn vor Gericht stellen wollte, sich schließlich aber – nachdem er eine Vision von Samuel hatte – das Leben nahm. Samuels Leiche kann nirgends gefunden werden, und eine Krankenschwester behauptet, ihn gesehen zu haben, wie er hinausging. „Ich glaube, die Leute suchen nach Wundern, und zwar so intensiv, daß sie sich dazu bringen, welche zu sehen", bemerkt Mulder, als ihm das Bild seiner Schwester ein letztes Mal erscheint.

In einem Interview hat David Duchovny einmal gesagt, solange ihm niemand diesbezüglich eine andere Anweisung gebe, begreife er Mulder als Juden.

Facts: „Der Wunderheiler" war das erste Drehbuch, das der Produzent Howard Gordon ohne seinen langjährigen Partner Alex Gansa verfaßte, mit dem zusammen er schon an *Beauty And the Beast* (Die Schöne und das Biest) und *Spenser: For Hire* (Spenser) gearbeitet hatte. Dem Fernsehen wird zwar häufig die despektierliche Art vorgeworfen, mit der es religiöse Themen präsentiert, aber diese Folge behandelt religiösen Glauben mit äußerstem Respekt, was von Scullys Kommentar zu ihrer katholischen Erziehung unterstrichen wird.

Mulder kann einen Gag für sich verbuchen, als er auf der ersten Veranstaltung der Gruppe Scully, die sich hinter die Bühne wagen will, mit den Worten zurückhält: „Warten Sie! Jetzt kommt doch bestimmt gleich Elvis."

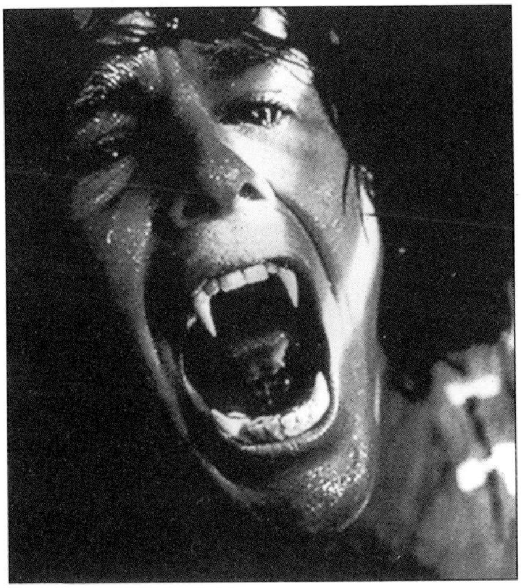

19. Verwandlungen

Shapes

Erstausstrahlung:
USA: 1. 4. 1994
Deutschland: 3. 2. 1995

Drehbuch:
Marilyn Osborn

Regie:
David Nutter

Darsteller:
Ty Miller (Lyle Parker)
Michael Horse (Charley Tskany)
Donnelly Rhodes (Jim Parker)
Dwight McFee (David Gates)
Paul McLean (Dr. Josephs)
Renae Morriseau (Gwen Goodensnake)
Jimmy Herman (Ish)

Story: In einem Indianerreservat soll an mehreren Todesfällen ein monsterähnliches Wesen die Schuld tragen.

Hauptschauplatz: Browning, Montana

Inhalt: Ein Vater erschießt zusammen mit seinem Sohn eine gefährlich aussehende Bestie, die sich bei näherer Inspektion als indianischer Mann herausstellt. Der Sohn, Lyle Parker, wird von dem Wesen angefallen und verletzt, bevor es getötet werden kann.

Mulder und Scully erfahren, daß vielen Ranchern der Umgebung das Vieh auf der Weide abgeschlachtet wurde und die Parkers in einen Grenzstreit mit dem angrenzenden Reservat verwickelt waren. Bei der Untersuchung der Leiche stellt sich heraus, daß der Tote wolfsähnliche Reißzähne hatte.

Mulder weiß zu berichten, daß in dieser Gegend auch für die „allererste X-Akte" ermittelt wurde, die „im Jahre 1946 von J. Edgar Hoover persönlich angelegt" wurde. Dieser Fall befaßte sich mit einer Mordserie, die 1946 von einer bösartigen Bestie verübt wurde. Obwohl damals ein Tatverdächtiger ums Leben kam, fanden 1954, 1959, 1964, 1978 und nun wieder 1994 neue Morde statt. Mulder fügt hinzu, daß schon Mitglieder der Lewis-und-Clark-Expedition von Indianern berichtet haben, „die ihre Gestalt in die eines Wolfs verwandeln konnten".

Dann wird der Vater des Jungen auf seiner Veranda in Stücke gerissen, und man findet Lyle nackt und bewußtlos daneben liegen. Scully bringt ihn ins Krankenhaus, während Mulder mit dem Stammesältesten spricht, der ihm berichtet, was 1946 vorgefallen ist und ihm von der Legende des Manitou erzählt, eines bösen Geistes, der einen Mann in eine Bestie verwandeln kann.

Mulder ruft im Krankenhaus an und erfährt, daß Scully Lyle Parker zurück auf die Ranch gebracht hat. In seinem Magen wurden Spuren vom Blut seines Vaters gefunden, das er geschluckt haben mußte. Es wird schon dunkel, als Mulder und der Sheriff zur Ranch fahren, und sie kommen gerade noch rechtzeitig, um eine Bestie erschießen zu können – es ist Lyle Parker.

Der Stammesälteste spricht aus, was sich erahnen läßt: „FBI, wir sehen uns in ungefähr acht Jahren wieder."

Facts: Fox hatte sich eine konventionellere Monsterfolge gewünscht, und Glen Morgan und James Wong, denen etwas über die Mythologie der Indianer vorschwebte, schlugen den Manitou vor, eine leichte Abwandlung des alten Werwolfthemas. Man wollte sowohl die Fans dieses Genres ansprechen als auch die besondere **AKTE X**-Atmosphäre bewahren. „In einer Horrorepisode konnten wir uns mit diesen Legenden befassen, die es schon seit dem Mittelalter gibt", erklärt Morgan.

Als der Stammesälteste Mulder darauf hinweist, daß sein Name eigentlich „Running Fox oder Sleepy Fox" lauten sollte, entgegnet Mulder: „solange es nicht Spooky Fox ist" – eine Anspielung auf den respektlosen Spitznamen, den sich Mulder, wie im Pilotfilm erwähnt, wegen seines Glaubens an das Paranormale auf der FBI-Akademie gefallen lassen mußte. Eine amüsante Szene ist der Schere zum Opfer gefallen: eine Kuh versperrt dem Wagen der Agenten den Weg, und Scully fuchtelt mit den Armen in der Luft herum und versucht mit dem Warnschrei „Baseball glove! Leather purse!" das Tier zu verscheuchen.

Michael Horse (Charley Tskany) spielt in Twin Peaks den Deputy Hawk. Auch David Duchovny tritt einmal in Twin Peaks auf, und zwar als der Transvestit Dennis/Denise Bryson. Über Duchovny im Kleid meint Horse: „Die Farbe hat ihm gut gestanden."

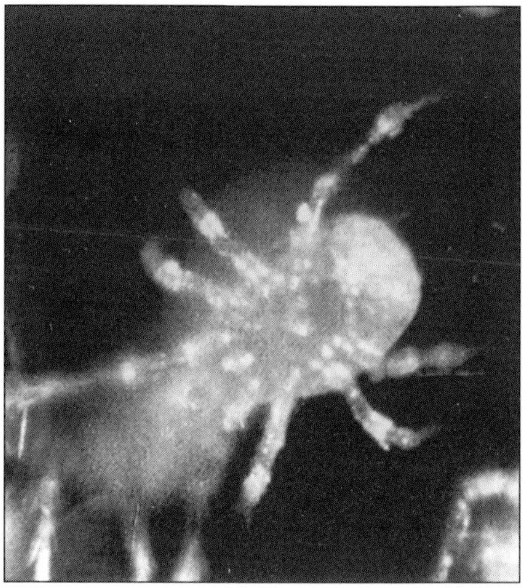

20. Der Kokon

Darkness Falls

Erstausstrahlung:
USA: 15. 4. 1994
Deutschland: 10. 2. 1995

Drehbuch:
Chris Carter

Regie:
Jo Napolitano

Darsteller:
Jason Beghe (Larry Moore)
Tom O'Rourke (Steve Humphreys)
Titus Welliver (Doug Spinney)
Barry Greene (Perkins)
David Hay (Mann im Anzug)
Ken Tremblett (Dyer)

Story: Mulder und Scully werden in einen abgelegenen Wald an der Nordwestküste geschickt, wo ein Trupp Holzfäller auf geheimnisvolle Weise verschwunden ist.

Hauptschauplatz: Olympia National Forest, Washington State

Inhalt: Verängstigte Holzfäller versuchen verzweifelt aus den Wäldern zu entkommen, aber zwei von ihnen werden von einem Schwarm grün glühender Insekten angegriffen.

30 Holzfäller sind verschwunden, und Mulder findet heraus, daß sich ein ähnlicher Vorfall schon vor 60 Jahren in der gleichen Gegend ereignet hat. Ein Forstverwaltungsbeamter und der Sicherheitschef des Sägewerks Steve Humphreys glauben, daß Öko-Terroristen dahinterstecken. Als die Reifen ihres Wagens von auf dem Weg ausgelegten Sabotagespikes der radikalen Umweltschützer durchbohrt werden, müssen die Vier zu Fuß zum Holzfällerlager wandern. Dort finden sie eine Leiche, der sämtliche Flüssigkeit entzogen wurde, in einem großen grauen Kokon.

Einer der Öko-Terroristen, Doug Spinney, taucht auf und warnt sie vor einem mysteriösen Wesen, das nur nachts zum Vorschein kommt und Menschen bei lebendigem Leib verschlingt. „Die Dunkelheit ist unser Feind", erklärt er eindringlich. Die Holzfäller hatten alte Baumriesen gefällt, wobei winzige grüne Insekten befreit wurden, die dort seit Jahrhunderten eingeschlossen waren. Mulder gelangt zu dem Schluß, daß es sich um urzeitliche Insekten handelt, die bei einem Vulkanausbruch wieder an die Erdoberfläche gelangten. „Vielleicht haben sie dort Hunderte von Jahren geschlafen und sind ziemlich hungrig aufgewacht", bemerkt Spinney trocken.

Humphreys versucht mit dem beschädigten Wagen zurückzufahren, wird aber in der Dunkelheit von den Insekten überrascht und eingesponnen. Unterdessen läßt Mulder Spinney gehen, um Hilfe zu holen, nimmt ihm aber das Versprechen ab, bis zum nächsten Morgen zurückzukehren. Da nicht sicher ist, ob sie genug Benzin für den Stromgenerator haben, um die Insekten weiterhin durch das Licht fernzuhalten, verbringen der Forstbeamte, Mulder und Scully eine beängstigende Nacht, der Generator hält jedoch gerade bis Sonnenaufgang durch.

Spinney kommt tatsächlich zurück, um sie zu holen, aber der Wagen fällt wieder den Sabotagespikes zum Opfer. Spinney flieht in die Nacht, wird aber von den Insekten angegriffen, die durch die Lüftung auch in den Wagen gelangen. Stunden später werden Mulder, Scully und der Forstbeamte in Kokons eingesponnen aufgefunden. Sie werden auf einer speziellen Quarantänestation behandelt und erfahren, daß kontrollierte Feuerrodung und Pestizide als „Ausrottungsmaßnahmen“ angewandt werden. Als Mulder fragt, was geschehen wird, wenn diese erfolglos bleiben, antwortet ihm der Arzt: „Das steht nicht zur Debatte, Mr. Mulder“.

Obwohl Carter betont, daß das Hauptanliegen bei „Der Kokon“ nicht unbedingt eine Botschaft über die Erhaltung unserer Natur gewesen sei, wurde die Episode doch bei der Verleihung der Environmental Media Awards geehrt.

Facts: Die Dreharbeiten im Wald bei Vancouver gestalteten sich wegen eines andauernden schweren Regenfalls schwierig. „Es war furchtbar“, erinnert Carter sich. Die Darsteller waren durchgeweicht bis auf die Knochen und etliche Inserts und Pick-up-Einstellungen mußten nachträglich eingefügt werden.

Ein rettender Ausgleich war die Besetzung des Forstbeamten Larry Moore mit Jason Beghe. Der ist ein langjähriger Freund von David Duchovny und bestärkte ihn in der Idee, bei der Schauspielerei zu bleiben. Die beiden haben eine Zeitlang zusammen als Barkeeper gearbeitet. Ihn (auf Duchovnys Vorschlag hin) dabeizuhaben, lockerte die Stimmung am Set merklich auf und macht aus den Dreharbeiten eher eine Art Wiedervereinigungsfest als eine Strapaze.

Carter drehte die Folge unter anderem wegen seines Interesses an der Dendrochronologie, dem Ablesen von Baumringen, worüber er einmal am College einen Kurs belegt hatte. Die Lichteffekte der grünen Insekten sind am Computer entstanden und in der Postproduction-Phase synchron zu den Bewegungen der Darsteller hinzugefügt worden.

21. Ein neues Nest

Tooms (auch bekannt als „Squeeze 2“)

Erstausstrahlung:
USA: 22. 4. 1994
Deutschland: 17. 2. 1995

Drehbuch:
Glen Morgan und James Wong

Regie:
David Nutter

Darsteller:
Doug Hutchison (Eugene Victor Tooms)
Paul Ben Victor (Dr. Aaron Monte)
Mitch Pileggi (Walter Skinner)
William B. Davis (Cigarette-Smoking Man)
Timothy Webber (Detective Talbot)
Frank C. Turner (Dr. Collins)
Gillian Carfra (Chrlstine Ranford)
Pat Bermel (Frank Ranford)
Jan DÁrcy (Judge Kann)
Jerry Wasserman (Dr. Plith)
Mikal Dughi (Or. Karetzky)
Glynis Davies (Nelson)
Steve Adams (Myers)
Andre Daniels (Arlan Green)
Catherine Lough (Dr. Richmond)
Henry Beckman (Detective Frank Briggs)

Story: Als Eugene Tooms, der Serienkiller, der sich von menschlicher Leber ernährt, wieder aus dem Gefängnis freikommt, hat er es auf Mulder abgesehen.

Hauptschauplatz: Baltimore, Maryland

Inhalt: Tooms, der genetische Mutant, der alle 30 Jahre aus einem Winterschlaf erwacht, um Menschen die Leber aus dem Leib zu reißen, wird nach einer psychiatrischen Anhörung auf Bewährung frei gelassen.

Sein Psychiater, der sich auch persönlich sehr für ihn einsetzt, betont vor den Richtern, daß Tooms hervorragend auf seine Rehabilationsmaßnahmen angesprochen habe und keinerlei Gefahr für die Allgemeinheit darstelle. Mulder macht mit seiner Aussage die Richter nur mißtrauisch, da er ihnen trotz Scullys Warnung, sich etwas zurückzuhalten, erregt klarzumachen versucht, daß Tooms ein über 100 Jahre alter Mutant ist, der sich von menschlicher Leber ernährt. Das Gericht ist eher der Ansicht, daß Mulder selbst in eine psychiatrische Anstalt gehöre und setzt Tooms auf freien Fuß. „Wenn Sie ihn freilassen, wird er wieder töten“, warnt Mulder sie vergeblich. „Er ist genetisch so programmiert.“

Während Mulder Tooms beschattet, wird Scully von Chief Assistant Director Walter Skinner in Anwesenheit des Cigarette-Smoking Man ermahnt, sie und Mulder sollten „sich an die Vorschriften halten“. Scully gibt den Fall aber nicht auf, sondern besucht noch einmal Frank Briggs, den Detective, der in den dreißiger Jahren für Tooms' Fall zuständig war. Mit dessen Hilfe finden sie die Überreste eines seit 60 Jahren vermißten Opfers, das Tooms versteckt hatte.

Nachts döst Mulder bei Tooms' Beschattung kurz ein, wacht aber gerade noch

Henry Beckman, der schon in „Das Nest“ mitspielte, kommt hier als Detective Frank Briggs wieder.

rechtzeitig wieder auf, um einen Mordversuch zu verhindern, bei dem Tooms sich durch ein vergittertes Fenster hindurchgewunden hatte, ihm aber wieder entkommt. Mulder setzt seine Überwachung fort, erklärt Scully aber besorgt, er wolle sie nicht in diese Sache hineinziehen und dabei vielleicht nicht nur seine, sondern auch ihre Karriere vorzeitig beenden.

Doch Scully bleibt unbeirrt bei ihm und kann ihn sogar überzeugen, sich zwischendurch ein wenig zu Hause auszuruhen. Sie nennt ihn zum ersten Mal Fox, worauf er ihr erschöpft, aber belustigt entgegnet: „Ich hab sogar meine Eltern gebeten, mich Mulder zu nennen.“ Als er nach Hause fährt, versteckt Tooms sich in seinem Kofferraum und verschafft sich, als Mulder bei laufendem Fernseher – die Originalversion von *The Fly* (Die Fliege) ist zu sehen – schläft, durch einen Lüftungsschacht Zutritt zu ihm. Tooms fügt sich selbst erhebliche Verletzungen zu (unter anderem mit Mulders Schuhen, deren Abdrücke später noch in seinem Gesicht erkennbar sind) und geht dann zur Polizei, wo er Mulder wegen Körperverletzung anzeigt. Skinner erteilt Mulder einen ernsten Verweis, verbietet ihm, sich in Tooms’ Nähe aufzuhalten und schickt ihn in Urlaub.

Das Skelett von 1933 läßt, wie eine Untersuchung ergibt, deutlich Tooms’ Gebißabdruck in der Bauchgegend erkennen. Unterdessen bekommt Tooms Besuch von seinem Psychiater, der für seine Freilassung gekämpft hatte. Dieser wird sein fünftes Opfer.

Mulder und Scully finden die Leiche und erkennen sofort, daß Tooms jetzt in sein altes Haus zurückkehren wird, um seinen Winterschlaf fortzusetzen. Aus seinem früheren Wohnhaus ist mittlerweile ein Einkaufszentrum geworden. Mulder spürt Tooms in seinem Nest unter den Rolltreppen auf und kann, als Tooms hinter ihm herjagt, die Rolltreppe in Gang setzen, die Tooms in ihrem Getriebe zermalmt.

Skinner liest Mulders Bericht und fragt den Cigarette-Smoking Man, ob er ihm glaube. „Natürlich tu ich das“, antwortet dieser. Draußen besieht sich Mulder sinnierend einen Raupenkokon und stellt müde fest: „Es ändert sich einiges für uns, und zwar bald.“

Facts: Die Produzenten Glen Morgan und James Wong bauen ihre Episoden oft um einen einzelnen Augenblick oder eine visuelle Idee herum auf. So war es auch bei „Das Nest“ geschehen. In diesem Fall, berichtet Morgan, machte er in einem Einkaufszentrum in Los Angeles Weihnachtseinkäufe und beobachtete ein paar Männer bei der Arbeit an einer Rolltreppe, die aufgeschraubt offen lag. Das brachte ihn auf die Idee, den Angstfaktor eines urbanen Mythos über eine Art Monster, das unter einer Rolltreppe haust, einzusetzen. Und wer, dachte er, könnte diese Voraussetzung besser erfüllen als Eugene Tooms? „Von dieser Grundidee her entwickelte sich der ganze Rest sozusagen rückwärts", meint er.

In „Ein neues Nest" geschieht es zum ersten und bisher auch einzigen Mal, daß ein Schurke in einer anderen Folge zurückkehrt. Weitere Besonderheiten dieser Folge sind der erste Auftritt von Mitch Pileggi als Assistant Director Skinner (der erst wieder in der zweiten Staffel auftaucht) und der erste Dialog für den Cigarette-Smoking Man. Die Produzenten witzelten, daß sie bis dahin nicht einmal genau wußten, ob William B. Davis überhaupt sprechen könne, waren aber völlig begeistert davon, was er aus der Rolle herausholte.

Doug Hutchison selbst war es, der den Vorschlag machte, ihn die letzte Szene unter der Rolltreppe nackt spielen zu lassen. „Sie haben mich mit Sirup und Lebensmittelfarbe eingeschmiert", erinnert er sich, „dabei war es eiskalt! Ich blieb immer wieder an den Wänden kleben." Trotz des schaurigen Ablebens seiner Figur tritt Hutchison immer wieder bei **AKTE X**-Fanversammlungen auf, um beharrlich für ein weiteres Engagement in der Serie zu werben.

In dieser Folge spricht der Cigarette-Smoking Man zum ersten Mal.

Skinner: „Glauben Sie ihm?"

Cigarette-Smoking Man: „Natürlich tu ich das."

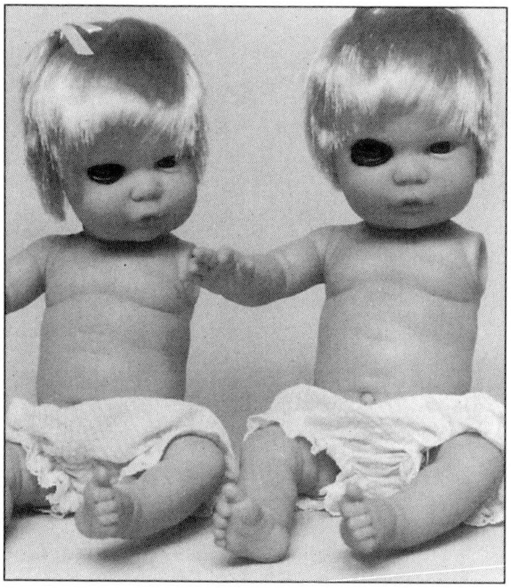

22. Wiedergeboren

Born Again

Erstausstrahlung:
USA: 29. 4. 1995
Deutschland: 24. 2. 1995

Drehbuch:
Alex Gansa und Howard Gordon

Regie:
Jerrold Freedman

Darsteller:
Brian Markinson (Tony Fiore)
Mimi Lieber (Anita Fiore)
Maggie Wheeler (Detective Sharon Lazard)
Andre Libman (Michelle Bishop)
Dey Young (Judy Bishop)
Leslie Carlson (Dr. Spitz)
P. Lynn Johnson (Dr. Sheila Braun)
Peter Lapres (Harry Linhart)
Richard Sali (Felder)
Dwight Koss (Detective Barbala)

Story: Eine Reihe von Morden wird auf ein kleines Mädchen zurückgeführt, das der reinkarnierte Geist eines ermordeten Polizisten sein könnte.

Hauptschauplatz: Buffalo, New York

Inhalt: Ein verirrtes kleines Mädchen wird auf eine Polizeiwache gebracht und verschwindet mit einem Polizisten namens Barbala in einem Vernehmungsraum. Der fällt gleich darauf tot zu Boden.

Einer seiner Kollegen fordert Mulders Unterstützung an. Als sie mit der Mutter des Kindes sprechen, erzählt sie ihnen, ihre Tochter habe mittlerweile das vierte Kindermädchen und mache ihr manchmal Angst: „Sie sieht Dinge, die ich nicht sehen kann."

Die kleine Michelle sagt, sie habe in dem Raum einen Mann gesehen; ihre Beschreibung paßt genau auf einen anderen Polizisten, Charlie Morris, der neun Jahre früher starb. „Das bedeutet also, dieses Mädchen hat einen Geist gesehen", schlußfolgert Mulder.

Es weist einiges darauf hin, daß es sich bei der achtjährigen Michelle um eine Reinkarnation von Charlie Morris handelt, der starb, als sie gezeugt wurde. Das Mädchen besitzt psychokinetische Kräfte. Sie verstümmelt ihre Puppen in derselben Art und Weise, auf die Morris umkam. Sie ist auch bei einem weiteren Todesfall zur Stelle: ein ehemaliger Polizist, der früher Barbalas Partner war, wird von einen Bus zu Tode geschleift, in dessen Tür sich sein Schal verfangen hat. Reinkarnation sei, so bemerkt Mulder, fester Glaubensbestandteil vieler großer Religionen und sei nur „einen Schritt vom Beweis der Präexistenz der menschlichen Seele entfernt."

Barbala, sein Partner und Morris' Partner Fiore waren alle am Mord an Morris beteiligt. Mit Hilfe ihrer mentalen Kräfte gelingt es dem Mädchen, Fiores Haus zu zerstören und ihn beinahe zu töten – Mulder und Scully kommen gerade noch rechtzeitig, um Michelle/Morris zu überreden, ihn am Leben zu lassen. Als Fiore seine Mitschuld an Morris' Tod gesteht, ist schließlich alles vorüber, und das Mädchen kann sich an nichts mehr erinnern. Die zwei Todesfälle werden offiziell zu Unfällen erklärt, und Michelles Mutter verbietet jede weitere Untersuchung ihrer Tochter. Der Fall wird – gegen Mulders Protest – abgeschlossen.

Facts: Die Reinkarnations-Episode „Wiedergeboren" ist wieder eine Folge, die den selbstauferlegten Erwartungen der Produzenten nicht gerecht wurde. Man hatte die Befürchtung, das Thema könne vielleicht zu sehr an die Seelenwanderungs- und Besessenheitsmotive einiger früherer Sendungen erinnern. „Vermutlich war es ein Akt der Verzweiflung", scherzt Howard Gordon und fügt hinzu, daß die Folge sich letztlich als für seinen Geschmack „ein wenig zu Cop-betont" erwiesen habe.

Hier wird die Geschichte erstmals von Mulder kommentiert. Anders als Scully, die Computerberichte schreibt, notiert er seine Beobachtungen handschriftlich, und anstelle von Scullys Off-Kommentar hören wir Mulders Zusammenfassung der Ereignisse.

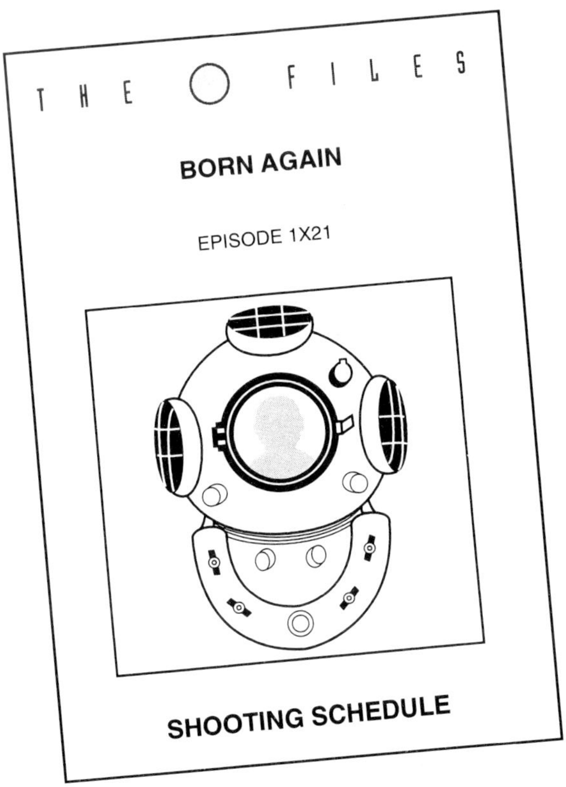

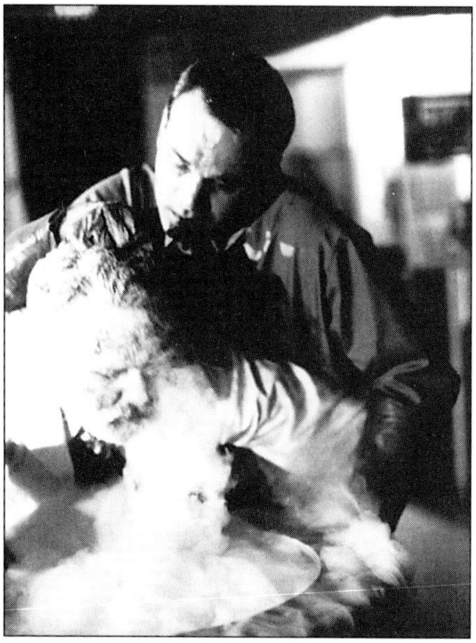

23. Roland

Roland

Erstausstrahlung:
USA: 6. 5. 1994
Deutschland: 3. 3. 1995

Drehbuch:
Chris Ruppenthal

Regie:
David Nutter

Darsteller:
Zeljko Ivanek (Roland Fuller)
Garry Davey (Dr. Keats)
James Sloyan (Dr. Nollette)
Matthew Walker (Dr. Surnow)
Dave Hurtubise (Barrington)
Sue Mathew (Lisa Dole)
Micole Mercurio (Mrs. Stodie)
Kerry Sandomirsky (Tracy)

Story: Der Mord an zwei Raketenforschern soll aufgeklärt werden. Der Fall führt Mulder und Scully auf die Spur eines geistig behinderten Hausmeisters.

Hauptschauplatz: Colson, Washington

Inhalt: Ein Forscher wird bei einem Versuch in ein Strahltriebwerk gesogen. Niemand außer dem geistig zurückgebliebenen Hausmeister Roland ist da, um ihm zu helfen, dem aber gelingt es mittels der Kontrollgeräte, seinen Tod herbeizuführen.

Der Wissenschaftler ist nach dem Forscher Arthur Grable schon der zweite, der an dem Projekt arbeitete und sterben mußte. Mulder entdeckt, daß auf der Tafel mit der erarbeiteten Raketenformel zwei verschiedene Handschriften auszumachen sind.

Als er mit Roland spricht, kann Mulder einen Zettel mit in dessen Handschrift gekritzelten Zahlen einstecken. Im Labor greift Roland einen der anderen Forscher, Dr. Keats, an und steckt seinen Kopf in flüssigen Stickstoff, der daraufhin wie Glas zerspringt, als er zu Boden geht.

Es stellt sich heraus, daß jemand nach Keats' Tod unter Grables Computer-Passwort an der Strahltriebformel gearbeitet hat. Das Passwort besteht aus denselben Ziffern, die Roland auf dem Zettel notiert hatte. An dem Projekt ist während der sechs Monate seit Grables Tod stetig weitergearbeitet worden. Als Roland erneut vernommen wird, weigert er sich, sich zu den Vorfällen zu äußern. Eine gründliche Recherche ergibt, daß Roland und Grable am selben Tag in derselben Stadt geboren sind: Sie sind Zwillinge.

Obwohl er tot ist, ist Grables Kopf konserviert und in flüssigem Stickstoff erhalten worden. Mulder nimmt an, daß zwischen Grable und Roland eine psychische

Verbindung besteht, die durch diesen Prozeß noch verstärkt worden sein könnte. Grable „ist in einem Bewußtseinsstadium, aus dem noch kein Mensch zurückgekommen ist", und das es ihm vielleicht ermöglicht, Roland dazu zu bringen, Morde zu begehen. Bei einer nochmaligen Vernehmung kann Roland fliehen.

Der letzte überlebende Wissenschaftler, Dr. Nollette, beginnt im Labor damit, Grables Kopf aufzutauen. Roland macht sich an der Formel zu schaffen und kommt tatsächlich auf die lang gesuchten Mach 15, obwohl seine Konzentration deutlich nachläßt, während der Kopf auftaut. Nollette kommt herein und gibt zu, Grables Forschungsergebnisse gestohlen zu haben. Roland schlägt ihn nieder und sperrt ihn in das Triebwerk. Gerade als es eine gefährliche Geschwindigkeitsstufe erreicht, greifen die Agenten ein und bringen Roland dazu, den Code einzugeben, der das Triebwerk noch rechtzeitig stoppt.

Mulder erzählt Roland von einem seiner Träume, in dem er auf der Suche nach seinem Vater in einen Pool taucht. Im Drehbuch war eigentlich vorgesehen, ihn nach seiner Schwester suchen zu lassen.

Roland wird zu Untersuchungszwecken in Haft gehalten, aber Mulder setzt sich für seine Freilassung ein. Er wird vor den Augen des Mädchens, das er liebt, abgeführt.

Facts: In dieser Folge gibt es einen wirklich einfallsreichen visuellen Gag: die verstreut angezeichneten Linien auf dem Boden, die zeigen sollen, wohin der Kopf des Forschers zersprungen ist, nachdem man ihn in flüssigen Stickstoff getaucht hat. „Jeglicher Horror ist sofort wie weggeblasen", erklärt Chris Carter, „wenn man all die eingezeichneten Scherbenspuren auf dem Boden sieht und einfach lachen muß." Der Moment des Zerspringens findet offscreen statt und wird dem Zuschauer nur durch das Geräusch des zerspringenden Kopfes vermittelt. Und zum krönenden Abschluß bemerkt Mulder trocken: „Ich glaube nicht, daß wir das je in *Beakman's World* zu sehen kriegen werden."

Zeljko Ivanek war der erste Schauspieler, der für die Rolle des Roland, die als das zentrale dramatische Element dieser Folge galt, vorsprach – und wurde sofort genommen. „Er hat uns regelrecht umgehauen", erinnert sich Carter. Alle waren sich einig, daß er die perfekte Besetzung für die Rolle sei. Ivanek kommt aus Ljubljana in Jugoslawien und hat außerdem in den Filmen *Mass Appeal* und *Agnes of God* mitgespielt.

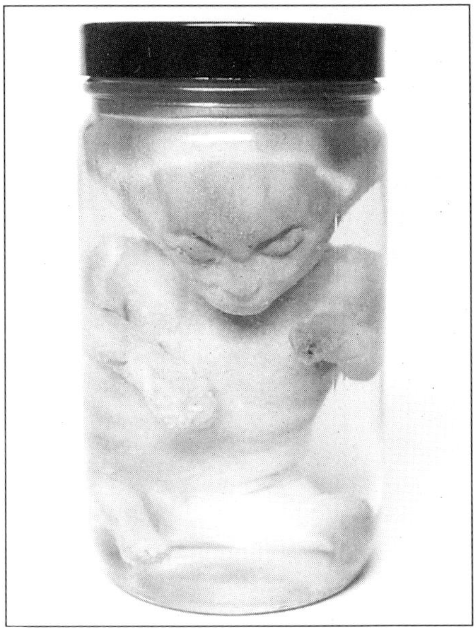

24. Das Labor

The Erlenmeyer Flask

Erstausstrahlung:
USA: 13. 5. 1994
Deutschland: 3. 3. 1995

Drehbuch:
Chris Carter

Regie:
R. W. Goodwin

Darsteller:
Simon Webb (Dr. Secare)
Jerry Hardin (Deep Throat)
Ken Kramer (Dr. Berube)
Lindsey Ginter (Kurzgeschorener Mann)
Anne DeSalvo (Dr. Carpenter)
William B. Davis (Cigarette-Smoking Man)
Jaylene Hamilton (Reporterin)
Jim Leard (Captain Lacerio)
Phillip MacKenzie (Pfleger)
Mike Mitchell (Polizist)
John Payne (Wärter)

Story: Auf einen Hinweis von Deep Throat hin finden Mulder und Scully heraus, daß die Regierung menschlichen Versuchskaninchen außerirdische DNS einspritzen läßt – mit katastrophalen Folgen.

Hauptschauplatz: Georgetown, Maryland

Inhalt: Ein Mann flieht vor der Polizei. Es gelingt ihm mühelos, die Polizisten abzuschütteln, bevor er in einer Bucht verschwindet. Er hinterläßt eine Spur aus grünem Blut.

Mulder wird von Deep Throat auf den Fall aufmerksam gemacht. Der Wagen des Flüchtigen führt in zu einem gewissen Dr. Berube, der das Gespräch abrupt beendet. Scully vermutet, daß Deep Throat dabei seine Hand im Spiel hat und Mulder rät diesem ungehalten, „diesmal das ganze Brimborium beiseite“ zu lassen und ihm endlich zu verraten, was wirklich vor sich geht. Deep Throat aber beharrt darauf, er sei „noch niemals zuvor näher drangewesen“.

Kurz darauf bringt ein Mann mit kurzgeschorenem Haar, der auf der Suche nach dem Entkommenen ist, Dr. Berube um. Scully nimmt Proben der Arbeit des Forschers mit zu Dr. Carpenter, einer Wissenschaftlerin in Georgetown, die ihr sagt, daß Berube mit einem Virus besetzte Bakterien geklont hat, die an Pflanzenzellen erinnern. Später erklärt sie Scully, daß die betreffende DNS ein fünftes und sechstes Nukleotid besitze, das es „nirgendwo in unserer Natur“ gäbe und das daher als außerirdisch definiert werden müsse.

Unterdessen hat der Flüchtige unbeabsichtigt Kontakt mit Mulder aufgenommen. Der findet in einem Lagerhaus mit Flüssigkeit gefüllte Bassins, in denen fünf Menschen embryoähnlich schwimmen. Mulder

wird von bewaffneten Männern entdeckt und muß fliehen.

Scully entschuldigt sich bei Mulder und bekennt, zum ersten Mal an allem, woran sie geglaubt habe, zu zweifeln. Sie kehren zum Lagerhaus zurück, wo Deep Throat ihnen erklärt, daß die Menschen in den Bassins Teil eines Experiments waren, das Berube mit unheilbar Erkrankten durchführte, denen er außerirdische Viren injizierte. Sie seien, so meint er, wahrscheinlich von „Schwarzen Organisationen“ innerhalb des Geheimdienstapparates zerstört worden, von „Gruppen innerhalb der Gruppen, die verdeckt aktiv sind, von denen man selbst auf den höchsten Ebenen der Macht nichts weiß.“ Deep Throat erklärt, daß der Flüchtige, Dr. Secare, eines dieser Versuchskaninchen sei und die Agenten ihn finden müßten, „bevor *die* es tun“.

Wieder in Georgetown erfährt Scully, daß Dr. Carpenter mit ihrer Familie bei einem Autounfall ums Leben gekommen ist. Mulder findet Secare, nur um gleich darauf Zeuge werden zu müssen, wie er von dem Kurzgeschorenen Mann (im Original: „Crew-Cut Man“) getötet wird. Mulder selbst wird von ihm überwältigt und festgehalten.

Mulder wird vermißt und Deep Throat bietet Scully an, ihr Zugang zu den echten Körpern der Außerirdischen zu verschaffen, damit sie es gegen Mulders Leben eintauschen könne. Scully bekommt ein außerirdisches Embryo, und Deep Throat besteht darauf, den Austausch selbst durchzuführen – dabei wird er von dem Kurzgeschorenen Mann erschossen, der Mulders bewegungslosen Körper aus dem Wagen wirft. Deep Throat warnt Scully mit sterbender Stimme: „Vertrauen Sie niemandem.“

Zwei Wochen später ruft Mulder Scully an, um ihr mitzuteilen, das die Abteilung **AKTE X** geschlossen worden ist, und sie

X

In dieser Folge nimmt Jerry Hardin seinen Abschied von der Serie. Seine kurze Rolle als Deep Throat, die Undercover-Informationsquelle für Mulder, brachte ihm viel Lob unter den Fans ein. Seine letzten Worte „Vertrauen Sie niemandem“ sind im Vorspann anstatt des üblichen „The Truth is out there“ – „Die Wahrheit ist irgendwo dort draußen“ eingesetzt worden.

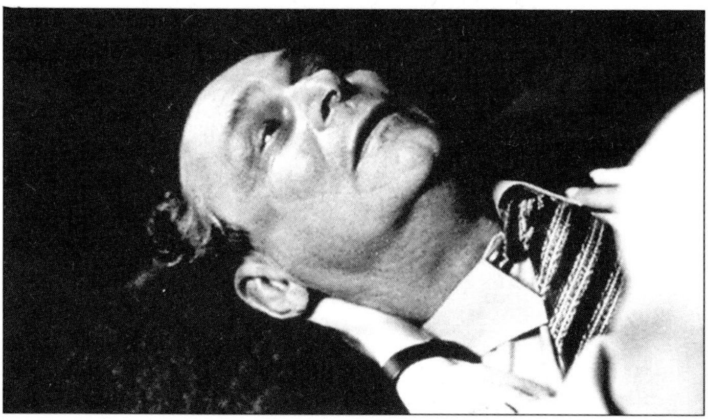

beide anderen Sektionen zugeteilt würden, „der Befehl dazu kam von ganz oben“. Mulder macht aber unmißverständlich klar, daß er nicht aufgeben könne und wolle – „nicht solange die Wahrheit da draußen ist.“ Genau wie in der ersten Folge betritt der Cigarette-Smoking Man den Lagerraum im Pentagon und legt den außerirdischen Fötus zu den anderen Beweismitteln.

Facts: Durch den schockierenden Mord an Deep Throat wollte Carter betonen, daß (außer vielleicht den beiden Hauptrollen) in dieser Serie „jeder entbehrlich ist“, um damit die Zuschauer in ständiger Spannung zu halten, welche unerwarteten Wendungen noch möglich wären. Daß die X-Akten-Abteilung aufgelöst wird, hat außerdem zur Folge, daß Mulder von Scully getrennt wird, was es erst möglich machte, beim Start der zweiten Staffel um Gillian Andersons Schwangerschaft sozusagen herum zu drehen.

Jerry Hardin, der Deep Throat spielt, erinnert sich an seine Todesszene als den großen dramatischen Augenblick, „in dem man eigentlich Ruhe und Zeit braucht, um es ganz perfekt zu machen. Tatsächlich mußten wir allerdings wie verrückt gegen die Zeit und das Licht arbeiten“, um die Szene im Kasten zu haben, bevor die Sonne aufging. „Die Dämmerung hätte uns beinahe einen Strich durch die Rechnung gemacht.“

Diese Folge erhielt eine Nominierung für den Edgar Award, einen Preis der Mystery Writers of America.

Die letzte Einstellung dieser Folge knüpft bis hin zu der Zahl „11.21" genau an die letzten Minuten des Pilotfilms an und verleiht der ersten Staffel damit eine gewisse formale Geschlossenheit.

„Best of Akte X" – 1. Staffel
Wiederholungstermine in Deutschland

Das Nest	28. 4. 1995
Die Warnung	5. 5. 1995
Schatten	12. 5. 1995
Die Maschine	19. 5. 1995
Eis	26. 5. 1995
Besessen	2. 6. 1995
Eve	9. 6. 1995
Die Botschaft	16. 6. 1995
Verlockungen	23. 6. 1995
Lazarus	30. 6. 1995
Ewige Jugend	7. 7. 1995
Der Wunderheiler	14. 7. 1995
Der Kokon	21. 7. 1995
Ein neues Nest	28. 7. 1995
Täuschungsmanöver	4. 8. 1995
Gefallener Engel	11. 8. 1995
Wiedergeboren	18. 8. 1995
Das Labor	18. 8. 1995

Die Folgen

2. Staffel

2. Staffel

Schauplätze

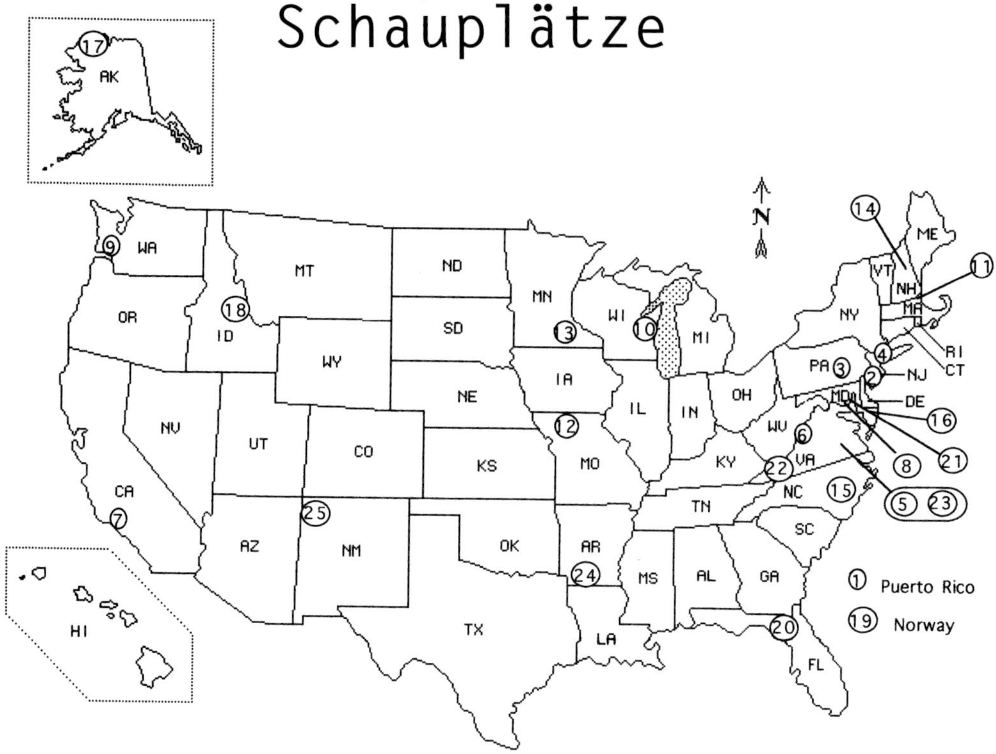

1. Arecibo, Puerto Rico (Kontakt)
2. Newark, New Jersey (Der Parasit)
3. Franklin, Pennsylvania (Blut)
4. New York, New York (Schlaflos)
5. Marion, Virginia (Unter Kontrolle)
6. Skyland Mountain, Virginia (Seilbahn zu den Sternen)
7. Los Angeles, Kalifornien (Drei)
8. Washington, D. C. (An der Grenze)
9. Mount Avalon, Washington (Der Vulkan)
10. Delta Glen, Wisconsin (Rotes Museum)
11. Worcester, Massachusetts (Excelsis Dei)
12. Aubrey, Missouri (Böse geboren)
13. Minneapolis, Minnesota (Todestrieb)
14. Milford Haven, New Hampshire (Satan)
15. Folkstone, North Carolina (Frische Knochen)
16. Nordosten der USA (Die Kolonie, Teil 1)
17. Maryland, nördl. Polarkreis (Die Kolonie, Teil 2)
18. Fairfield, Idaho (Sophie)
19. Norwegische See (Totenstille)
20. Gibsonton, Florida (Der Zirkus)
21. Arlington, Virginia (Heilige Asche)
22. Cumberland Gefängnis, Virginia (Verseucht)
23. Richmond, Virginia (Das Experiment)
24. Dudley, Arkansas (Unsere kleine Stadt)
25. Washington, D. C., New Mexico (Anasazi)

Anmerkung: Die hier genannten Schauplätze beschränken sich auf das in der jeweiligen Folge zentrale Geschehen. Viele Folgen spielen an mehr als einem Ort.

Karte: Mit freundlicher Genehmigung von Sarah Stegall

25. Kontakt

Little Green Men

Erstausstrahlung:
USA: 16. 9. 1994
Deutschland: 7. 9. 1995

Drehbuch:
Glen Morgan und James Wong

Regie:
David Nutter

Darsteller:
Raymond J. Barry (Senator Richard Matheson)
William B. Davis (Cigarette-Smoking Man)
Mike Gomez (Jorge Concepcion)
Mitch Pileggi (Walter Skinner)
Vanessa Morley (achtjährige Samantha)
Marcus Turner (zwölfjähriger Fox)
Les Carlson (Dr. Troisky)
Fulvio Cecere (Aide)
Deryl Hayes (Agent Morris)
Dwight Mcfee (Commander)
Lisa Anne Beley (Studentin)
Gary Hetherington (Lewin)
Bob Wilde (Rand)

Story: Die Abteilung **AKTE X** ist geschlossen, Mulder aber fährt heimlich nach Puerto Rico zu einem Ort, an dem möglicherweise Alien-Kontakte stattfinden. Währenddessen versucht Scully, ihn vor Entdeckung zu schützen.

Hauptschauplatz: Arecibo, Puerto Rico

Inhalt: Zu Beginn der Episode ist eine Stimme aus dem Off zu hören, die von der *Voyager*-Sonde berichtet, welche ins All geschossen wurde, um mit anderen intelligenten Lebewesen im Kosmos Kontakt aufzunehmen. Auf der Erde wurde beim FBI in der Zwischenzeit die Abteilung **AKTE X** offiziell geschlossen und Mulder und Scully in andere Abteilungen versetzt. Sie treffen sich passenderweise im Parkhaus des Watergate Hotels. „Wir müssen davon ausgehen, daß wir beobachtet werden", sagt Mulder. In Erinnerung an die Entführung seiner Schwester klagt Mulder, daß er trotz all seiner Bemühungen immer noch keine Beweise für die Existenz von UFOs in der Hand hat.

Er wird zu einem Treffen mit Senator Matheson bestellt, der seine Arbeit unterstützt. Mulder wird gesagt, er solle sich zu einem bestimmten Ort in Puerto Rico begeben und dort habe er 24 Stunden Zeit, um mit außerirdischen Besuchern in Kontakt zu treten, bevor eine UFO-Suchmannschaft der Blue Berets darauf angesetzt werden kann. „Nach was soll ich dort suchen?" fragt Mulder.

„Nach Kontakt", antwortet der Senator.

Als der Cigarette-Smoking Man erfährt, daß Mulder verschwunden ist, versichert er Skinner: „Sie wird ihn finden." Bei dem Versuch, Mulder zu helfen, verschafft Scully sich Zugang zu seinem Computer, indem sie sein Passwort „TRUSTNO1" errät, und

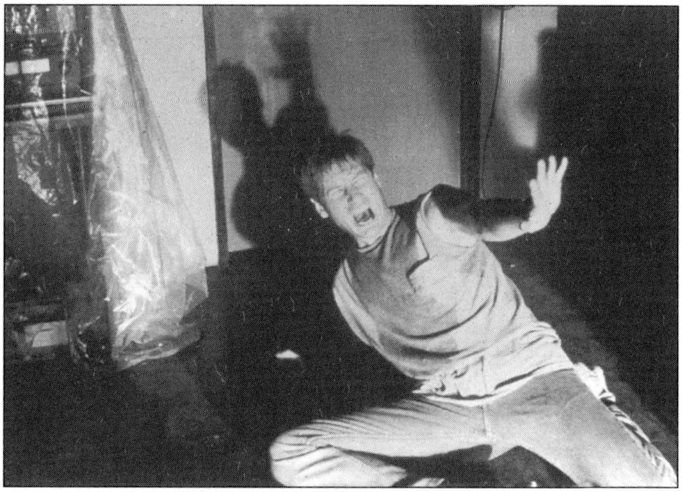

Die Passagierliste, die Scully auf der Suche nach Mulder studiert, enthält die Namen vieler Online-X-Philes sowie auch den AKTE X-Romanautor Charles Grant.

macht sich auf den Weg nach San Juan. Es gelingt ihr, die sie verfolgenden Agenten geschickt abzuhängen.

Mulder trifft an seinem Zielort ein, wo er einem verängstigten Mann begegnet, der nur Spanisch spricht, aber das Gesicht eines Außerirdischen an die Wand zeichnet. Ein durchdringendes Geräusch ertönt, und der Mann läuft in den Dschungel. Mulder findet ihn dort vor Angst zu Tode erstarrt vor. In sein Diktiergerät spricht er für Scully die Nachricht, er vertraue nur ihr allein – „und Sie sind mir genommen worden."

Ein helles Licht erfüllt den Raum, die verriegelte Tür fliegt auf und Mulder sieht durch den blendenden Schein die schlanke Figur eines Außerirdischen. Als Scully kommt, findet sie ihn bewußtlos vor, aber er erklärt später, die Bandaufnahme und die Ausdrucke werden seine Begegnung belegen können. In diesem Moment taucht die Suchmannschaft auf und zwingt Mulder und Scully, Hals über Kopf zu fliehen.

In Washington muß Mulder eine Standpauke von seinem Chef Skinner über sich ergehen lassen, weil er seine näherliegenden Aufgaben vernachlässigt hat. Der Cigarette-Smoking Man kündigt an: „Ihre Zeit ist um", doch Skinner fährt dazwischen und wirft ihn hinaus. Mulder muß entdecken, daß das Tonband, mit dem er fliehen konnte, leer ist. Er hat also noch immer keine Beweise. „Ich habe zwar die X-Akten nicht mehr, aber ich habe immer noch meine Arbeit", bemerkt Mulder. „Und ich habe Sie – und mich."

Facts: Bereits in der allerersten Folge wird erwähnt, Mulder habe „Freunde im Kongreß". Senator Matheson ist der erste dieser Freunde, den die Zuschauer zu sehen bekommen. Für diese Rolle „wollten wir eigentlich Darren McGavin haben", gibt Glen Morgan zu. Die Produzenten versuchten, ebenfalls vergeblich, den „Nachtjäger"-Star als Mulders Vater zu verpflichten, der er Chris Carters Meinung nach auf eine symbolische Weise auch war, da sich **AKTE X** von der früheren Serie in mancher Hinsicht inspirieren ließ.

Weil die Abteilung **AKTE X** aufgelöst wurde, sollte diese Folge „so etwas wie ein neuer Pilotfilm" werden, wie Morgan meint, so daß die Grundprinzipien der Serie neu definiert werden konnten. Die Szene, in der sich Mulder an Samanthas Entführung erinnert, unterscheidet sich von der, die in der vierten Folge der Serie („Signale") gezeigt wurde. In der ersten Version lagen Mulder und Samantha schlafend in ihren Betten, bevor sie entführt wird. In dieser Version spielen sie ein Brettspiel. Chris Carter erläutert, daß Mulders Erinnerungen auf einer Rückführung beruhen und daher verständlicherweise sehr diffus seien, was erklären würde, warum er sich später in anderer Form an den Vorfall erinnert.

Der Senator Richard Matheson wurde nach dem Science fiction- und Horrorautor Richard „Somewhere-in-Time" Matheson benannt. Eigentlich war geplant, den Senator den Eröffnungsmonolog sprechen zu lassen.

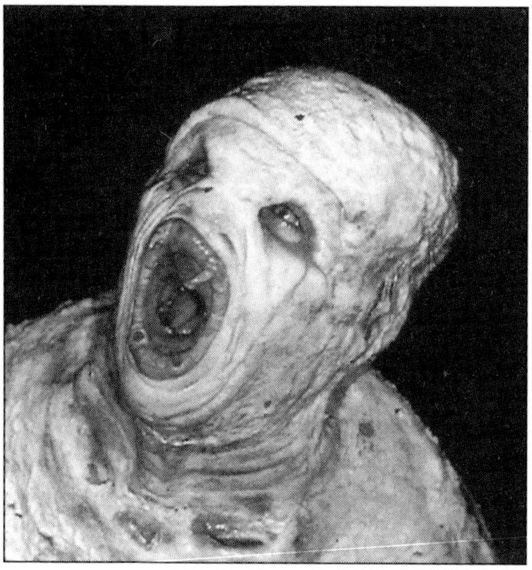

26. Der Parasit
The Host

Erstausstrahlung:
USA: 23. 9. 1994
Deutschland: 14. 9. 1995

Drehbuch:
Chris Carter

Regie:
Daniel Sackheim

Darsteller:
Darin Morgan (Plattwurmmann)
Marc Bauer (Agent Brisentine)
Mitch Pileggi (Walter Skinner)
Matthews Bennet (Erster Arbeiter)
Fred Andreiuci (Detective Norman)
Don Mackay (Charlie)
Hrothgar Matthews (Mann am Telefon)
Gabrielle Rose (Dr. Zenzola)
Ron Sauve (Vorarbeiter)
Dmitri Boudrine (Russischer Ingenieur)
Raul Ganee (Dmitri)
William McDonald (Marshal)

Story: Mulder stößt auf eine genetische Mutation, den „Plattwurmmann", als er in einem Mordfall in der Kanalisation von New Jersey ermittelt.

Hauptschauplatz: Newark, New Jersey

Inhalt: Ein sowjetischer Seemann wird plötzlich in das Abwassersystem eines Schiffs gezogen und taucht später als unbekannte Leiche in der Kanalisation New Jerseys wieder auf.

Skinner beauftragt Mulder mit dem Fall, der sich darüber beschwert, sich mit unwichtigen Fällen befassen zu müssen. Frustriert erklärt er Scully, daß er daran denkt, das FBI zu verlassen. Mulder erhält anonyme Anrufe, in denen ihm mitgeteilt wird: „Sie haben einen Freund im FBI" und sein Erfolg in diesem Fall sei „unerläßlich", wenn die X-Akten wieder geöffnet werden sollen.

Scully führt eine Autopsie an der Leiche durch und findet einen großen Plattwurm, der sich lebend im Körper windet. Dann wird ein Kanalisationsarbeiter unter Wasser gezogen, der mit einer merkwürdigen Wunde am Rücken wieder auftaucht und über einen schlechten Geschmack im Mund klagt. Als der Mann duscht, krümmt er sich plötzlich vor Schmerzen zusammen und würgt einen Wurm heraus, der durch den Abfluß verschwindet.

Während Mulder ein Kanalisationswerk in Augenschein nimmt, bemerkt ein Arbeiter etwas Großes im Wasser und es gelingt ihnen, den Plattwurmmann zu fangen. Die Kreatur hat keine Geschlechtsorgane, besitz aber die Züge eines Primaten und Mulder meint: „Es sieht ganz so aus, als müßte ich Skinner mitteilen, daß unser Tatverdächtiger ein riesiger, blutsaugender Wurm ist." Zu seiner Überraschung sagt Skinner, daß der Fall eigentlich eine X-Akte hätte sein sollen. „Von irgendwem bekommen wir alle unsere Befehle", erklärt er Mulder.

Dank eines weiteren anonymen Hinweises kann Scully das erste Opfer als Russen identifizieren. Der Plattwurmmann soll in eine Anstalt gebracht werden, tötet aber den Fahrer und entkommt in einen Schuppen und versteckt sich danach in einem Abwassertankwagen. Mulder verfolgt den Wagen bis zu einer Kläranlage. Er ist entschlossen, das Wesen zu fangen, bevor es wieder im Meer verschwindet. Als der Vorarbeiter ins Wasser fällt und hinuntergezogen wird, springt Mulder hinterher. Er sieht, wie der Plattwurmmann durch einen Abfluß entkommen will, läßt das Tor auf ihn herabfallen und trennt ihn so in zwei Hälften.

Scully folgert, daß es sich um ein halbvertebrales menschliches Wesen gehandelt haben müsse, dessen Veränderung durch radioaktiven Abfall, den der russische Frachter geladen hatte, hervorgerufen wurde. Es wurde, wie sie sagt, „in einer Ursuppe aus radioaktivem Abwasser" geboren.

Mulder erinnert sich seinerseits an seinen anonymen Anruf und sagt: „Der Erfolg unserer Arbeit ist jetzt noch wichtiger geworden, Scully. Die X-Akten müssen wieder geöffnet werden." Als Scully fragt, ob Skinner das gesagt habe, antwortet er: „Nein. Aber wir haben einen Freund im FBI."

Irgendwo wird der Plattwurmmann oder das, was von ihm noch übrig ist, an die Oberfläche gespült. Seine Augen öffnen sich. Das Wesen lebt.

Facts: Darin Morgan, der den Plattwurmmann gespielt hat, ist der Bruder von Co-Produzent Glen Morgan. Er schrieb später Drehbücher für die Serie (u.a. die denkwürdige Episode „Der Zirkus" und eine Folge in der frühen dritten Staffel: „Clyde Bruckmanns Final Repose"). Das Kostüm des Plattwurmmanns war eine echte Herausforderung, und bis die Techniker in der Lage waren, die Prozedur etwas abzukürzen, dauerte es allein sechs Stunden, es anzulegen. Einmal mußte Morgan das Kostüm 20 Stunden lang anbehalten. Weil es so kompliziert war, das Kostüm auszuziehen, mußte Morgan auch in dieser Aufmachung zur Toilette gehen, ähnlich wie es in einer Szene in *The Right Stuff* (Der Stoff, aus dem die Helden sind) der Astronaut tun muß. Carter scherzt, daß dies jetzt das Einführungsritual für jeden aufstrebenden **AKTE X**-Autor sei.

Wieder einmal mußte Carter mit Fox kämpfen, diesmal ging es um die Szene, in welcher der Arbeiter den Wurm erbricht – eine der lebhafteren Szenen der Serie. Er bestand darauf, weil er meinte, wenn man sie herausnehme, würde das die Folge ruinieren.

„Sie haben einen Freund beim FBI". Der geheimnisvolle Mr. X taucht hier zum ersten Mal auf. Allerdings sieht man von ihm nur seinen Hinterkopf, während er telefoniert.

Gabrielle Rose hat einen weiteren Auftritt in der Serie, diesmal als Dr. Zenzola; sie war schon einmal in „Die Warnung" zu sehen.

27. Blut
Blood

Erstausstrahlung:
USA: 30. 9. 1994
Deutschland: 21. 9. 1995

Drehbuch:
Glen Morgan und James Wong

Regie:
David Nutter

Darsteller:
William Sanderson (Ed Funsch)
John Cygan (Sheriff Spencer)
George Touliatos (Larry Winter)
Kimberly Ashlyn Gere (Mrs. McRoberts)
Andre Daniels (Harry McNally)
Tom Braidwood (Frohike)
Dean Haglund (Langly)
Bruce Harwood (Byers)
John Harris (Taber)
Gerry Rousseau (Mechaniker)
William McKenzie (Busfahrer)
Diana Stevan (Mrs. Adams)
David Fredericks (Wächter)
Kathleen Duborg (Mutter)
B.J. Harrison (Angestellter)

Story: Mehrere Einwohner eines kleinen Dorfes verhalten sich plötzlich brutal und gefährlich. Sie werden von Digitalanzeigen auf verschiedenen Geräten zum Töten getrieben.

Hauptschauplatz: Franklin, Pennsylvania

Inhalt: Ein 42 Jahre alter Makler tötet vier Menschen mit bloßen Händen, nachdem er auf einer digitalen Fahrstuhlanzeige die Worte „TÖTE SIE ALLE“ gesehen hat. Spencer, der Sheriff des Ortes, teilt Mulder mit, daß dies schon die siebente Mordserie dieser Art ist. Insgesamt sind 22 Menschen getötet worden, und das in einem Gebiet, „in dem seit der Kolonialzeit nur drei Morde geschehen sind.“ Mulder findet am Finger des Täters einen Rückstand, dessen Ursache er sich nicht erklären kann, und bemerkt außerdem, daß jeweils ein elektronisches Gerät am Tatort zerstört wurde.

Nachdem eine Mrs. McRoberts einen Kfz-Mechaniker getötet hat, ebenfalls aufgrund eines Befehls über eine Digitalanzeige („ER WILL DICH VERGEWALTIGEN. ER WILL DICH TÖTEN. TÖTE IHN ZUERST“), statten ihr Spencer und Mulder einen Besuch ab. Als sie versucht, Mulder zu erstechen, wird sie von Spencer erschossen. Eine Untersuchung ihrer Leiche ergibt, daß ihr Adrenalinspiegel 200mal höher lag als gewöhnlich. Die Adrenalindrüsen zeigen Anzeichen von Überlastung und enthalten einen unbekannten Stoff. Scully erklärt, wenn man diese Faktoren kombinieren würde, ergäben sie eine Substanz, die wie LSD wirke. Später beobachtet Mulder einen Truck, der haufenweiswe Fliegen in die Gosse ablädt.

Mulder sucht Hilfe bei den Three Lone Gunmen, die ihm von LSDM berichten – einem noch im experimentellen Stadium befindlichen Insektizid, das wie ein natürliches Hormon wirkt und eine Art Angstreaktion bei Insekten hervorruft. An diesem Abend untersucht Mulder die Felder in der Umgebung und wird von einem lautlosen Hubschrauber besprüht. Von offizieller Stelle wird ihm bestätigt, daß der fragliche Stoff benutzt wurde. Mulder vermutet, jemand oder etwas sende Nachrichten über elektronische Displays, welche die existierenden und durch die Droge bereits gesteigerten Phobien noch weiter verstärkten.

Eine Suche führt sie zu Ed Funsch, einem ehemaligen Postangestellten, der schon seit langem von diesen Nachrichten geplagt wird. Funsch steigt auf den Turm im örtlichen College und feuert mit seinem Gewehr wahllos in die Gegend. Funsch sagt, „sie" würden nicht zulassen, daß er aufhört und Mulder nimmt ihn fest.

Mulder hat den Verdächtigen in Gewahrsam und zieht sein Mobiltelefon aus der Tasche. Verblüfft schaut er auf den Display und liest: „ALLES ERLEDIGT. BYE, BYE" . Wer oder was auch immer das Experiment durchgeführt hat, hat es anscheinend abgeschlossen.

Die Geräte, mittels derer die Opfer aufgefordert wurden: „Töte sie alle", wurden von Ken Hawryliw und seinen Leuten ferngesteuert. Die Anzeige auf ganz normalen Geräten ist weder groß noch hell genug, um durch die Kamera erkannt zu werden. Die Mikrowelle, die in der Szene mit Mrs. McRoberts und Mulder auftaucht, war nicht echt, sondern ein Modell.

Facts: „Blut" ist eine der Folgen, in denen mehrere Konzepte zusammengefaßt und zu einer im Endeffekt ausgesprochen spannenden Episode verarbeitet wurden. Mit der Notiz „Postangestellte" fingen die Autoren Glen Morgan und James Wong an und kombinierten dann diese Idee mit dem Aufsehen, welches der Einsatz

von Malithion-Spray in Südkalifornien erregt hatte, das als Pestizid zur Vernichtung von Fruchtfliegen versprüht worden war, und einige Anwohner nicht ganz davon überzeugt werden konnten, es sei für Menschen völlig unschädlich, wohingegen sie ihren Autolack lieber davor schützen sollten.

Morgan erinnert sich daran, daß er in dem Nachrichtenmagazin *20/20* eine Dokumentation über den Umgang mit DDT in den Fünfziger Jahren gesehen hatte und Chris Carter unbedingt etwas mit Digitalanzeigen hatte machen wollen. „Wir haben immer versucht, möglichst ganz normale Alltagsdinge beängstigend erscheinen zu lassen“, erklärt Morgan, besonders Apparate wie Faxgeräte oder Funktelefone, die vergleichsweise neue technische Errungenschaften darstellen. Morgan gibt auch offen zu, daß er nicht die leiseste Ahnung hat, wer oder was die Botschaften geschickt haben könnte, und daß es ihm ehrlich gesagt auch völlig egal ist, die Zuschauer sollten solche Fragen lieber selbst entscheiden.

Die letzte Nachricht „ALLES ERLEDIGT. BYE, BYE“ hat mittlerweile eine zweite Funktion bekommen, sie dient jetzt auch als letzte Einstellung für das Akte X-Blooper reel. Die dramatische Szene im Glockenturm wurde an der University of British Columbia gedreht.

28. Schlaflos

Sleepless

Erstausstrahlung:
USA: 7. 10. 1994
Deutschland: 28. 9. 1995

Drehbuch:
Howard Gordon

Regie:
Rob Bowman

Darsteller:
Nicholas Lea (Agent Alex Krycek)
Tony Todd (Augustus Cole)
Mitch Pileggi (Walter Skinner)
Steven Williams (Mr. X)
Jonathan Gries (Sal Matola)
William B. Davis (Cigarette-Smoking Man)
Mitch Kosterman (Detective Horton)
Don Thompson (Henry Willig)
David Adams (Dr. Girardi)
Michael Puttonen (Dr. Pilsson)
Anna Hagan (Dr. Charyn)
Paul Bittante (Team-Führer)
Claude de Martino (Dr. Grissom)

Story: Mulder bekommt einen neuen Partner namens Alex Krycek zugeteilt. Gemeinsam sollen sie die Wahrheit über ein geheimes Schlafentzugs-Experiment aus der Vietnamkriegszeit herausfinden, das für die überlebenden Teilnehmer tödliche Folgen hat.

Hauptschauplatz: New York, New York

Inhalt: Dr. Saul Grissom entdeckt zu seinem Entsetzen Flammen in seiner Wohnung und ruft die Feuerwehr. Man findet ihn tot auf, die Wohnung weist jedoch keinerlei Spuren von Feuer auf.

Mulder erhält ein Tonband, das ihn auf den Fall aufmerksam macht. Da Scully an einem anderen Fall arbeitet, bekommt er einen neuen Partner, Alex Krycek, der gegenüber dem argwöhnischen Mulder behauptet, er verfolge dessen Arbeit schon lange und glaube fest daran.

Grissom hat eine Spezialklinik für Schlafstörungen geführt. Die Autopsie, die Scully durchführt, läßt schwere Schäden an den inneren Organen erkennen, „als ob sein Körper zu verbrennen glaubte". Etwas später kommt ein weiterer Mann zu Tode; diesmal durch die Erscheinung einiger vietnamesischer Bauern, die ihn niederschießen. Das letzte Opfer war Offizier in einer Spezialeinheit der Marines und war an dem Ort stationiert gewesen, wo Grissom 24 Jahre zuvor gearbeitet hatte.

Der letzte Überlebende der Einheit ist ein Mann namens Augustus Cole, aber als er in dem Vietnamveteranen-Hospital, wo er sich aufhält, befragt werden soll, ist er verschwunden. Mulder trifft zum ersten Mal Mr. X, der ihm von einem Geheimprojekt berichtet, das sich mit der Erschaffung des perfekten Soldaten, in dem jedes Bedürfnis nach Schlaf ausgelöscht werden sollte, befaßte. Dieses Projekt brachte eine Einheit von wahren Tötungsmaschinen hervor, über welche die Army die Kontrolle verlor, als sie wahllos zu morden begannen. Cole, der seit 24 Jahren nicht mehr geschlafen hat, wolle nun Rache für das, was ihm mit dem Experiment angetan wurde. „Die Wahrheit ist immer noch da draußen", verkündet Mr. X düster, „aber sie war noch nie so gefährlich."

Mulder vermutet, daß Cole psychische Kräfte entwickelt habe, die in der Lage sind, Träume von so realer Natur hervorzubringen, daß sie töten können. In der Annahme, daß Cole sich auch an dem zweiten Arzt rächen wird, der an der Sache beteiligt war, verfolgen sie ihn bis zum Bahnhof, wo er mit Hilfe seiner Geisteskräfte auf Mulder „schießt".

Mulder holt Cole ein und bittet ihn, vor Gericht über das auszusagen, was die Army getan hat, aber Krycek, der in Coles Hand eine Waffe gesehen haben will, erschießt ihn. Mulders gesamtes Beweismaterial über den Fall verschwindet, und er vertraut Scully an, daß er sich mit Mr. X getroffen hat und von ihm gewarnt wurde, die Schließung der Akte X-Abteilung sei „nur der Anfang" gewesen. „Trauen Sie ihm?", will Scully wissen, aber Mulder weiß nicht, was er darauf antworten soll.

Krycek berichtet unterdessen dem Cigarette-Smoking Man, daß Mulder „eine andere Quelle" als Ersatz für Deep Throat gefunden habe, und daß Scully „ein weit größeres Problem, als Sie glauben" darstelle.

Der Cigarette-Smoking Man bedeutet ihm, er solle sich keine Sorgen machen und versichert unheilvoll: „Zu jedem Problem gibt es auch eine Lösung."

Nicholas Lea, der seinen ersten Auftritt in der Serie als Romeo in „Verlockungen" hatte, kommt hier wieder als der perfide Agent Alex Krycek. Fans im Internet haben ihm den Spitznamen „Ratboy" gegeben und eine ihm gewidmete Newsletter-Group gegründet.

Facts: Mr. X, der zwar schon am Telefon zu hören, aber noch nie zu sehen war, war anfänglich als *Ms.* X geplant; im Originaldrehbuch gehört die Rolle noch einer Frau. Sogar eine Darstellerin hatte man schon dafür, aber schon nach der ersten gedrehten Szene entschieden sich die Produzenten gegen die Idee und verpflichteten den *21 Jump Street*-Veteranen Steven Williams, der sowohl den Autoren Glen Morgan und James Wong als auch einigen anderen Mitarbeitern der Serie schon bestens bekannt war.

Nicholas Lea hat in dieser Folge seinen ersten Einsatz als Alex Kyrcek, eine Rolle, die im weiteren Verlauf der Serie noch von großer Bedeutung sein wird.

Die Idee zu der Episode soll dem Produzenten und Autor Howard Gordon, der hier sein erstes allein verfaßtes Drehbuch beisteuerte, nach zwei Wochen schlafloser Nächte (wegen fehlender Ideen) gekommen sein.

Mitch Kosterman tritt hier nach „Verlokkungen" zum zweiten Mal in der Rolle des Detective Horton auf.

29. Unter Kontrolle

Duane Barry (Part 1 of 2)

Erstausstrahlung:
USA: 14. 10. 1994
Deutschland: 5. 10. 1995

Drehbuch:
Chris Carter

Regie:
Chris Carter

Darsteller:
Steve Railsback (Duane Barry)
CCH Pounder (Agent Kazdin)
Nicholas Lea (Agent Alex Krycek)
Frank C. Turner (Dr. Hakkie)
William B. Davis (Cigarette-Smoking Man)
Stephen E. Miller (Commander)
Fred Henderson (Agent Rich)
Barbara Pollard (Gwen)
Sarah Strange (Kimberly)
Robert Lewis (Polizist)
Michael Dobson (Zweiter Scharfschütze)
Tosca Baggoo (Angestellter)
Tim Dixon (Bob)
Prince Maryland (Agent Janus)
John Simpson (Erster Scharfschütze)

Story: Mulder leitet die Verhandlungen bei einer Geiselnahme durch einen Mann, Duane Barry, der von sich behauptet, Opfer von außerirdischen Experimenten geworden zu sein.

Hauptschauplatz: Marion, Virginia

Inhalt: 1985. Duane Barry wird von Außerirdischen entführt. „Nicht schon wieder“, schreit er, als sein Körper sich langsam von seinem Bett erhebt.

Schnitt in die Gegenwart zu Barry in einem Behandlungsraum. Er beharrt darauf, daß „sie“ ihn „wieder holen“ wollen. Nachdem er einer Wache die Waffe entwendet hat, nimmt er den Doktor und drei andere Personen als Geiseln, mit der Forderung, daß der Doktor ihn zu seinem Entführungsort begleitet, um dort zu beweisen, daß alles echt war.

Mulder wird zu den Verhandlungen hinzugezogen. Als plötzlich der Strom ausfällt, schießt Barry in die Dunkelheit und verletzt dabei eine der Geiseln. Mulder wird zusammen mit einem FBI-Sanitäter zu Barry hineingeschickt. Als Mulder mit ihm spricht, erzählt Barry von seiner Abduktion und den Experimenten, die an ihm durchgeführt wurden. Er erklärt sich damit einverstanden, daß der Verletzte im Austausch für Mulder gehen darf.

Scully studiert Barrys Krankenakte und findet heraus, daß er ein ehemaliger FBI-Agent ist, der während eines Einsatzes angeschossen wurde. Dabei wurde das Moralzentrum seines Gehirnes zerstört, weswegen er zu Wahnvorstellungen und gewalttätigem Verhalten neigt. „Duane Barry ist nicht das, wofür Mulder ihn hält“, berichtet sie den Agenten vor Ort besorgt.

Barry erzählt Mulder, daß die Regierung von den Entführungen weiß und be-

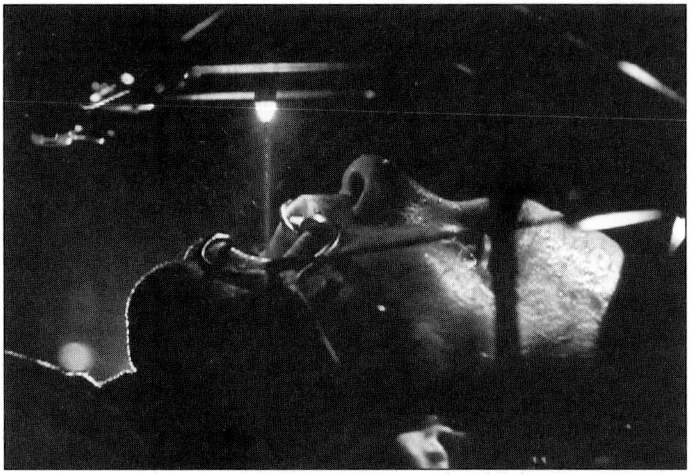

Der Fall von Phineas Gage, auf den Scully sich bezieht, ist tatsächlich passiert. Anfang dieses Jahrhunderts ließ ein Eisenbahnarbeiter unfreiwillig eine Ladung Dynamit explodieren. Dabei trieb sich eine mehr als 90 Zentimeter lange Stahlstange in sein Gehirn. Gage überlebte diesen Unfall nicht nur, sondern trug auch keinerlei körperliche Behinderungen davon und lebte noch 20 Jahre. Sein Charakter jedoch durchlief eine dramatische Veränderung. Er wurde zu einem reizbaren, unflätigen und durch und durch unangenehmen Mann.

schreibt ihm detailliert den Ort seiner Entführung. Scully klärt währenddessen Mulder über einen kleinen versteckten Funkempfänger über Barrys Psychosen auf. Schließlich verwundet einer der Scharfschützen Barry.

Eine Untersuchung, bei der seltsam markierte Metallteile in Barrys Nebenhöhlen und Bauchraum sowie unglaublich winzige Bohrlöcher in seinen Zähnen gefunden werden, scheint Barrys Entführungsgeschichte zu bestätigen. In einem Supermarkt schiebt Scully aus einem Impuls heraus eines der Metallstücke über einen Kassenscanner, woraufhin die Maschine völlig verrückt spielt. Barry kommt am ganzen Leib zitternd zu Bewußtsein, schlägt eine Wache nieder und verläßt das Krankenhaus.

Scully ruft Mulder an und erzählt ihm auf dessen Anrufbeantworter von dem Kassenscanner. „Was zum Henker ist das für ein Ding, Mulder?“ fragt sie. „Es ist fast so, als ob es jemand dazu benutzt hätte, ihn zu katalogisieren.“ Plötzlich ist Barry am Fenster zu sehen, und nach einem Krachen ist aus dem Telefon zu hören, wie Scully um Hilfe ruft.

Fortsetzung folgt . . .

Facts: Da die Serie während Andersons Schwangerschaft gedreht wurde, findet sich in der Supermarktszene ein Insider-Witz: Scully kauft gleichzeitig saure Gurken und Eiscreme ein. Obwohl Steve Railsback, der dadurch berühmt wurde, daß er Charles Manson in dem Fernsehfilm *Helter Skelter* spielte, alle mit seiner Darstellung von Duane Barry beeindruckte, war es CCH Pounder, der für seine Rolle als Agent Kasdin, Mulders Verhandlungspartner, in dieser Episode für den Primetime Emmy Award als bester Gastdarsteller nominiert wurde. Chris Carter erhielt für das Drehbuch ebenfalls eine Emmy-Nominierung, genau wie Chefkameramann John S. Bartley für die beste Kameraführung. Bei dieser Folge führte erstmals Chris Carter selbst Regie.

30. Seilbahn zu den Sternen

Ascension (Part 2 of 2)

Erstausstrahlung:
USA: 21. 10. 1994
Deutschland: 12. 10. 1995

Drehbuch:
Roy Brown

Regie:
Michael Lange

Darsteller:
Steve Railsback (Duane Barry)
Nicholas Lea (Agent Alex Krycek)
William B. Davis (Cigarette-Smoking Man)
Sheila Larken (Margaret Scully)
Mitch Pileggi (Walter Skinner)
Steven Williams (Mr. X)
Meredith Bain Woodward (Dr. Ruth Slaughter)
Peter LaCroix (Dwight)
Steve Makaj (Streifenpolizist)
Robin Douglass (Videotechniker)
Bobby L. Stewart (Deputy)

Story: Auf der verzweifelten Suche nach Scully verfolgt Mulder Duane Barry.

Hauptschauplatz: Skyland Mountain, Virginia

Inhalt: Mulder spielt seinen Anrufbeantworter ab und hört darauf, wie Scully entführt wird. Scullys Mutter erscheint verzweifelt am Tatort und erzählt Mulder, daß sie von Danas Entführung geträumt habe.

Duane Barry fährt mit Scully im Kofferraum die Interstate-Route 229 entlang. Er erschießt einen Polizisten, der ihn kontrollieren will. Dieser Vorfall wird von einer automatischen Videokamera aufgenommen. Mulder schaut sich den Film an und erkennt Scully darauf im Kofferraum von Barrys Wagen, als dieser ihn kurz öffnet. Aus dem, was Barry über einen Berg und das Aufsteigen „zu den Sternen" ausgesagt hat, schließt Mulder, daß Barry zum Skyland Mountain will. Er folgt Scully trotz Skinners Befehl, sich aus diesem Fall herauszuhalten.

Krycek ruft den Cigarette-Smoking Man an und verrät, wohin Mulder unterwegs ist. Am Berg nimmt Mulder in der Hoffnung, vor Barry auf dem Gipfel anzukommen, eine Seilbahn. Krycek aber tötet den Seilbahnmechaniker, hält die Seilbahn an und überläßt Mulder seinem Schicksal. Als Mulder daraufhin auf das Kabinendach klettert, startet Krycek die Bahn wieder.

Mulder erreicht trotz allem den Berggipfel, findet aber in Barrys Wagen nichts als Scullys goldenen Kreuzanhänger. Barry ist alleine und jubelt irre: „Ich bin frei, ihr verfluchten Schweinehunde. Ihr könnt jetzt nie wieder Duane Barry etwas Böses tun!" Als Mulder Barry nach Scully fragt, bekommt er nur zur Antwort „*Die* haben sie. Ich sagte Ihnen ja, die nehmen auch jemand anderen." Im Verhör versteift sich Barry darauf, daß er Scully an „sie" verkauft hat und zeigt auf schattenhaft wahrnehmbare Gestalten, die an der Tür zum Vernehmungsraum vorübergehen. „Die können Ihnen sagen, wo sie ist. Fragen Sie sie. Das Militär ist an allem beteiligt", ruft er aufgeregt, als sich Mulder auf ihn stürzt und ihn würgt.

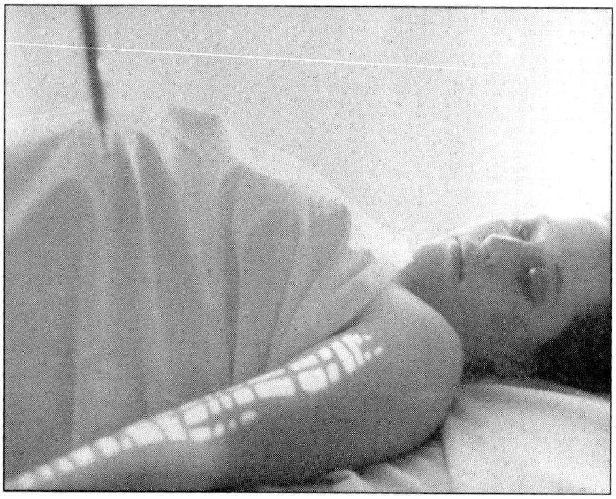

Eine ganz besondere Premiere: Es ist tatsächlich Gillian Andersons schwangerer Bauch, der in der „Untersuchungs"-Szene gezeigt wird, in der Mulder sich vorstellt, was mit seiner Partnerin geschehen könnte. Die Aufnahmen entstanden nur wenige Wochen vor der Geburt ihrer Tochter Piper, die am 5. September 1994 zur Welt kam.

Mulder läßt Barry alleine und vor der Tür stößt er auf Krycek. Vor seinem inneren Auge sieht er Scully, an deren aufgeblasenem Bauch Experimente durchgeführt werden. Kurz darauf bricht Barry zuckend zusammen und stirbt. Krycek trifft sich mit dem Cigarette-Smoking Man in seinem Wagen und fragt ihn, warum sie Mulder nicht einfach umbringen. Doch „wenn Sie Mulder töten, riskieren Sie, daß aus der Religion eines Mannes ein Kreuzzug wird", wie ihm entgegnet wird. Der Cigarette-Smoking Man erklärt, man kümmere sich um Scully, und Krycek solle sich Mulders Vertrauen bewahren.

Mulder berichtet Skinner, daß er glaube, Barry sei vergiftet und die Untersuchungsergebnisse vertuscht worden. Das Militär wisse von Scullys Verbleib. Mulder fährt mit Kryceks Wagen zu Senator Matheson, um von ihm Unterstützung zu bekommen. Mr. X. fängt ihn aber ab und sagt ihm, daß der Senator ihm nicht helfen könne, „ohne politischen Selbstmord zu begehen."

„Haben die was über ihn?", fragt Mulder. „Die haben über jeden was, Mr. Mulder", entgegnet Mr. X eisig, „die Frage ist nur, wann sie davon Gebrauch machen."

In Kryceks Wagen findet Mulder die Zigaretten im Aschenbecher und erkennt, wem sie gehören. Er beschuldigt Krycek, den Seilbahnmechaniker und Barry ermordet zu haben. Als Krycek von Skinner vorgeladen wird, stellen sie fest, daß er verschwunden ist und laut den Akten niemals existiert hat. Frustriert erklärt Skinner, daß es nur eins gibt, das er tun könne, nämlich die X-Akten wieder zu öffnen: „Genau das fürchten die am meisten".

Mulder trifft sich mit Scullys Mutter und möchte ihr das Kreuz geben, das er gefunden hat. Hoffnungsvoll bittet sie ihn: „Wenn Sie sie finden, geben Sie es ihr."

Facts: Das Gespräch zwischen Krycek und dem Raucher stellt den Versuch dar, zu erklären, warum die Instanzen, die ständig Mulders Arbeit behindern, ihn nicht einfach töten lassen – eine Antwort an viele Fans, unter ihnen auch der Science-Fiction Autor Harlan Edison, der diese Frage Chris Carter stellte.

David Duchovny vollführte seine Stunts auf der Seilbahn übrigens selbst. Er hoffte, die Szene würde so authentischer wirken.

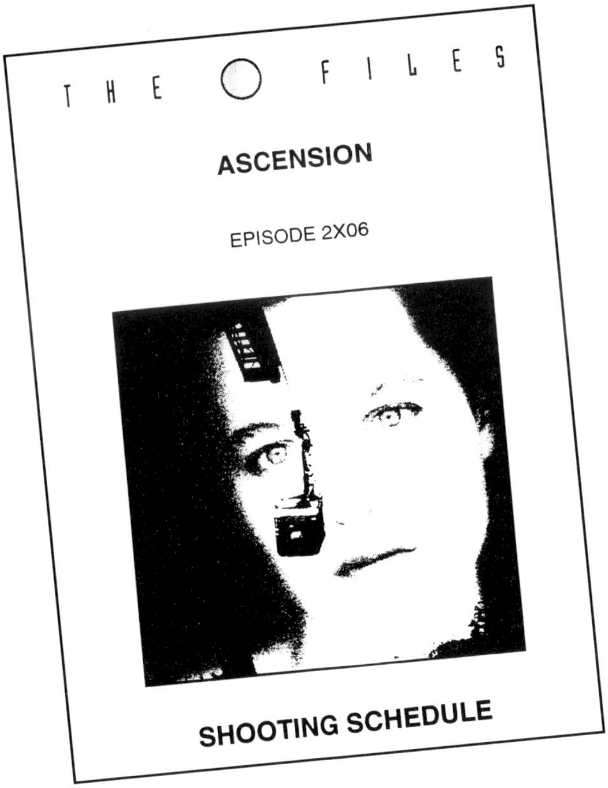

31. Drei
3

Erstausstrahlung:
USA: 4. 11. 1994
Deutschland: 19. 10. 1995

Drehbuch:
Chris Ruppenthal, Glen Morgan und James Wong

Regie:
David Nutter

Darsteller:
Frank Military („Der Sohn“/John)
Perrey Reeves (Kristen Kilar)
Frank Ferrucci (Detective Nettles)
Tom McBeath (Detective Munson)
Gustavo Moreno (Der „Vater“)
Justina Vail (Der „Unheilige Geist“)
Malcolm Stewart (Commander Carver)
Ken Kramer (Dr. Browning)
Roger Allford (Garrett Lore)
Richard Yee (David Yung)
Brad Loree (Feuerwehrmann)
John Tierney (Dr. Jacobs)
David Livingston (Wächter)
Guyle Frazier (Officer)

Story: Mulder untersucht eine Reihe von Morden in Hollywood, die auf die Beteiligung von Vampiren hindeuten. Dabei verliebt er sich in eine mysteriöse Frau – die Hauptverdächtige.

Hauptschauplatz: Los Angeles, Kalifornien

Inhalt: Ein Geschäftsmann wird von einer Frau und ihren Komplizen getötet. Sie beißen ihn in die Arme und saugen ihm das Blut aus.

Mulder kehrt in sein Büro zurück, das er offenbar für ein paar Monate verlassen hatte. Er zieht eine Plastikabdeckung von seinem Schreibtisch, sieht in Scullys X-Akte und nimmt Scullys kleines Kreuz heraus. Dann fliegt er zum Tatort in L.A., wo er erklärt, daß in Memphis und Portland sechs ähnliche Morde geschehen sind, bei denen den Opfern das Blut ausgesaugt wurde und mit Blut an die Wände geschrieben wurde. Mulder hat den Verdacht, daß er einem Kult auf der Spur ist und stellt ein Mitglied des Tätertrios, John, in einer Blutbank. „Würden Sie nicht ewig leben wollen?“ fragt er Mulder während seiner Vernehmung. „Nicht wenn Unterhosen mit Gummizug wieder modern werden“, bekommt er zur Atwort.

In der Annahme, daß der Glaube des Verdächtigen, ein Vampir zu sein, nur Einbildung ist, läßt Mulder ihn in einer Zelle mit unverdecktem Fenster, in der Hoffnung, daß seine Angst vor dem Sonnenlicht ihn zum Sprechen bringen wird. Als aber John die Sonnenstrahlen berühren, verbrennt er auf grauenvolle Weise.

Ein Eintrittsstempel auf Johns Hand führt Mulder zu einem Club in Hollywood, wo er Kristen, einer geheimnisvollen Frau, begegnet. „Sie haben jemanden verloren“, weiß sie unheimlicherweise. Als Mulder es

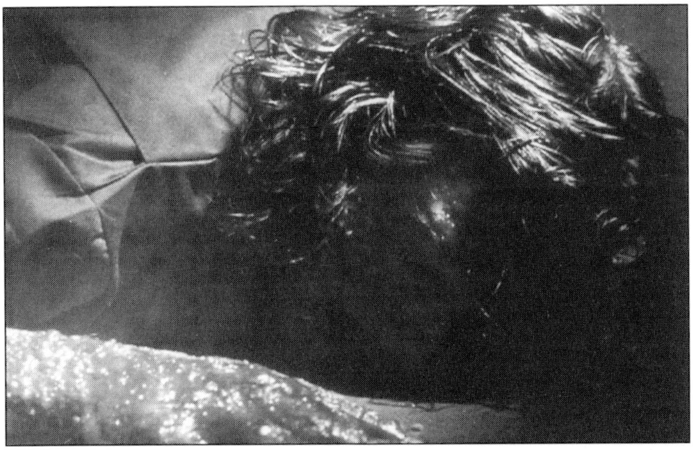

ausschlägt, ihr Blut zu kosten, verläßt sie den Club mit einem anderen Mann. Mulder folgt ihnen, wird aber von dem Mann zusammengeschlagen. Kurz darauf wird der Mann selber überfallen und getötet. Der Gerichtsmediziner erklärt Mulder, daß er an der Leiche Bißspuren von drei verschiedenen Menschen gefunden hat.

Mulder spürt Kristen auf und stellt fest, daß sie nicht mehr dem Kult angehört. Sie erklärt ihm, wie sie und John zu dem „Blutsport" gekommen sind. Als sie aber die anderen trafen, wurde es ihr langsam zu „unnatürlich". Seitdem sei sie auf der Flucht vor dem Trio, das ihr von Stadt zu Stadt folge.

Mulder und Kristen schlafen (vermutlich) miteinander – was nicht gezeigt wird – und müssen morgens feststellen, daß John von den Toten auferstanden ist und mit seinen Kumpanen bei ihnen erschienen ist. „Jeder andere stirbt einfach, aber wir kommen wieder zurück", erzählt er Kristen.

Kristen will die Vampire vernichten. Da John ihr erklärt hatte, daß sie nur durch einen der Ihren getötet werden können, trinkt sie vom Blut der Anführerin, um eine von ihnen zu werden. Sie besprengt das Haus mit Benzin und sprengt es in die Luft. Aus den Trümmern werden vier Leichen geborgen. Mulder bleibt einsam zurück, Scullys Kreuz umklammernd.

Facts: „3" ist die einzige Folge, in der Mulder eine Begegnung erotischer Art hat. Kristen wurde übrigens von David Duchovnys tatsächlicher Freundin Perrey Reeves gespielt. „Ich dachte, der Kerl ist ein Mönch. Laßt ihn uns etwas menschlicher machen'", sagt Carter. Gerade durch Scullys Abwesenheit bot sich „die perfekte Gelegenheit dazu."

Der „Club Tepes", der in dieser Episode vorkommt, wurde nach dem Prinzen Vlad Dracul Tepes, auch Vlad der Pfähler genannt, getauft, der Bram Stoker zu seinem Roman *Dracula* inspirierte. In der letzten Szene sagt der Unheilige Geist auch auf transsylvanisch „Ich werde ewig leben."

Dies ist die einzige Folge, die völlig ohne Gillian Anderson produziert wurde.

Tom McBeath, der als Detective Anderson auftritt, war vorher schon in der Folge „Besessen" zu sehen.

Auch diese Episode hat ihre Kritiker, unter ihnen Duchovny, der sagt, daß die Folge zwar Stil habe, aber auch logische Fehler aufweise. „Warum, um Gottes Willen, habe ich mich von ihr rasieren lassen?“ grübelt er.

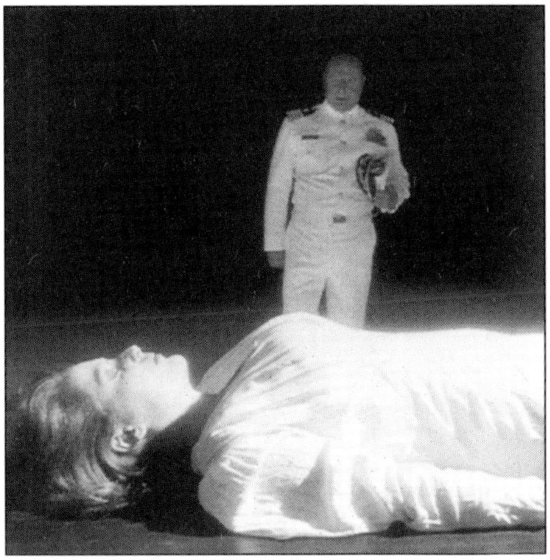

32. An der Grenze

One Breath

Erstausstrahlung:
USA: 11. 11. 1994
Deutschland: 26. 10. 1995

Drehbuch:
Glen Morgan und James Wong

Regie:
R. W. Goodwin

Darsteller:
Sheila Larken (Margaret Scully)
Melinda McGraw (Melissa Scully)
Tom Braidwood (Frohike)
Jay Brazeau (Dr. Daly)
Mitch Pileggi (Walter Skinner)
Dean Haglund (Langly)
Bruce Harwood (Byers)
Nicola Cavendish (Schwester Owens)
Steven Williams (Mr. X)
Don Davis (Captain Scully)
William B. Davis (Cigarette-Smoking Man)
Lorena Gale (Schwester Wilkins)
Ryan Michael (Mann im Mantel)
Tegan Moss (Dana Scully als Kind)

Story: Scully taucht unvermittelt wieder auf. Sie lebt, liegt aber im Koma, und Mulder muß zusammen mit ihrer Familie um ihr Leben kämpfen.

Hauptschauplatz: Washington, D. C.

Inhalt: Diese psychologisch sehr tiefgreifende Episode beginnt mit einer Szene aus Scullys Kindheit, an die ihre Mutter sich erinnert. Mulder ermutigt sie, sie dürften die Hoffnung nicht aufgeben, und kurz darauf taucht Scully plötzlich unter mysteriösen Umständen in einem Krankenhaus in Washington wieder auf. Sie lebt, liegt aber im Koma. „Wer hat sie eingeliefert?", schreit Mulder das Personal an, erhält aber von niemandem darüber Auskunft.

In traumartigen Bildern sieht Scully sich bewegungslos in einem ein paar Meter vom Ufer entfernt angetäuten Boot sitzen, während sie Mulder, ihre Mutter und ihre ebenfalls am Krankenbett erschienene Schwester Melissa sowie eine auffällig um sie besorgte Krankenschwester am Ufer stehen sieht und alles hört, was diese auch in Wirklichkeit zu ihr sagen. Mulder hat inzwischen Scullys Krankentabellen entwendet und zeigt sie den Three Lone Gunmen, von denen er erfährt, daß mit Scullys DNS experimentiert und deren Struktur verändert wurde. Ein unbekannter Mann stiehlt eine von Scullys Blutproben. Mulder will um jeden Preis herausfinden, wer wirklich hinter Scullys Abduktion steckt und verfolgt den Dieb, um ihn nach seinem Auftraggeber zu fragen. Dabei prallt er überraschenderweise auf Mr. X. „Sie wollen wissen, was nötig ist, um die Wahrheit herauszufinden?", fragt dieser ihn verächtlich und erschießt den Dieb ohne weitere Umstände, als würde er eine Exekution durchführen.

Der Cigarette-Smoking Man warnt unterdessen Skinner, gut auf Mulder aufzupassen, sonst würden „die" das übernehmen. Mulder erhält eine anonyme Botschaft, die ihm verrät, wo er den Cigarette-Smoking Man finden kann. Mulder stürmt in dessen Wohnung und bedroht ihn mit seiner Waffe. „Ich habe Präsidenten sterben sehen", erklärt der Cigarette-Smoking Man ihm ungerührt, fügt aber hinzu „Ich habe jetzt mehr Respekt vor Ihnen, Mulder. Sie werden zum ernsthaften Gegner."

Verzweifelt, weil er nichts erreicht hat, und immer noch von Schuldgefühlen geplagt, weil er glaubt, für Scullys Zustand mitverantwortlich zu sein, reicht Mulder seine Kündigung ein. Skinner jedoch erklärt ihm nach einem bitteren Bericht über seinen eigenen Dienst in Vietnam: „Ihre Kündigung ist nicht akzeptabel."

Mr. X taucht wieder auf und will einen Hinterhalt arrangieren, damit Mulder sich an Scullys Entführern rächen kann. Stattdessen läßt Mulder sich aber von Melissa überzeugen, daß er sich jetzt lieber zu ihr setzen und ihr geistigen Beistand leisten sollte. Er wacht die Nacht über an ihrem Bett.

Schwester Owens erhielt ihren Namen von Glen Morgan, der sie nach seiner Großmutter benannte.

Am nächsten Tag erfährt er, daß Scully nach seiner Nachtwache wieder zu sich gekommen ist. „Ich war so stark wie Ihre Überzeugungen", erklärt sie dankbar. Mulder gibt ihr den goldenen Kreuzanhänger zurück. Scully muß erfahren, daß die Krankenschwester, die sich die ganze Zeit über so aufopfernd um sie gekümmert hat, nie in dem Krankenhaus gearbeitet hat und dem Personal völlig unbekannt ist.

Facts: Gillian Anderson, die nach ihrer Kaiserschnittgeburt ein paar Tage zuvor noch immer ein wenig erschöpft war, verbrachte den größten Teil der Folge in einem Krankenhausnachthemd mit etlichen Schläuchen im Gesicht und schlief ein paarmal sogar ein, während die Kamera lief. Es war erwogen worden, daß Mulder sich in Scullys Schwester Melissa verlieben könnte, doch diese Idee wurde bald wieder fallengelassen.

Es kommt auch wieder eine witzige Anspielung aufs Fernsehen vor, als einer der Three Lone Gunmen Mulder vorschlägt: „Du kannst Samstag abend vorbeikommen. Wir sehen uns *Earth 2* an und picken die ganzen wissenschaftlichen Ungenauigkeiten heraus" und nur ein lakonisches „Da hab ich große Wäsche" zur Antwort kriegt.

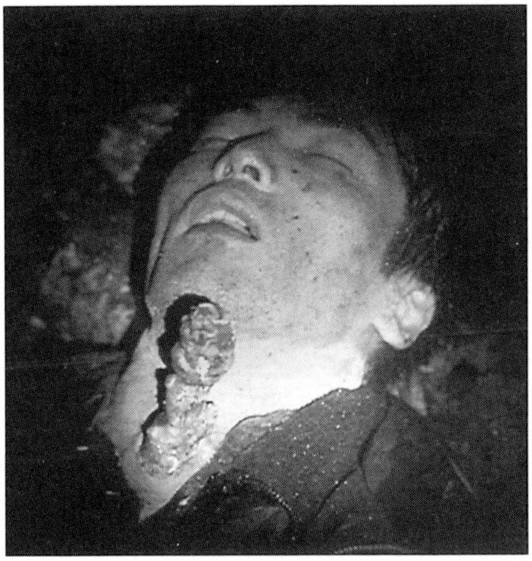

33. Der Vulkan

Firewalker

Erstausstrahlung:
USA: 18. 11. 1994
Deutschland: 2. 11. 1995

Drehbuch:
Howard Gordon

Regie:
David Nutter

Darsteller:
Bradley Whitford (Dr. Daniel Trepkos)
David Lewis (Vosberg)
Tuck Milligan (Dr. Adam Pierce)
Leland Orser (Jason Ludwig)
Torben Rolfson (Techniker)
Shawnee Smith (Jesse O'Neil)
Hiro Kanagawa (Peter Tanaka)
David Kaye (Reporter)

Story: Mulder und Scully stoßen bei Ihren Ermittlungen zum Tod eines Wissenschaftlers, der einen aktiven Vulkan erforscht hatte, auf eine tödliche Lebensform.

Hauptschauplatz: Mount Avalon, Washington

Inhalt: Ein Team aus Wissenschaftlern, das den Mount Avalon erforscht, hat einen Notruf aus dem Vulkan gesendet. Eine Videoübertragung zeigt eines der Mitglieder tot im Krater liegend. Das Team erforscht die Stelle mit Hilfe des „Firewalker" – einem Roboter, der weit in die Tiefen des Erdmantels eindringen kann.

Mulder bittet Scully nach den Strapazen ihrer Abduktion besorgt, sie solle sich noch „ein bißchen Zeit lassen", aber sie besteht darauf, wieder zu arbeiten. „Ich habe schon genug Zeit verloren", erwidert sie.

Als sie die Forschungsstation zusammen mit einem Wissenschaftler namens Pierce erkunden, der vorher mit dem Forschungsteam zusammengearbeitet hat, wird Mulder von einem Mitglied des Teams attackiert. Die Überlebenden Jason Ludwig, Peter Tanaka und Jesse O'Neil fürchten sich vor dem Expeditionsleiter Daniel Trepkos, einem brillanten Wissenschaftler, der verrückt geworden ist und Erikson ermordet hat, den Toten auf dem Videoband. Mulder findet Trepkos' Aufzeichnungen, die eine „neue Lebensform" behandeln – einen unterirdischen Organismus auf Siliciumbasis, der in der Lage ist, in einem Vulkan zu leben. Inzwischen wird Pierce im Wald, wo er die Seismographen kontrolliert, von Trepkos überfallen. „Niemand kann hier weggehen", gebietet Trepkos und erdrosselt ihn.

Tanaka kollabiert, und als er aus der Station transportiert wird, flieht er. Aus ei-

Die Taschenlampen, die Mulder und Scully in dieser Episode und in den ersten beiden Staffeln benutzen, sind Maxabeam-Xenonlampen. Sie kosten ca. 4000 Dollar pro Stück, werden von Rettungsteams bei Einsätzen in der Wildnis benutzt und können in einer Stärke von 3 bis 6 Millionen Candela ausstrahlen.

niger Entfernung sehen sie, wie ein schlangenartiger Stiel aus seiner Kehle hervorbricht – der Fruchtkörper eines Pilzes. Scully erklärt, daß er in ihm gewachsen sein muß, bis er seine Vermehrungsreife erreicht hatte.

Mulder will Trepkos finden, während Scully die Pilzsporen untersucht. Ludwig führt Mulder in die Höhlen, die zum Vulkankrater führen, aber Trepkos tötet Ludwig und verbrennt seine Leiche. „Es geht nicht darum, *ihn* zu töten", erklärt Trepkos, während sie beobachten können, wie sich der Pilz in Ludwigs Hals bewegt; vielmehr versucht er, die Pilze zu zerstören, die seine Kollegen infiziert haben. Der Firewalker hatte die Sporen aus dem Kraterinneren mitgebracht, Erikson hat sie gefunden und die anderen damit infiziert, die alle zu Wirtsorganismen für den Pilz geworden sind.

Scullys Tests ergeben, daß die Sporen sofort nach ihrer Freisetzung eingeatmet werden müssen, um Schaden anzurichten, danach werden sie harmlos. Mulder erkennt, daß Scully in Gefahr ist, solange sie ahnungslos allein mit O'Neil ist, und stürmt zurück in die Station. O'Neil hat sich mittlerweile mit Handschellen an Scully gefesselt, die sie in eine Plexiglaskammer sperren und trotz der Handschellen die Tür zwischen ihnen schließen kann, kurz bevor die Sporen aus O'Neil ausbrechen und gegen das Fenster der Kammer spritzen.

Trepkos, der ein Verhältnis mit O'Neil hatte, kehrt zurück, um ihre Leiche zu sehen. „Und ich hab ihr gesagt, es würde ihr Leben verändern", flüstert er bekümmert. Mulder berichtet dem Rettungsteam, daß es nur zwei Überlebende gebe und ermöglicht Trepkos dadurch, zu bleiben und O'Neil in die Höhlen hinunter zu bringen.

Facts: „Der Vulkan" basiert auf zwei Berichten, die Produzent Howard Gordon über das Projekt Dante gelesen hatte, einen von der NASA in Auftrag gegebenen Erkundungsroboter, der in einen

Vulkan geschickt wurde. Außerdem entspricht die Episode einem bestimmten Genre, das die Serie ein oder zweimal in jeder Staffel aufgreift: ein wissenschaftliches, militärisches oder industrielles Team gerät in einem abgelegenen Gebiet in Schwierigkeiten (wie in „Eis“ oder „Der Kokon“), und das FBI wird eingesetzt, um dort zu ermitteln. Gordon betrachtete Trepkos' Besessenheit und den Preis, den sie ihm abverlangte, nämlich jemanden zu verlieren, den er liebte, als Mittel, um die finsteren Seiten von Mulders eigener Besessenheit zu untersuchen.

Toby Lindalas Pilzsporeneffekte beeindruckten Gordon besonders, der gleichzeitig auch ein Lob an die hervorragende Regieleistung David Nutters ausspricht.

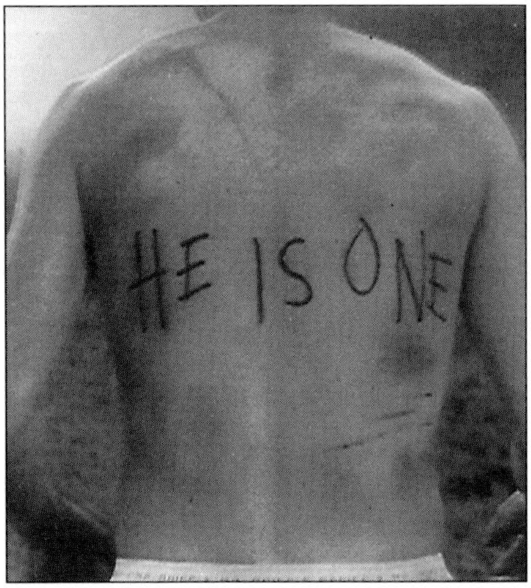

34. Rotes Museum

Red Museum

Erstausstrahlung:
USA: 9. 12. 1994
Deutschland: 9. 11. 1995

Drehbuch:
Chris Carter

Regie:
Win Phelps

Darsteller:
Gillian Barber (Beth Kane)
Steve Eastin (Sheriff Mazeroski)
Lindsey Ginter (Kurzgeschorener Mann)
Mark Rolston (Richard Odin)
Paul Sand (Gerd Thomas)
Bob Frazer (Gary Kane)
Robert Clothier (Alter Mann)
Elizabeth Rosen (Katie)
Crystal Verge (wortlesende Frau)
Cameron Labine (Rick)
Tony Sampson (Brad)
Garry Naim (Mann)
Brian McGugan (Polizist)

Story: Zwischen einem ländlichen religiösen Kult und dem Verschwinden einiger Teenager treten bestimmte Verbindungen zutage, die die Agenten klären sollen.

Hauptschauplatz: Delta Glen, Wisconsin

Inhalt: Ein Jugendlicher verschwindet. Zwölf Stunden später wird er halbnackt aufgefunden. Ihm wurden mit Filzstift die Worte „He is one" („Er ist einer") auf den Rücken geschmiert. Mulder informiert den Sheriff darüber, daß es in der Gegend schon mehrere Fälle dieser Art gegeben hatte. Alle Opfer wurden wie das letzte in einem Zustand hysterischer Angst wiedergefunden. Der Sheriff des Ortes denkt, daß die Opfer besessen sein könnten und verdächtigt die „Kirche vom Roten Museum", einem ortsbekannten Kult, der das Essen von Fleisch ablehnt und an Seelenübertragung glaubt.

Kurz darauf wird ein Mädchen verschleppt und später mit der gleichen Aufschrift auf dem Rücken wiedergefunden. Tests ergeben, daß sie gefährliche Mengen verschiedener Opiate in ihrem Blut hat. Man stellt fest, daß Odin, der Führer der Kirche vom Roten Museum, früher Arzt war. Er wird festgenommen und seine Gefolgsleute versammeln sich in der Stadt.

Ein alter Mann führt Scully und Mulder zu einer Farm, wo sie zwei Männer dabei beobachten, wie sie Rindern ein gentechnisch hergestelltes Wachstumshormon injizieren. „Die Menschen haben sich sehr verändert. Sie sind gemein und boshaft wie bissige Hunde", sagt der Mann und verweist auf sieben Fälle von Vergewaltigung durch Schuljungen. Er glaubt, daß die Wachstumshormone dafür verantwortlich seien und kontert auf Scullys Einwurf, deren Unbedenklichkeit sei doch garantiert worden: „Wer sagt das? Die Regierung?".

In dieser Nacht stürzt ein kleines Flugzeug ab. Dabei kommen der Pilot und sein Passagier, Dr. Larsen, der einen Aktenkoffer voller Geld dabei hatte, ums Leben. Dr. Larsen hatte jeden der entführten Teenager seit ihrer Geburt behandelt und ihnen dabei auch Vitaminspritzen gegeben. „Sieht so aus, als hätte der Doktor mehr getan als nur Babies entbunden", sinniert Mulder über den angekohlten Geldscheinen.

Der Kurzgeschorene Mann, der schon Deep Throat umgebracht hat, erscheint auf der Farm und erschießt einen der beiden Männer, die die Rinder geimpft haben. Der Sohn des Sheriffs wird entführt und tot aufgefunden.

Als Mulder ein Geheimzimmer hinter dem Badezimmer des ersten entführten Jungen entdeckt, vermutet er, daß der Hauseigentümer Gerd Thomas hinter den Entführungen steckt. Thomas sagt im Verhör aus, daß aus den Kindern durch Larsens Tests „Monster" geworden seien. Eine Analyse der Substanz ergibt, daß sie dieselbe außerirdische DNS enthält, die Scully schon in einer früheren Episode entdeckt hat. „Purity Control", stellt Scully fest, wobei sie den gleichen Begriff wie in „Das Labor" verwendet.

Mulder vermutet, daß an der ganzen Stadt ein Experiment mit außerirdischer DNS durchgeführt wurde und daß die Täter jetzt ihre Spuren verwischen. Um sie in Sicherheit zu bringen, fährt er die überlebenden Teenager und ihre Familien zu den Leuten vom „Roten Museum". Danach fährt er zum Schlachthof, wo er dem Kurzgeschorenen Mann begegnet. Dieser sperrt Mulder in einem Kühlraum ein, wird aber vom Sheriff, der noch um seinen Sohn trauert, erschossen.

Eine Identifizierung des Kurzgeschorenen Mannes ist nicht möglich, auch seine Fingerabdrücke sind nirgends registriert. In ihrem Off-Kommentar kommt Scully zu dem Schluß, daß die Stadt Teil eines Experimentes über die Auswirkung der außerirdischen DNS war und daß die „Kirche vom Roten Museum" als Kontrollgruppe gedient hat. „Der Fall bleibt offen und ungelöst", schließt sie.

Facts: Mit dieser Episode wurde ein noch nie dagewesener (aber leider fehlgeschlagener) Versuch einer Überkreuzung zwischen zwei Fernsehsendern unternommen, nämlich bei **AKTE X** auf Fox und der Serie *Picket Fences* auf CBS, die in der imaginären Stadt Rome in Wisconsin spielt. Beide Serien werden von Twentieth Century Fox produziert. Die CBS-Sendung wurde eine Stunde später als **AKTE X** ausgestrahlt. Vor allem CBS vereitelte letztlich die Idee. Eine Entscheidung, die insoweit einer gewissen Ironie nicht entbehrte, als die beiden Serien im September 1995 die gleiche Sendezeit bekamen und damit Konkurrenten wurden. In der erwähnten *Picket Fences*-Episode ermittelt ein FBI-Agent in einem ähnlichen Fall.

35: Excelsis Dei

Excelsis Dei

Erstausstrahlung:
USA: 16. 12. 1994
Deutschland: 16. 11. 1995

Drehbuch:
Paul Brown

Regie:
Stephen Surjik

Darsteller:
Frances Bay (Dorothy)
Teryl Rothery (Schwester Charters)
Eric Christmas (Stan Phillips)
David Fresco (Hal Arden)
Sab Shimono (Gung Bituen)
Tasha Simms (Laura Kelly)

Story: Die beiden Agenten decken seltsame Vorfälle in einer Privatklinik auf, nachdem dort eine Schwester von unsichtbaren Kräften vergewaltigt wurde.

Hauptschauplatz: Worcester, Massachusetts

Inhalt: Michelle, eine Schwester im Pflegeheim „Excelsis Dei", wird von nicht erkennbaren Angreifern festgehalten und vergewaltigt. Sie beschuldigt einen der Patienten, Hal Arden, der über die Anschuldigung lacht. „Ich bin 74 Jahre alt. Meine Rohrleitung ist älter als die in diesem Gebäude", sagt er, als er gerade die Badewanne verläßt, und löst zum Beweis sein Handtuch. „Und sie funktioniert auch nicht viel besser."
Nachdem Mulder und Scully gegangen sind, ermahnt Hals Zimmerpartner Stan ihn, vorsichtiger zu sein, um es nicht für „uns alle" zu vermasseln. Er nimmt eine Tablette und weist Hal zurück, als dieser selbst eine von ihm verlangt. Einen Augenblick später stirbt Hal – von unsichtbarer Hand erwürgt.
Der Arzt, der das Heim leitet, erklärt, er habe bei der Behandlung von Alzheimerpatienten gute Fortschritte mit einem experimentellen Medikament gemacht. Mulder denkt, daß die Krankenschwester ihre Vergewaltigung nur vorgetäuscht hat, aber Scully ist nicht so sicher.
Als sie ins Heim zurückkommen, verfolgt einer der Pfleger Stan, der gegen seinen Willen von seiner Familie abgeholt werden soll, auf den Dachboden. Die sehen den Pfleger zu Tode stürzen – eine unsichtbare Hand hat ihn aus dem Fenster gestoßen und seine Finger gewaltsam von dem Sims gelöst, an dem er sich noch festgehalten hatte.

Eine der Patientinnen, Dorothy, spricht zu den unsichtbaren Gestalten, die wir in einer schattenhaften Versammlung um Scully sehen. Mulder fragt nach einem asiatischen Pfleger, Gung, und findet im Keller Beete voller selbst gezüchteter Pilze – sowie einen seit längerem vermißten Pfleger, der in den Beeten begraben ist. Gung gibt zu, daß er den Patienten aus medizinischen Gründen die Pilze verabreicht hat, etwas dabei aber „furchtbar schief gegangen" sei und daß leidende „Seelen der Verstorbenen" wiedererweckt worden seien. Als er nach seinen Tabletten sucht, sind diese verschwunden.
Mulder weiß, daß Pilze in vergangenen Zeiten von Schamanen benutzt wurden, um die Geisterwelt zu besuchen. Dann wird er mit Michelle in einem Baderaum eingeschlossen, der sich mit Wasser zu füllen beginnt. Auch als Stan einen Anfall erleidet und somit nicht mehr als Urheber der Geschehnisse in Frage kommt, hört die Überflutung nicht auf. Schließlich kann Mulder sich und Michelle befreien, und die Geister verschwinden.

Gung soll wieder in seine Heimat abgeschoben werden, und die Patienten verfallen ohne die Spezialbehandlung wieder in ihre alte Apathie.

Facts: Um den Höhepunkt dieser Folge, als die Tür zum Badezimmer aufbricht, aufzunehmen, hat der für die Spezialeffekte zuständige Dave Gauthier einen Tank gebaut und den Korridor mit mehr als 12500 Litern Wasser überflutet. Eine Anspielung darauf, daß die angegriffene Krankenschwester eine Lesbierin war, war im Drehbuch zwar vorgesehen (ihre Freundin betritt das Appartement, als Mulder und Scully sie vernehmen), wurde aber vor der letzten Schnittfassung wieder herausgenommen. „Es war an dieser Stelle eigentlich überflüssig", meinte Carter dazu.

Shelia Moore, die schon in „Die Warnung" auftrat, kehrt in dieser Folge als Direktorin des Heimes zurück.

Tasha Simms, die die Mutter von Sindy Reardon in „Eve" spielte, ist hier als Tochter von Stan Phillips zu sehen.

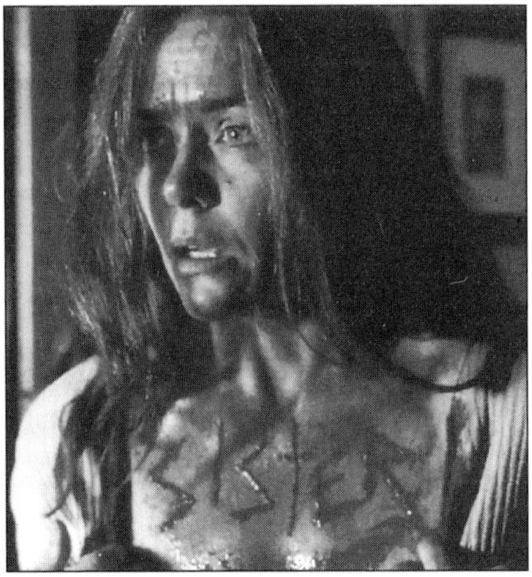

36. Böse geboren

Aubrey

Erstausstrahlung:
USA: 6. 1. 1995
Deutschland: 23. 11. 1994

Drehbuch:
Sara Charno

Regie:
Rob Bowman

Darsteller:
Deborah Strang (B.J. Morrow)
Morgan Woodward (alter Harry Cokely)
Terry O'Quinn (Lieutenant Brian Tillman)
Joy Coghill (Mrs. Ruby Thibodeaux)
Robyn Driscoll (Detective Joe Darnell)
Peter Fleming (Polizist)
Sarah Jane Redmond (junge Mom)
Emanuel Hajek (junger Cokely)

Story: Die beiden Agenten ermitteln im Fall eines Serienmörders, der von genetischer Persönlichkeitsübertragung von einer Generation in die nächste zu zeugen scheint.

Hauptschauplatz: Aubrey, Missouri

Inhalt: B.J. Morrow sagt ihrem Chef Lieutenant Tillman, mit dem sie ein Verhältnis hat, daß sie schwanger ist. Unbegreiflicherweise findet sie sich plötzlich auf einem Feld wieder, wo sie die Leiche eines FBI-Agenten ausgräbt, der seit 1942 als vermißt gilt.

Vor seinem Verschwinden hatte der Agent, Sam Chaney, den Fall eines Serienmörders untersucht, der das Wort „Sister" in die Brust seiner weiblichen Opfer einritzte und mit ihrem Blut auf die Wände schrieb. Der Mörder wurde nie gefaßt.

In einem Gespräch mit Scully erzählt B.J., daß sie schwanger ist und unter beängstigenden Alpträumen leidet. Sie weiß nicht mehr, wie sie zu der Leiche gekommen ist. Scully findet das Wort „Brother" in die Rippen des toten Agenten eingeritzt. Tillman berichtet ihnen von einem sehr ähnlichen Mord, der vor kurzer Zeit verübt wurde. Eine weitere Leiche wird gefunden, in die das Wort „Sister" geritzt wurde.

Aus einer Kartei alter Verbrecherfotos sucht B.J. Harry Cokely heraus, der 1945 verurteilt wurde, weil er eine Frau vergewaltigt hatte und „Sister" auf ihre Bust geritzt hatte. Als Mulder und Scully Cokely aufsuchen, geht es ihm sehr schlecht – er ist 77 Jahre alt und auf einen Sauerstoffapparat angewiesen. „Ich kann ohne das verdammte Ding überhaupt nirgendwo hin", erklärt er bei seiner Vernehmung verächtlich. „Ich sitze nur hier zu Hause und sehe fern – 24 Stunden am Tag."

B. J. erwacht aus einem Traum, in dem sie sich blutüberströmt mit dem Wort „Sister“ über der Brust gesehen hat. Sie sagt, sie habe auch Cokely in dem Traum gesehen und rast zu einem Haus, wo sie die Dielen aufreißt und unter ihnen die Überreste von Chaneys ebenfalls vermißtem Partner findet. Das Haus hatte Cokely vor 50 Jahren gemietet.

Mulder und Scully suchen die Frau auf, die von Cokely vergewaltigt wurde. Sie sagt aus, nach der Vergewaltigung ein Baby bekommen zu haben, das sie dann zur Adoption freigab. Mulder ist überzeugt, daß Cokelys Nachkomme für die neuen Morde verantwortlich ist, der das genetische Gedächtnis des Mörders übernommen haben könnte. „Erbmerkmale überspringen oft eine Generation“, merkt er noch an. Die Agenten finden heraus, daß B.J. Cokelys Enkelin ist.

Mulder befürchtet nun, sie könne zu Ende bringen wollen, was Cokely begonnen hat, und diese greift auch tatsächlich ihre Großmutter an. „Jemand muß schließlich die Schuld auf sich nehmen, kleine Schwester“, zischt sie. Aber der Anblick das vernarbten „Sister“ auf der Brust der Frau schockiert sie so, daß sie stattdessen Cokely aufspürt. Mulder findet ihn aufgeschlitzt vor und wird von B.J.aus dem Hinterhalt angegriffen, die ihn mit einem Rasiermesser bedroht. Als Cokely stirbt, läßt sie das Messer fallen.

Scully vermutet, daß B.J.s Schwangerschaft als „Katalysator für ihre Verwandlung“ gewirkt haben könnte. B.J. kommt in psychiatrische Behandlung und steht in einer Zelle unter Beobachtung, da Suizidgefahr besteht; sie hat bereits versucht, ihr ungeborenes Kind abzutreiben, das Tillman adoptieren will.

Facts: Aus „Böse geboren“ wurde ein wahres Gemeinschaftswerk der **AKTE X**-Autoren. Sara Charno machte den Anfang mit ihrem Konzept, das 50 Jahre alte Morde und genetische Persönlichkeitsübertragung mit einer weiteren Idee über eine weibliche Serienmörderin, die sie schon seit längerem im Kopf hatte, verband. Am Drehbuch wurden viele Veränderungen vorgenommen, einige noch sehr kurz vor Drehbeginn: Zum Beispiel die Szene, wo Mulder von B.J. angegriffen wird, der in der revidierten Fassung das Gesicht des ermordeten FBI-Agenten erscheint, als sie ihn ansieht.

Die Produzenten Glen Morgan und James Wong, von denen etliche Beiträge zum Drehbuch stammen, schlugen für die Rolle des Cokely Morgan Woodward vor, an den sie sich noch von *21 Jump Street* her erinnerten, wo er mitgespielt hatte, als sie die Serie produzierten. Morgan war auch schon in einer *Star Trek*-Folge und in zahlreichen „Bad Guy“-Parts in Westernfilmen zu sehen. Terry O'Quinn hat übrigens in den *Stepfather*-Filmen selbst einen Mörder gespielt.

Einige amüsamte Dialogpassagen zwischen Scully und Mulder heitern die düstere Geschichte etwas auf, zum Beispiel der Wortspiel-Dialog, der eigentlich nur in der englischen Fassung richtig witzig ist: Als Mulder ihr vorwirft, einen „pretty extreme hunch“ zu entwickeln, gibt sie schlagfertig zurück: “I seem to recall you having some pretty extreme hunches“, wobei „hunch“ sowohl für einen krummen Gang als auch für Vorahnungen stehen kann.

Die Knochen und Totenschädel, die in dieser Folge und in „Unsere kleine Stadt“ zum Einsatz kommen, sind natürlich nicht echt. Sie bestehen aus Plastik, das mit Farbe und Chemikalien erst künstlich zum „Altern“ gebracht werden mußte. Die Gußkanten mußten nachträglich abgefeilt werden. Die Verwendung echter Knochen würde nicht nur erheblich teurer, sondern dürfte den Darstellern auch reichlich makaber vorkommen.

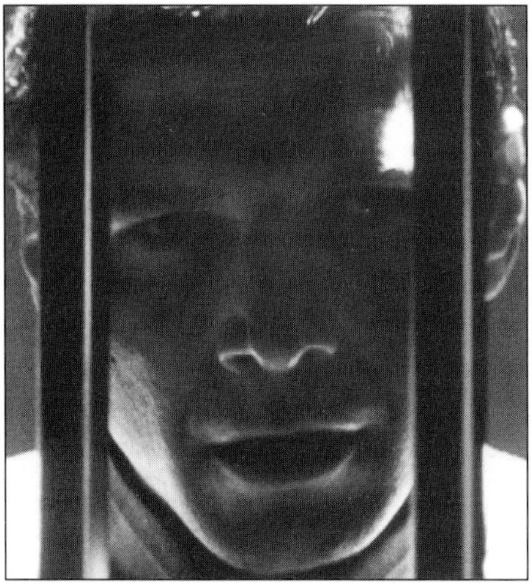

37. Todestrieb

Irresistible

Erstausstrahlung:
USA: 13. 1. 1995
Deutschland: 30. 11. 1994

Drehbuch:
Chris Carter

Regie:
David Nutter

Darsteller:
Nick Chinlund (Donnie Pfaster)
Robert Thurston (Jackson Toews)
Bruce Weitz (Agent Moe Bocks)
Denalda Williams (Marilyn)
Christine Willes (Agent Karen Kosseff)
Deanna Milligan (Satin)
Glynis Davies (Ellen)
Tim Progosh (Mr. Fiebling)
Dwight McFee (Vedächtiger)
Maggie O'Hara (junge Frau)
Kathleen Duborg (Prostituierte)
Mark Saunders (Agent Busch)
Ciara Hunter (Mitschülerin)

Story: Ein Psychopath, der Haare und Fingernägel von Toten sammelt, steigert sich so weit in seine Obsession, daß er dazu übergeht, seine künftigen Sammelobjekte selbst umzubringen.

Hauptschauplatz: Minneapolis, Minnesota

Inhalt: Donnie Pfaster, der in einem Leichenschauhaus arbeitet, wird von seinem Chef dabei erwischt, wie er einer Toten ein paar Haarlocken abschneidet. Mulder und Scully werden etwas später von Agent Moe Bocks aus Minneapolis gerufen, um ein geschändetes Grab zu untersuchen. Obwohl Mulder, der den Fall nur übernommen hat, weil er Karten für ein Footballspiel dort hat, davon überzeugt ist, daß es kein Fall für die X-Akten ist, scheint Scully von dem Verbrechen sehr erschüttert.

Mulder bezeichnet den Leichenschänder als „eskalierenden Fetischisten", also als einen, dessen Drang sich so weit auswachsen kann, daß er „auch vor Mord nicht zurückschreckt, um sich neue Leichen zu beschaffen." Donnie ermordet eine Prostituierte, von deren Leiche er verschiedene Andenken mitnimmt. Danach will er sich an eine Mitschülerin heranmachen, die kann aber entkommen, und er wird festgenommen.

Scully ist schwer getroffen von der Sache und hat einen Alptraum, in dem sie sich als eines der Opfer sieht. Sie wacht schreiend auf. Unterdessen kommt Donnie, der sich von seinem Zellnachbarn Scullys Namen hat geben lassen, wieder auf freien Fuß.

In Washington spricht Scully mit einem Anwalt über ihre Ängste. Sie sagt, sie vertraue Mulder völlig, gibt aber zu: „Ich möchte nicht, daß er weiß, wie viel mir das alles ausmacht. Ich möchte nicht, daß er glaubt, er müßte mich beschützen." Fingerabdrücke führen die Agenten inzwischen zu Donnies Appartement, wo sie zwar Haare und einen Finger finden, aber nicht den Verdächtigen.

Als Scully wieder in Minneapolis eintrifft, wartet Donnie schon auf sie. Er drängt ihren Wagen von der Straße ab. Er fesselt und knebelt sie, während Mulder seiner Spur bis zu dem Haus seiner verstorbenen Mutter folgt. Donnie trifft die Vorbereitungen für sein Ritual, das mit einem Bad Scullys beginnen soll. „Würden Sie sagen, Ihr Haar ist normal oder eher trocken?", fragt er mit triefender Stimme. Als er sich ihr nähert, gelingt es Scully, sich zu befreien. Sie ringt mit ihm, bevor Mulder und die anderen Agenten hereinstürmen. Schließlich bricht sie zusammen und fällt Mulder weinend um den Hals.

Fotos von Donnie zeigen ihn als Kind, dann als Heranwachsenden und Erwachsenen, finster und lauernd. Die Vorstellung eines solchen Monsters ist, so sagt Mulder im Off-Kommentar, „mindestens so beängstigend wie die Fälle der X-Akten."

In dieser Folge tritt Dwight McFee zum dritten Mal in AKTE X auf, nachdem er schon in „Verwandlungen" und „Kontakt" zu sehen war.

Facts: Obwohl „Todestrieb" eine der wenigen Folgen ohne paranormalen Anklang ist, war es offenbar doch noch so gruselig, daß die Programmdirektion bei Fox das ursprüngliche Drehbuch als „unakzeptabel als Sendematerial" ablehnte. Carter war gezwungen, aus seiner Figur statt eines Nekrophilen einen „Todesfetischisten" zu machen und auf alle offensichtlichen sexuellen Faktoren in Pfasters Verhalten zu verzichten. Nick Chinlund, der in dieser Rolle Hervorragendes leistet, hat auch in der Showtime-Serie *Red Shoe Diaries*, der erotischen Anthologie, die David Duchovny moderiert, mitgespielt.

Erwähnenswert ist auch, was Pfasters Zellnachbar ihm sagt, als er nach Scullys Namen gefragt wird: „Wie der Baseball-Moderator" – eine Anspielung auf den Dodger-Ansager Vin Scully, der übrigens tatsächlich für Scullys Namen in der Serie Pate stand. Die Folge ist bis heute eine von Gillian Andersons Lieblingsfolgen.

Das Footballspiel, das Mulder und Scully sich dann doch nicht ansehen, wird von Washington gegen Minnesota ausgetragen. Beide Teams haben einen „Carter“ vorzuweisen. In einer Szene spricht ein Fernsehansager von einem Catch durch Chris Carter.

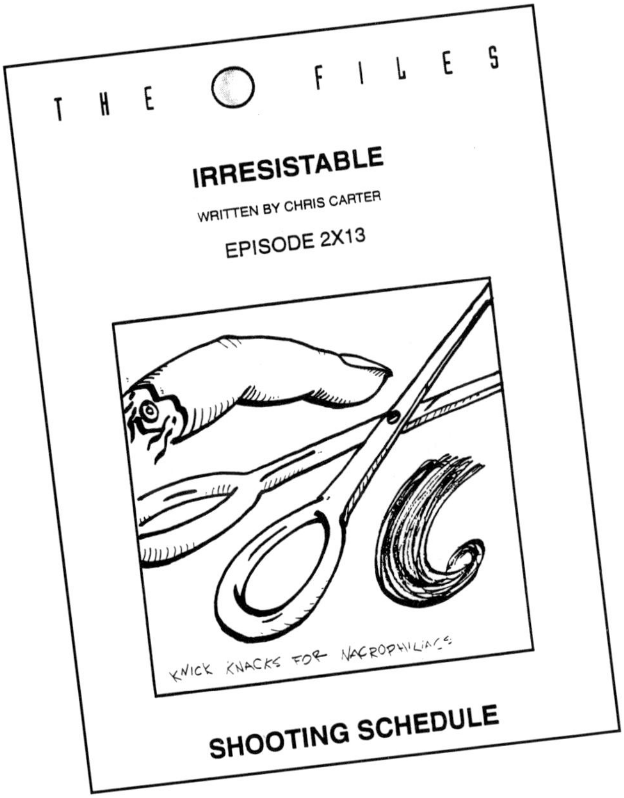

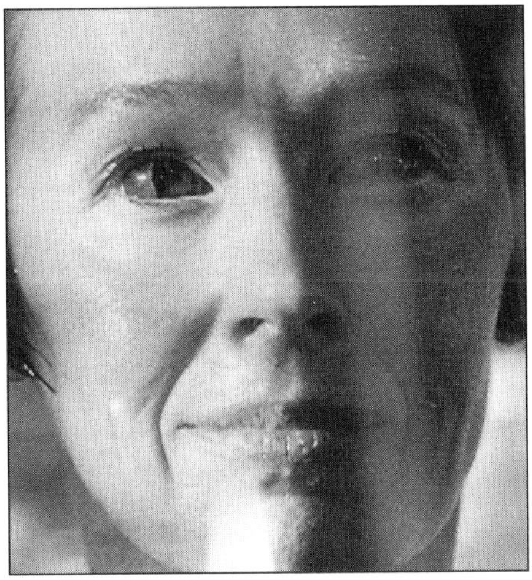

38. Satan

Die Hand Die Verletzt

Erstausstrahlung:
USA: 27. 1. 1995
Deutschland: 7. 12. 1995

Drehbuch:
Glen Morgan und James Wong

Regie:
Kim Manners

Darsteller:
Susan Blommaert (Mrs. Paddock)
Dan Butler (Jim Ausbury)
Heather McComb (Shannon Ausbury)
P. Lynn Johnson (Deborah Brown)
Shawn Johnston (Pete Calcagni)
Travis MacDonald (Dave Duran)
Michelle Goodger (Barbara Ausbury)
Larry Musser (Sheriff John Oakes)
Franky Czinege (Jerry Thomas)
Laura Harris (Andrea)
Doug Abrahams (Paul Vitaris)

Story: In einer kleinen Stadt sollen Mulder und Scully den Mord an einem Jungen untersuchen und geraten dabei zwischen die Fronten einer okkulten Sekte und einer Frau mit übernatürlichen Kräften.

Hauptschauplatz: Milford Haven, New Hampshire

Inhalt: Die Teilnehmer einer zunächst wie üblich verlaufenden Eltern- und Lehrerversammlung vollziehen nach ihrem Treffen merkwürdige Rituale: Kerzen werden angezündet und Gebete zu den Herren der Finsternis im Chor intoniert: „Die Hand, die verletzt".

Vier Teenager machen sich auf in den Wald. Die Jungen wollen den Mädchen Angst einjagen und sprechen ein Satansgebet. Plötzlich laufen ihnen Unmengen von Ratten um die Füße, und als sie fliehen wollen, wird einer der Jungen am Hals gepackt. Später findet man seine Leiche – ihm wurden das Herz und die Augen herausgeschnitten.

Mulder und Scully erfahren von der Polizei am Ort, daß Gerüchte um Teufelsverehrung und schwarze Magie in der Stadt kursieren, die Scully aber als folkloristischen Aberglauben abtut – bis auf einmal Kröten vom Himmel regnen. Die Lehrerin Mrs. Paddock kommt zur Schule, und während die Agenten noch die an dem Vorfall beteiligten Schüler vernehmen, tritt die Eltern- und Lehrerversammlung wieder zusammen. Einer der Teilnehmer, Calcagni, verkündet: „Etwas ist hier ... ein Geist", der für den Tod des Jungen verantwortlich sei. Scully und Mulder erfahren, daß Okkultisten hinter all den mysteriösen Geschehnissen stehen. Als sich herausstellt, daß das Wasser in der Stadt entgegen des Uhrzeigersinns abläuft, was in der nördlichen Hemisphäre an sich unmöglich ist, kommt auch Mulder zu dem Schluß, daß etwas Unnatürliches im Spiel ist. Unterdessen öffnet Mrs. Paddock ihre Schublade, und die Augen und das Herz des toten Jungen kommen zum Vorschein.

Als Shannon, die Tochter eines der Versammlungsmitglieder, im Unterricht ein Schweineembryo seziert, sieht sie das Herz des Schweins schlagen und bricht schreiend zusammen, während sie Erinnerungen an grausame satanische Rituale nochmals durchlebt. Als sie nach dem Unterricht wiederkommt, um die Arbeit nachzuholen, konzentriert sich Mrs. Paddock stark auf das Mädchen, deren Augen glasig werden, und deren Hand mit dem Skalpell sich erhebt, um ihre eigenen Handgelenke aufzuschlitzen. Mulder entdeckt, daß es in Mrs. Paddocks Büro nach Weihrauch riecht, der für Schwarze Messen oft verwendet wird.

Die Figuren Paul Vitaris und Deborah Brown wurden nach prominenten Online-X-Philes benannt.

Calcagni wertet Shannons Tod als Zeichen des bösen Geistes. „Wir müssen unseren Glauben erneuern", mahnt er die Gruppe und schlägt vor, den Tod des Mädchens zu benutzen, um das FBI loszuwerden. Shannons Stiefvater Ausbury gesteht Mulder, zusammen mit den anderen satanischen Mächten gehuldigt und für ihre Zeremonien Kinderblut verwendet zu haben. Mittels Hypnose seien in den Kindern die Erinnerungen bis zum Erreichen des Erwachsenenalters unterdrückt worden.

Er sagt auch, daß sie in letzter Zeit die Riten immer nachlässiger vollzogen und diejenigen, die sie nicht durchführen wollten, „übersprungen" hätten. „Haben Sie denn wirklich geglaubt, Sie könnten den Teufel erst beschwören und ihn dann bitten, sich ordentlich zu benehmen?", fragt Mulder sarkastisch.

P. Lynn Johnson war schon in „Wiedergeboren" zu sehen, wo ihr Rollenname Braun, also eine Variante von Brown war.

Mulder erhält einen Anruf von Scully, der sich als Schwindel herausstellt. Er hält Ausbury im Keller mit Handschellen fest, wo dieser von einer riesigen Schlange gefressen wird, während Mrs. Paddock ins Bild kommt, die sich mit blitzenden Augen die Lippen leckt. Von Ausbury sind nur noch Knochensplitter übrig, und sofort fällt der Verdacht auf die Python in Mrs. Paddocks Zimmer.

Calcagni bedrängt die anderen, sie müßten die Agenten töten, „wenn es nicht schon zu spät ist", oder aber das gleiche Schicksal wie Ausbury erleiden. Es gelingt ihnen, Scully und Mulder zu überraschen, und sie bereiten sie zum Opferritual vor. Mrs. Paddock aber überwältigt Calcagni, der auf die Satansanbeter schießt, bevor er die Waffe auf sich selbst richtet. „Es ist bereits zu spät", bemerkt Mrs. Paddock spöttisch.

Sie läßt am Ende nur eine Notiz auf der Tafel zurück: „Macht's gut. Es war nett, mit Euch zu arbeiten."

Facts: „Satan" ist eine der unheimlichsten Folgen der ganzen Serie. Es war die letzte Episode, bei der Glen Morgan und James Wong das Drehbuch verfaßten. Die beiden hörten mit **AKTE X** auf, um eine neue Serie für Fox namens *Space: Above and Beyond* zu produzieren und benutzen Mrs. Paddocks kryptische Botschaft auf der Tafel „Es war nett, mit Euch zu arbeiten" auch für ihre ganz eigenen sentimentalen Zwecke – als Abschiedsgruß an die AKTE X-Crew.

Auch hier kam wieder ein Teil des Drehbuchs durch die besondere Morgan-&-Wong-Vorliebe für die Entwicklung einer Story aus bestimmten Einzelszenen heraus zustande. Morgan hatte einmal enthusiastisch gefordert: „Wir brauchen eine Folge, in der ein Typ von einer Schlange verschlungen wird." Amphibien spielten auch in der Szene eine große Rolle, als es Kröten vom Himmel regnet. Es wurden echte Kröten verwendet (die aber aus kaum einem Meter Höhe fallengelassen wurden, so daß sie nicht verletzt wurden), weil die künstlichen zu schwer waren und von den Regenschirmen abprallten.

Da die Folge am Vorabend eines wichtigen Baseball-Pokalspiels ausgestrahlt wurde, gönnten sich die Produzenten als alte Fans der San Diego Chargers einen kleinen persönlichen Scherz und bezeichneten sich im Vorspann als James „Chargers" Wong und Glen „Bolts, Baby" Morgan. Die Chargers wurden zwei Tage später von den San Francisco 49ers geschlagen, Morgan aber besteht darauf, nicht so abergläubisch zu sein zu glauben, daß dieser Vorspann die Mannschaft verhext haben könnte.

Der Name „Crowley High Scool" erinnert an den britischen Okkultisten Aleister Crowley, dessen „Magick"-Theorien seine Zeitgenossen schockierten und die Entwicklung moderner Satanskulte stark beeinflußten.

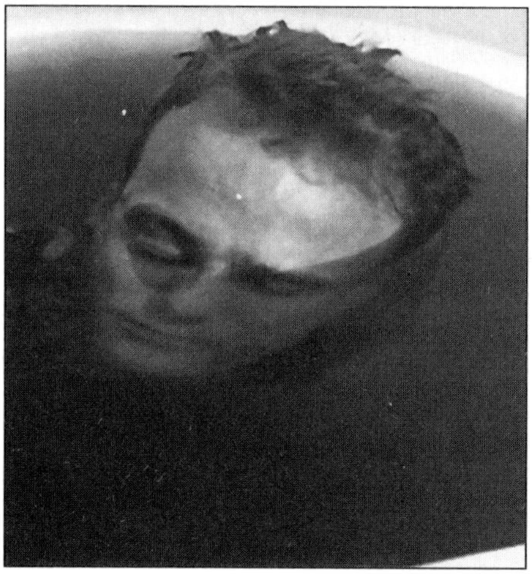

39. Frische Knochen

Fresh Bones

Erstausstrahlung:
USA: 3. 2. 1995
Deutschland: 14. 12. 1995

Drehbuch:
Howard Gordon

Regie:
Rob Bowman

Darsteller:
Kevin Conway (Private McAlpin)
Daniel Benzali (Colonel Wharton)
Katya Gardner (Robin McAlpin)
Matt Hill (Private Harry Dunham)
Jamil Walker Smith (Chester Bonaparte)
Bruce Young (Pierre Bauvais)
Roger Cross (Private Kittel)
Steven Williams (Mr. X)
Callum Keith Rennie (Platzwart)
Peter Kelamis (Lieutenant Foyle)

Story: In einem haitianischen Flüchtlingslager ermitteln Mulder und Scully in einer Serie von Todesfällen und werden in einen persönlichen Krieg zwischen dem Lagerleiter und einem Voodoopriester hineingezogen.

Hauptschauplatz: Folkstone, North Carolina

Inhalt: Der Soldat McAlpin sieht statt seines Müslis Maden in seiner Frühstücksschüssel. Daraufhin fährt er in Panik los und gegen einen Baum, der ein Voodoozeichen trägt. Das ist schon das zweite Mal in einer Woche, daß ein Soldat der militärischen Einwanderungsverwaltung, wo haitianische Flüchtlinge festgehalten werden, stirbt. Offiziell wird sein Tod als Selbstmord dargestellt, seine Frau aber glaubt an einen Voodoo-Fluch.

Der Lagerkommandeur Colonel Wharton erklärt, daß die Soldaten unter starker psychischer Belastung stehen, da die Flüchtlinge sie hassen. Scully will McAlpins Leiche untersuchen, findet statt dieser aber nur einen toten Hund vor. Mulder spricht mit dem Flüchtling Bauvais, der sich beklagt, Wharton ließe sie nicht nach Hause zurückkehren, „dabei ist das alles, was wir wollen.“

Auf ihrem Rückweg überfahren sie beinahe eine Gestalt. Es ist McAlpin, der, wie Mulder vermutet, zu einem Zombie wurde. Er fragt sich, ob mit dem anderen Soldaten etwas ähnliches geschehen ist. Als sie diesen exhumieren wollen, ist auch seine Leiche verschwunden.

Einer der Soldaten deutet düster an, die Agenten seien „mitten in eine Sache geraten, die Sie nicht verstehen können“. Bauvais habe Wharton gewarnt, er würde „seine Männer einen nach dem anderen vernichten

. . . und ihnen ihre Seele nehmen“, wenn man die Flüchtlinge nicht gehen ließe. Wharton läßt Bauvais schlagen. Mulder erfährt von Mr. X, daß der Colonel sich für den Tod seiner Soldaten während seines letzten Einsatzes auf Haiti rächen will. „Die Freiheitsstatue macht Urlaub“, bemerkt Mr. X sarkastisch.

Scully findet den Soldaten, der sie zu warnen versucht hat, tot in Mulders Zimmer. McAlpin steht mit einem blutbeschmierten Messer daneben. Als sie Bauvais verhören wollen, wird ihnen gesagt, er habe Selbstmord begangen. „Ich gehe davon aus, daß Ihre Angelegenheit hier jetzt erledigt ist“, erklärt Wharton ihnen kurzangebunden.

Weitere Ermittlungen ergeben, daß McAlpin und der andere Soldat beide gegen Whartons Behandlung der Flüchtlinge Beschwerde eingelegt hatten. Auf dem Friedhof beobachtet Mulder Wharton dabei, wie er über Bauvais' Sarg einen Voodoozauber zelebriert. Mulder sieht entsetzt zu, wie Bauvais sich langsam vor Wharton erhebt, welcher später tot aufgefunden wird, während Bauvais friedlich in seinem Sarg liegt.

Als sie aufbrechen wollen, erfahren Mulder und Scully, daß Chester, ein Junge, der ihnen geholfen hat, vor sechs Wochen bei einem Lageraufstand ums Leben kam. Whartons Sarg wird unterdessen mit einem schreienden und sehr lebendigen Wharton darin zur Erde gelassen.

Facts: Auch dieser Folge liegt wieder eine Nachrichtenmeldung zugrunde. Produzent Howard Gordon hat zwei Artikel gelesen, in denen von dem Selbstmord dreier US-Soldaten auf Haiti die Rede war. Die Internierung haitianischer Flüchtlinge war zu der Zeit ebenfalls ein aktuelles Medienthema. Rob Bowman, der bei etlichen von Gordon verfaßten Folgen Regie führte, hat beim Herausarbeiten der Spannungsbögen „großartige Arbeit geleistet“, wie der Autor sagt.

Das Symbol auf dem Baum, gegen den McAlpin fährt, ist ein „Vever“, ein Zeichen, das zu den „loa“ gehört, Geister, die im Voodookult eine Rolle spielen. Bauvais deutet den Vever als „loco-miroir“ oder Spiegel der Seele.

Der Gastdarsteller Daniel Benzali, der danach in der ABC-Serie *Murder One* eine Hauptrolle übernahm (wo er sich mit Rechts- anstatt mit Voodoopraktiken beschäftigte), war „eine etwas gewagte Wahl“, fügt Gordon hinzu, da er nicht gerade militärisch aussieht, aber „dieses gewisse Etwas“ hatte, das für die Folge nötig war. Colonel Whartons Voodoorituale sind nicht mit Untertiteln unterlegt; am Ende sagt er auf Französisch: „Dem Geist der Sterne. Dem Geist des Mondes.“

„Frische Knochen“ konnte die höchsten Einschaltquoten der ersten beiden Sendestaffeln verzeichnen.

Tetrodotoxin ist ein lähmendes Gift mit außerordentlich starker Wirkung (Muskellähmung und Atemstillstand). Es wird aus dem Kugelfisch gewonnen. Wie Scully bemerkt, gilt er in Japan als Delikatesse. Bei seiner Verwendung ist allergrößte Vorsicht geboten, weshalb nur speziell ausgebildete Köche das Gericht zubereiten dürfen.

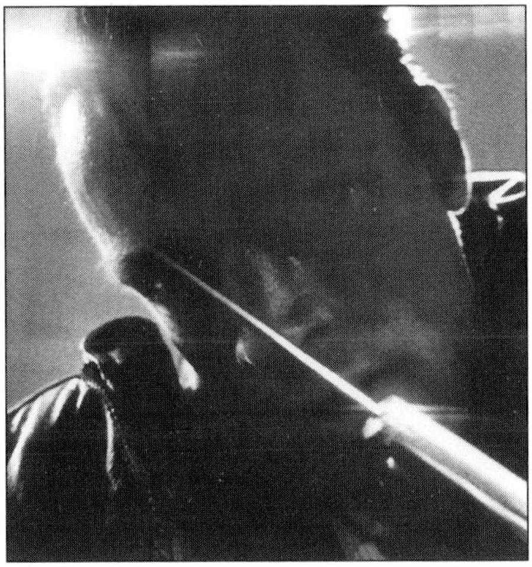

40. Die Kolonie (Teil 1)

Colony (Part 1 of 2)

Erstausstrahlung:
USA: 10. 2. 1995
Deutschland: 28. 12. 1995

Drehbuch:
Chris Carter
Story von David Duchovny und Chris Carter

Regie:
Nick Marck

Darsteller:
Brian Thompson (Pilot)
Dana Gladstone (Dr. Prince/Gregor)
Megan Leitch (Samantha Mulder)
Peter Donat (Bill Mulder)
Tom Butler (CIA-Agent Chapel)
David L. Gordon (FBI Agent)
Andrew Johnston (Agent Weiss)
Tim Henry (Marschall)
Micheal McDonald (MP)
Mitch Pileggi (Walter Skinner)
Capper McIntyre (Gefängniswärter)
Rebecca Toolan (Mulders Mutter)
James Leard (Sargeant Al Dixon)
Linden Banks (Reverend Sistrunk)

Story: Mulder und Scully sind einem außerirdischen Kopfgeldjäger auf der Spur. Dieser ermordet Ärzte, die seltsame Gemeinsamkeiten haben.

Hauptschauplatz: Nordosten der USA

Inhalt: Mulder wird mit extremen Unterkühlungserscheinungen in eine Notaufnahme eingeliefert. Aus dem Off berichtet er, er habe erfahren, daß es intelligentes Leben außerhalb der Erde gibt, daß sie „unter uns" sind und mit dem Aufbau einer Kolonie begonnen haben.

Zwei Wochen zuvor am Beaufortsee im nördlichen Polarkreis: Ein Forschungsschiff der Regierung birgt einen russischen Piloten, der hier abgestürzt ist. Der Pilot taucht in einer Abtreibungsklinik in Scranton auf und tötet einen Arzt, dem eine grüne Flüssigkeit aus der Wunde quillt.

Mulder erhält drei Nachrufe auf Ärzte verschiedener Abtreibungskliniken zugesandt, die sich äußerlich bis aufs Haar gleichen und für die keine Geburtsurkunden existieren. Mulder folgert daraus, daß mehr hinter den Ärzten steckt und daß der Killer einem geographischen Schema folgt, und macht einen weiteren Arzt in Syracuse aus. Er schickt einen anderen Agenten nach Syracuse, um dort die Ermittlungen aufzunehmen. Dieser begegnet dem Piloten und schießt auf ihn. Die grüne Flüssigkeit, die auch ihm aus der Wunde tritt, läßt den Agenten zusammenbrechen, als sei er vergiftet worden. Als Mulder und Scully in Syracuse ankommen, nimmt der Pilot das Aussehen des inzwischen gestorbenen Agenten an. Erst wieder in Washington erfährt Mulder überrascht, daß man den Agenten tot in Syracuse aufgefunden hat.

Mulder lernt den CIA-Agenten Ambrose Chapel kennen, der ihm erklärt, daß es

Frage: Welche drei Frauen hat Mulder in der Serie geküßt?

Antwort: Phoebe Green („Feuer"), Kristen Kilar („Drei") und seine Mutter („Die Kolonie Teil 1")

sich bei den Ärzten um sowjetische Klone handele, die als „Gregor" bekannt seien, und daß sie einem Geheimabkommen zufolge getötet würden. Als sie einen weiteren Gregor finden, springt dieser mehrere Stockwerke in die Tiefe, überlebt aber wie durch ein Wunder und läuft fort, ehe der Pilot ihn töten kann.

Scully ist überrascht, daß Mulder Chapel glaubt. „Was ist aus ‚vertraue niemandem' geworden?", fragt sie und Mulder entgegnet im Scherz: „Ich hab's in ‚vertraue allen' geändert. Habe ich Ihnen das nicht erzählt?"

Mulder wird zu einem „familärem Notfall" nach Hause gerufen, wo er völlig fassungslos seine Schwester Samantha findet, die seit 22 Jahren vermißt wird. Sie erzählt ihm, die Gregors seien nicht nur ihre Adoptiveltern, sondern in Wahrheit auch außerirdische Besucher, die von einem ebenfalls außerirdischen Kopfgeldjäger, der jede Gestalt annehmen könne, ermordet würden. „Jede Gestalt? Du machst wohl Witze", fragt Mulder atemlos nach. Nur Samantha kann den Kopfgeldjäger identifizieren, und Mulder erkennt plötzlich, daß auch Scully in Gefahr sein könnte.

Bei ihren Nachforschungen findet Scully die letzten vier Gregors, die Schutz erbitten und beim FBI in Gewahrsam genommen werden. Als FBI-Agent getarnt gelangt der Pilot in das Gefängnis und tötet sie alle.

Mulder kommt zu Scully ins Büro, als aber das Telefon klingelt, ist Mulder dran. „Scully? Sind Sie da?" hört sie und schaut auf den Mann ihr gegenüber.

Fortsetzung folgt . . .

Facts: Dies ist die erste Folge, die in Retrospektive erzählt wird – in Carters Augen einfach ein neuer Kunstgriff, um einen gewissen Abwechslungsreichtum in den verschiedenen Erzähltechniken der Serie zu erhalten.

Nachdem ein Techniker in der altmodischen Know-How-Abteilung sich stundenlang mit der Suche nach einem passenden Soundeffekt für das außerirdische Stilett abgemüht hatte, das sich nach dem Wunsch der Schreiber irgendwie wie „Alien-Technologie“ anhören sollte, löste Coproducer Paul Rabwin das Problem, indem er einfach ein mündlich produziertes „Phffft“ ins Mikrofon pfiff. Trotz aller technischen Fortschritte blieb dies die beste Lösung.

In dieser Folge ist Andrew Johnston noch einmal zu sehen, der in „Die Warnung“ den Colonel Budahas spielte, sowie Tom Butler, der in „Die Maschine“ Benjamin Drake verkörperte und hier als Agent Chapel zurückkehrt. Auch Jim Leard, der als Captain Lacerio in „Das Labor“ erschien, taucht hier noch einmal auf, um als Sargeant Dixon Reverend Sistrunk zu verhören.

41. Die Kolonie (Teil 2)

End Game (Part 2 of 2)

Erstausstrahlung:
USA: 17. 2. 1995
Deutschland: 28. 12. 1995

Drehbuch:
Frank Spotnitz

Regie:
Rob Bowman

Darsteller:
Brian Thompson (Pilot)
Dana Gladstone (Dr. Prince/Gregor)
Megan Leitch (Samantha Mulder)
Peter Donat (Bill Mulder)
Colin Cunningham (Lieutenant Wilmer)
Mitch Pileggi (Walter Skinner)
Steven Williams (Mr. X)
Garry Davey (Captain)
Andrew Johnston (Agent Weiss)
Allan Lysell (Able Gardner)
J. B. Bivens (Scharfschütze)
Oliver Becker (Arzt)
Beatrice Zeilinger (Sanitäterin)

Story: Mulder verfolgt einen außerirdischen Kopfgeldjäger, der Scully als Geisel hält. Er stellt fest, daß seine Schwester vielleicht doch nicht die ist, die sie zu sein vorgibt.

Hauptschauplätze: Maryland, nördlicher Polarkreis

Inhalt: Ein U-Boot der Navy begegnet einem seltsamen Schiff, greift es an und wird daraufhin von einer gewaltigen Schockwelle durchgeschüttelt.

Scully erkennt, daß der Mann, der vor ihr im Büro steht, nicht Mulder ist und zieht ihre Pistole. Aber der Pilot schleudert sie mit Leichtigkeit zur Seite und nimmt Scully als Geisel. Er hofft, sie gegen Samantha eintauschen zu können. Diese erklärt Mulder unterdessen, der einzige Weg, ihren Verfolger zu töten, sei das Durchbohren seiner Schädelbasis.

Die Klone, sagt sie, seien Nachkommen von zwei Besuchern, die in den 40er Jahren versuchten, durch genetische Kreuzungsversuche mit Menschen eine Kolonie auf der Erde zu gründen. Sie seien bevorzugt in Abtreibungskliniken tätig, um dort fötales Gewebe zur Verfügung zu haben. Da die Experimente aber nicht von höherer Stelle genehmigt waren, wurde ein Kopfgeldjäger angesetzt, um die Kolonisten zu töten.

Ein Austausch auf einer Brücke in Bethesda wird vereinbart, und Mulder bittet Skinner um Hilfe: „Wenn ich jemals ihre Hilfe und Ihr Vertrauen brauchte, dann jetzt“. Als Mulder den Austausch von Samantha und Scully vorbereitet, wartet Skinner in der Nähe mit einem Scharfschützen. Aber der Kopfgeldjäger greift sich Samantha und stürzt sich mit ihr ins Wasser.

Verzweifelt berichtet Mulder seinem

Vater, daß er Samantha wieder verloren hat. Sie hat ihm aber Instruktionen hinterlassen, daß er sie, sollten sie getrennt werden, in einer Klinik treffen solle. Hier findet er mehrere Klone von Samantha vor – die Frau, die vorgegeben hatte, seine Schwester zu sein, hat ihn getäuscht und für ihre Zwecke ausgenutzt. Soviel gestehen die Klone, teilen ihm aber auch mit, daß seine Schwester noch am Leben sei. In diesem Augenblick erscheint der Kopfgeldjäger und schlägt Mulder nieder. Als er wieder zu sich kommt, brennt die Klinik und alle Klone sind verschwunden.

Mr. X berichtet Mulder zögernd, daß das Fahrzeug des Piloten gefunden wurde und daß ein Angriffsgeschwader ausgeschickt wurde, um ihn daran zu hindern, die Erde zu verlassen. Scully findet eine Notiz von Mulder, in der er ihr mitteilt, daß er noch etwas zu klären habe und sie nicht mehr wissen lassen wolle: „Ich werde nicht zulassen, daß Sie Ihr Leben und Ihre Karriere aufs Spiel setzen."

Scully erkennt die Gefahr, in der Mulder schwebt, und bittet Skinner um Hilfe. Sie fragt ihn, ob es irgendeine Möglichkeit gäbe, ihn „durch inoffizielle Kanäle" aufzuspüren. Sie versucht es auch bei Mr. X, der aber nicht bereit ist, mit ihr zu sprechen. Kurz darauf sucht Skinner ihn auf. „Haben Sie ihr alles gesagt, was sie wissen muß?" fragt er ihn schroff und beginnt anschließend einen brutalen Zweikampf mit Mr. X, bis dieser seine Pistole zieht und sie Skinner an den Kopf setzt. „Ich habe schon aus weitaus geringerem Anlaß getötet", droht er ihm.

„Drücken Sie nur ab – und Sie töten zwei Menschen", verkündet Skinner. Sofort gibt er Scully die benötigten Informationen weiter und behauptet, er habe sie durch besagte „inoffizielle Kanäle" erhalten.

Mulder findet in der Arktis ein U-Boot und einen Soldaten, der in Wahrheit der Kopfgeldjäger ist. Er schleudert Mulder wie eine Puppe herum und fragt ihn: „Ist es die Antwort auf Ihre Frage wirklich wert, dafür zu sterben?" Mulder bejaht unbeirrt, und der Pilot verrät ihm, daß seine Schwester noch am Leben ist. „Sind Sie jetzt bereit zu sterben?" Er läßt ihn auf dem Eis zurück, während der Turm des U-Bootes langsam unter der Eisdecke verschwindet.

An der Stelle anknüpfend, wo der erste Teil begonnen hatte, kommt Scully an Mulders Krankenbett eiligst den Ärzten zu Hilfe. Mit dem Wissen, das sie über den von den Außerirdischen gezüchteten Retrovirus erworben hat, rettet sie ihn. „Letztendlich", sagt sie im Off-Kommentar, „war es die Wissenschaft, die Agent Mulder das Leben gerettet hat." Mulder wacht auf und sieht Scully an seinem Bett. Er sagt ihr, daß er etwas gefunden habe, das er schon verloren geglaubt hatte: „die Kraft weiterzusuchen".

Facts: Um die Polkappe, in der das U-Boot steckt, zu bauen, wurden 140 Tonnen Eis und Schnee in das schon fünf Tage vorher tiefgekühlte Studio transportiert. So war gewährleistet, daß die arktische Atmosphäre erhalten blieb und die Zuschauer den Atem der Schauspieler sehen konnten. Der U-Boot-Turm, ein Anblick, der die erste Idee zu der Episode anregte, war ca. viereinhalb Meter hoch und wurde durch ein hydraulisches System angetrieben, mit dem man ihn um etwa zwei Meter nach oben und unten bewegen konnte.

Interessant ist dieser zweite Teil von „Die Kolonie" auch wegen der Auseinandersetzung zwischen Skinner und Mr. X. Mitch Pileggi erinnert sich daran, versehentlich einige schmerzhafte Stöße in die Leiste abbekommen zu haben, als er Steve Williams gegen (und fast durch) die künstliche Fahrstuhlwand prügeln mußte. Die Kopfnüsse während der Schlägerei waren Williams' Idee gewesen. Er betont, daß die Konfrontation ebenso psychologischer wie physischer Art war. Die Szene entstand aus der Notwendigkeit heraus, daß Scully erfahren mußte, wo Mulder war, was nur Mr. X wissen konnte. Schließlich schlug Carter dem Autor Frank Spotnitz vor: „Warum lassen wir Skinner diese Information nicht einfach aus Mr. X herausprügeln?"

Die Waffe, die der Pilot benutzt, wurde aus Aluminium und Acryl gefertigt. Keine Feder war stark genug, um die stilettartige Klinge schnell genug hervorschnellen zu lassen, also brachte man einen Gummischlauch in Brian Thompsons Ärmel an, der hinter der Kamera pneumatisch aktiviert werden konnte.

42. Sophie

Fearful Symmetry

Erstausstrahlung:
USA: 24. 2. 1995
Deutschland: 4. 1. 1996

Drehbuch:
Steven DeJarnatt

Regie:
James Whitmore Jr.

Darsteller:
Charles Andre (Ray Floyd)
Jack Rader (Ed Meecham)
Jayne Atkinson (Willa Ambrose)
Lance Guest (Kyle Lang)
Bruce Harwood (Byers)
Tom Braidwood (Frohike)
Dean Haglund (Langly)
Garvin Cross (Red Head Kid)
Tom Glass (Trucker)
Jody St. Michael (Sophie)

Story: Aus einem Zoo in der Nähe eines bekannten UFO-Landeplatzes verschwinden Tiere auf mysteriöse Weise.

Hauptschauplatz: Fairfield, Idaho.

Inhalt: Eine unsichtbare Macht zerschmettert Fenster, zerquetscht Autos und schleudert einen Mann durch die Luft. Später erscheint plötzlich ein Elefant auf der Straße – 43 Meilen entfernt von dem Zoo, in dem er in seinem verschlossenen Stall gestanden hatte. Das Tier wird sterbend aufgefunden.

Mulder glaubt an eine übersinnliche Ursache für den Vorfall. Im Zoo lernen er und Scully den Geschäftsführer Ed Meecham kennen, ebenso wie die ebenfalls in die Angelegenheit eingeschaltete Willa Ambrose und Kyle Lang von der „Wild Again Organisation", welche sich für die Befreiung von Zoo- und Zirkustieren einsetzt.

Mulder bespricht den Fall telefonisch mit den Three Lone Gunmen, die ihn darüber informieren, daß der Zoo in der Nähe eines bekannten UFO-Landeplatzes liegt, und daß keines der Tiere dort je eine Schwangerschaft zu Ende bringen konnte.

Scully allerdings glaubt, daß die W.A.O. für die Vorfälle verantwortlich ist und verfolgt eines der Mitglieder bis in den Zoo, wo der Tiger plötzlich in einem gleißend hellen Blitz verschwindet und außerhalb des Käfigs wieder auftaucht. Der Tierschützer wird von einem unsichtbaren Angreifer in Stücke gerissen.

Mulder macht den Vorschlag, Sophie zu fragen, Ambroses Gorilla, der sich in Zeichensprache verständigen kann. Der Affe wiederholt immer wieder: „Licht, Angst." Auf Mulders Drängen hin wird eine Autopsie an der Elefantenkuh vorgenommen, wobei sich herausstellt, daß sie – obwohl man sie nie hat decken lassen – tragend war. „Das ist unmöglich", erklärt Willa Ambrose entschieden. Trotzdem trifft dasselbe auf den Tiger zu, der in der Stadt auftaucht und von Meecham getötet wird. Wegen der Vorfälle muß der Zoo geschlossen werden.

Mulder glaubt, die Tiere seien von Außerirdischen entführt und künstlich besamt worden. Die Embryos seien offenbar entfernt worden, bevor man die Tiere wieder ausgesetzt habe. Obwohl auch Sophie nie gepaart wurde, gibt sie der Befürchtung Ausdruck: „Baby fliegen Licht".

Als Sophie in ihre Heimat zurückgebracht werden soll, bittet Ambrose Kyle um Hilfe, der zunächst ablehnt, später aber doch bei Sophies Käfig erscheint, wo er zu Tode gequetscht wird. Mulder macht Meecham ausfindig, den Ambrose dafür bezahlt hat, Sophie zu stehlen. Als Mulder zusammen mit dem in Panik versetzten Affen eingesperrt wird, greift dieser ihn an. Benommen sieht er, wie Sophie in einem grellen Blitz verschwindet. Ambrose übersetzt ihre letzte Geste als: „Mensch retten Mensch".

Sophie taucht meilenweit entfernt wieder auf und wird von einem Auto überfahren. Meecham und Ambrose werden wegen Totschlags an Kyle Lang angeklagt. Mulder grübelt über die Tierentführungen und Sophies letzte Botschaft nach. In Anbetracht des rapiden Aussterbens vieler Tierarten fragt er sich, ob es sich um einen außerirdischen Versuch der Arterhaltung handeln könnte. „Oder", überlegt er, „sind es nur die einfachen Worte eines Wesens, dessen eigene Zukunft in Gefahr ist: Wird der Mensch den Menschen retten?"

In dieser Folge treten die Lone Gunmen zum ersten Mal ohne Dean Haglund alias Langly auf.

Facts: Eigentlich hatte man befürchtet, daß der Elefant sich weigern würde, in der Eröffnungssequenz auf den Wagen zuzulaufen, aber das Problem war eher, den Dickhäuter wieder davon loszueisen.

Die Titel der einzelnen Folgen scheinen oft etwas rätselhaft. Der Originaltitel dieser Folge stammt aus William Blakes Gedicht „The Tyger":

„Tyger, tyger burning bright/In the forests of the night:/What immortal hand or eye/Could frame thy fearful symmetry?"

Der Drehort, an dem die Tigerszenen aufgenommen wurden, wurde nach dem Dichter Blake Towers benannt.

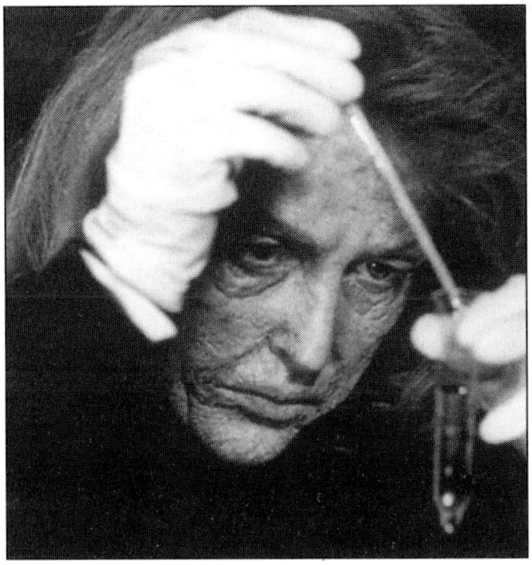

43. Totenstille

Dod Kalm

Erstausstrahlung:
USA: 10. 3. 1995
Deutschland: 11. 1. 1996

Drehbuch:
Howard Gordon und Alex Gansa

Regie:
Rob Bowman

Darsteller:
John Savage (Henry Trondheim)
Mar Anderson (Halverson)
Dmitry Chepovetsky (Lieutenant Harper)
David Cubitt (Captain Barclay)
Vladimir Kulich (Olafsson)
Claire Riley (Dr. Laskos)
Stephen Dimopolous (Ionesco)
John McConnach (Seemann)
Bob Metcalfe (Krankenschwester)

Story: An Bord eines Navy-Zerstörers fallen Mulder und Scully einem Virus zum Opfer, der den Alterungsprozeß rapide beschleunigt.

Hauptschauplatz: Norwegische See

Inhalt: Die Besatzung eines Navy-Zerstörers verläßt ihr Schiff. 18 Stunden später findet man die Überlebenden der Mannschaft in einem Rettungsboot bis zur Unkenntlichkeit gealtert. Mulder berichtet, daß 42 Stunden lang nach dem Boot gesucht wurde, aber als Scully einen der Überlebenden zu Gesicht bekommt, sieht der eigentlich 28jährige Mann aus „wie mindestens Neunzig."

Laut Mulder sind auch schon 1949 und 1963 Schiffe verschwunden, und zwar im Ganzen neunmal, alle in der gleichen Gegend um den 65. Breitengrad. Er glaubt, es sei möglich, daß hier ein Zeitloch entstanden sei, da die Regierung seit dem Philadelphia-Experiment versuche, Wurmlöcher auf der Erde zu manipulieren: „Ich wette, das Militär hat mit der Arbeit, die sie da vor 50 Jahren begonnen hat, nie aufgehört."

Die Agenten reisen nach Norwegen, wo sie von dem Schiffskapitän Trondheim auf den besagten Zerstörer gebracht werden. Das Schiff zeigt Anzeichen von Korrosion, die auf 30 oder 40 Jahre Stillstand hinzudeuten scheinen. „Ein Geisterschiff", meint Trondheim zunächst, bis sie dann ein Schild finden, welches ihnen bestätigt, daß das Schiff 1991 in Betrieb genommen wurde. Mulder und Scully stoßen auf bereits mumifizierte Leichen, während Trondheims Boot davonfährt und sie ihrem Schicksal überläßt. Mulder vermutet, daß die Zeit auf dem Schiff schneller vergeht.

Trondheims Maat wird getötet, und kaum haben sie den Kapitän des Schiffes, einen 35jährigen Mann, ausfindig gemacht, stirbt der an Altersschwäche. Kurz darauf wird Trondheim von dem Walfangpiraten Olaffson angegriffen, der von dem vorschnellen Alterungsprozeß unberührt scheint.

Als Mulder, Scully und Trondheim morgens aufwachen, sind sie um 30 Jahre gealtert. Scully nimmt an, daß Freie Radikale daran schuld sein könnten, reaktive chemische Stoffe, die zusätzliche Elektronen enthalten, welche DNS und Proteine angreifen und so den Körper altern lassen. Sie glaubt, das Schiff bewege sich vielleicht auf einen Meteor auf dem Meeresboden oder auf einen Eisberg zu, der sich ähnlich wie eine riesige Batterie auswirke und sie so schneller altern lasse. Mulder findet aber bald heraus, daß das Problem in Wahrheit von verseuchtem Wasser herrührt. Das einzig genießbare Wasser, das auch Olaffson am Leben erhält, befindet sich im Abwassersystem des Schiffes. Scully stellt fest, daß sie alle eine unvorstellbar hohe Salzkonzentration im Körper haben. Mulder, der seekrank war und sich übergeben mußte, geht es dabei am schlechtesten von allen. „Ich glaube, ich habe gerade George Burns überrundet", scherzt er matt.

Trondheim will kein Wasser an ihn verschwenden und schließt sich mit den letzten Vorräten im Abwasserspeicher ein. Als jedoch eine Flutwelle den Raum überschwemmt, ertrinkt er.

In Erwartung ihres Todes erklärt Scully Mulder gefaßt, daß sie aus ihrem zurückliegenden Beinahe-Todeserlebnis etwas gelernt hat: „Eins weiß ich gewiß, so sicher, wie ich mir dieses Lebens hier bin: Wenn es vorüber ist, haben wir nichts zu befürchten." Mulder verliert entkräftet das Bewußtsein, während Scully noch dazu kommt, ihre Beobachtungen niederzuschreiben.

Sie erwacht in einem Krankenhaus. Eine Navy-Rettungsmannschaft hat sie gefunden, und dank der Informationen in Scullys Aufzeichnungen konnten die Ärzte sie retten. Das Schiff sank, wie sie erfährt, kaum eine Stunde nach ihrer Rettung.

Frage: Wie viele Sprachen außer Englisch sind in AKTE X vorgekommen?

Antwort: 13 Sprachen: Französisch („Frische Knochen"), Kreolisch („Frische Knochen"), Russisch („Der Parasit"), Italienisch („Anasazi"), Rumänisch („Heilige Asche"), Transsilvanisch („Drei"), Latein („Satan"), Navajo („Anasazi"), Spanisch („Kontakt"), Deutsch („Satan") und Norwegisch („Totenstille").

Facts: Eigentlich hatten die Produzenten und Darsteller gedacht, nach einigen ausgesprochen anstrengenden Folgen würde „Totenstille" ein wenig erholsamer ausfallen, da nur an einem Drehort und mit relativ wenigen Darstellern gearbeitet wurde. Leider stellte sich diese Episode als für alle Beteiligten vom produkti-

onstechnischen Standpunkt aus betrachtet außerordentlich schwierig heraus.

Man war bei dem Konzept davon ausgegangen, daß die Crew ein paar Wochen lang Zugang zu einem kanadischen Navy-Zerstörer bekam, der auch schon in früheren Folgen zum Einsatz gekommen war. Howard Gordon sollte sich mit seinem Drehbuch ausdrücklich nach diesem Schauplatz richten. „Das wird für alle eine prima Erholung“, sagte ihm Chris Carter damals noch.

Leider war es auf diesem Schiff fürchterlich kalt und so überfüllt, daß es fast unmöglich wurde, die Geräte für die Aufnahmen richtig aufzubauen. Auch stieß sich ständig irgendjemand den Kopf an der niedrigen Decke. Die Schauspieler mußten zudem noch an bestimmten Drehtagen erst drei bis vier Stunden Makeup für die Alterungsszenen über sich ergehen lassen, bevor man mit dem Drehen beginnen konnte. „Alle waren völlig fertig“, erinnert sich Gordon, der das Drehbuch zusammen mit seinem früheren Koautor Alex Gansa verfaßte. Daß die Schauspieler also für das Makeup auch noch Stunden früher kommen mußten, war „so ungefähr das Schlimmste, das ich ihnen antun konnte.“

Daher existiert aus dieser Folge auch eine Aufnahme, in der Gillian Anderson in vollem Altersmakeup ihren Monolog über Scullys Gewißheit, daß sie vom Jenseits nichts zu befürchten hätten, lustlos herunterleiert und mit den Worten schließt, eins wisse sie gewiß: „Howard Gordon ist ein toter Mann.“

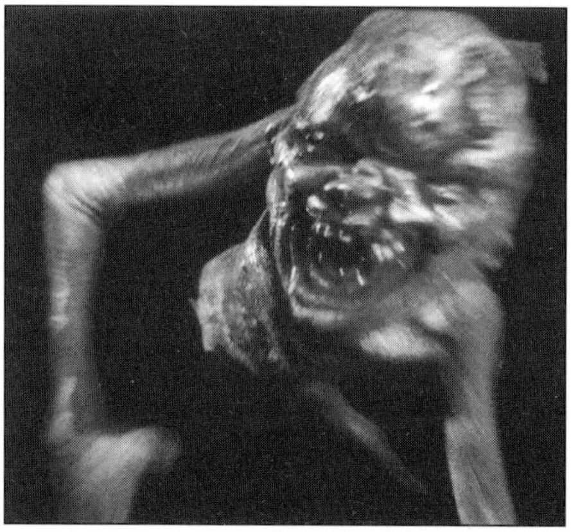

44. Der Zirkus

Humbug

Erstausstrahlung:
USA: 31. 3. 1995
Deutschland: 18. 1. 1996

Drehbuch:
Darin Morgan

Regie:
Kim Manners

Darsteller:
Jim Rose (Dr. Blockhead)
The Enigma (Das Rätsel)
Michael Anderson (Mr. Nutt)
Wayne Grace (Sheriff Hamilton)
Vincent Schiavelli (Lanny)
Gordon Tipple (Hepcat Helm)
Alex Diakun (Curator)
John Payne (Glazebrook)
Alvin Law (Reverend)

Story: In einer Stadt, die vor allem ehemalige Show- und Zirkusartisten bevölkern, untersuchen Mulder und Scully merkwürdige Todesfälle.

Hauptschauplatz: Gibsonton, Florida

Inhalt: Jerald Glazebrook, ein reptilienhäutiger Zirkuskünstler, der an einer als Ichthyose bekannten Krankheit leidet, spielt mit seinen beiden völlig normalen Kindern und entspannt sich hinterher in seinem Swimmingpool. Dort wird er von einem nicht erkennnbaren Wesen angegriffen; das Wasser färbt sich blutrot.

Mulder weist darauf hin, daß dieser Fall an 48 weitere Angriffe, die in den letzten 28 Jahren hier stattfanden, erinnert. Glazebrooks Beerdigung erweist sich als ziemlich befremdliche Angelegenheit; sie wird von dem sensationslustigen Dr. Blockhead unterbrochen, der unter dem Sarg auftaucht und sich einen Nagel in die Brust treibt. „Ich bin gespannt auf die Totenwache", witzelt Mulder.

Hepcat, einer der Varietekünstler, von denen es in der Stadt nur so wimmelt, erzählt von der fidschianischen Meerjungfrau, einer legendären Nummer von P.T. Barnum, die angeblich nur aus einem toten Affen mit einem angenähten Fischschwanz bestand. Mulder aber ist von der Geschichte fasziniert, da der Mörder einige Spuren hinterlassen hat, die von einem Affen zu zeugen scheinen.

Mulder und Scully nehmen sich Zimmer in einem Motel, in dem sie Mr. Nutt, den zwergenwüchsigen Inhaber kennenlernen, und Lanny, einen Mann mit einem im Unterleib eingewachsenen Zwilling, der seine Zeit nun mit Trinken und Gepäckschleppen verbringt. An diesem Abend wird Hepcat von dem Wesen angegriffen.

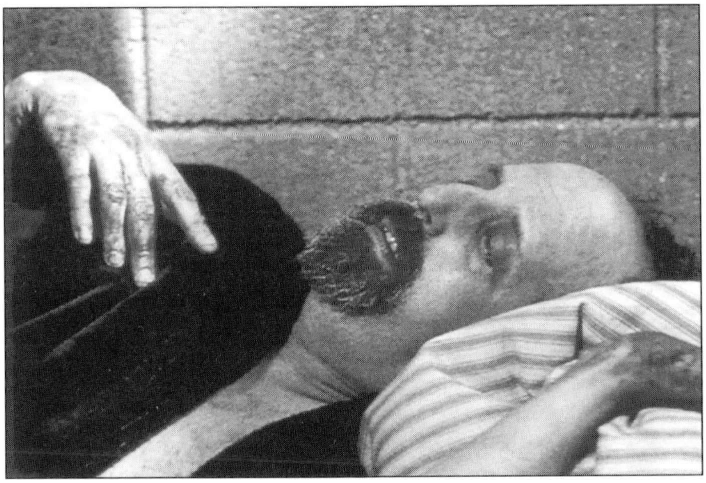

Am nächsten Morgen beobachtet Mulder beim Joggen einen tätowierten Mann, der aus einem Fluß auftaucht und einen Fisch bei lebendigem Leib herunterschlingt. Es ist „das Rätsel", ein Zirkusfreak, der einfach alles ißt.

Hepcat wird tot aufgefunden. Der Mörder muß in diesem Fall durch ein Fenster hereingekommen sein, durch das sich höchstens ein Schlangenmensch hätte quetschen können. Blockhead wird verhört, und Scully nimmt sich das Zirkus-Museum vor. Dort findet sie heraus, daß der Sheriff früher einmal „Jim Jim, der Junge mit dem Hundekopf", war, aber als sie ihn in seinem Garten beim Umgraben überraschen, scheint nichts auf ein düsteres Geheimnis hinzudeuten. Mr. Nutt wird unterdessen durch die Hundeklappe in seiner Tür geschnappt und umgebracht. Als man ihn findet, hält er noch einen von Blockheads Nägeln in der Hand.

Gillian Anderson hat zum Erstaunen der ganzen Crew während der Dreharbeiten zu dieser Folge mindestens eine lebende Grille verspeist.

Der Verdächtige wirkt sogar auf Scully, die etwas „exotischeres" erwartet hätte, überraschend normal. Als Blockhead ins Gefängnis kommt, stellt sich jedoch heraus, daß in der Zwischenzeit Lanny angegriffen wurde, während er einen Rausch ausschlief. In Wirklichkeit, so finden sie jetzt heraus, hat sein „Zwillingsbruder" Leonard, der sich irgendwie von Lannys Körper gelöst hat, all die Morde begangen. „Ich glaube nicht, daß er weiß, was er anderen antut", bekennt Lanny traurig. „Er sucht nur nach einem . . . anderen Bruder."

Mulder und Scully verfolgen den rasenden Leonard, der aber entkommen kann und „das Rätsel" angreift. Als die Agenten ihn einholen, finden sie den Allesfresser unverletzt und zufrieden seinen Bauch tätschelnd vor.

Lanny stirbt, und Leonard bleibt verschwunden. In einem satirischen Seitenhieb auf David Duchovnys wachsenden Ruhm als Sex-Symbol, beklagt Blockhead, daß vielleicht eines Tages jeder „genau wie er" aussehen wird, als Mulder unbeabsichtigt eine heroische Pose einnimmt: „Stellen Sie sich nur vor, Sie müßten Ihr ganzes Leben lang *so* aussehen!“, kommentiert er die Szene angeekelt.

Blockhead und „das Rätsel“ knattern inzwischen dem Sonnenuntergang entgegen. Letzterer sieht ein wenig aus, als leide er unter Verdauungsbeschwerden. Das erste und einzige Mal in der ganzen Episode spricht er: „Muß wohl was Falsches gegessen haben . . .“

Facts: Dieser eigenwillige Exkurs in die Schwarze Komödie ist einer Idee Glen Morgans zu verdanken, der seinem Bruder Darin vorschlug, eine Folge über Zirkusfreaks zu drehen. Darin sah sich daraufhin eine Aufnahme des Jim Rose Circus an, in der Jim Rose und The Enigma auftraten (die beide noch nie geschauspielert hatten). Als man die beiden verpflichtet hatte, haben die Castingleute „kräftig auf den Busch geklopft“, so Regisseur Kim Manners, um die anderen freakigen Figuren ausfindig zu machen.

Michael Anderson, der den Zwerg verkörpert, spielte genau wie auch David Duchovny in Twin Peaks mit.

Autoren betreuen ein Projekt für gewöhnlich nur bis zum Drehbeginn. Darin Morgan aber blieb während der gesamten Drehzeit dabei, um sicherzustellen, daß seine Ideen auch seinen Vorstellungen entsprechend umgesetzt wurden. Manners, der vorher erst bei einer einzigen Akte X-Folge Regie geführt hatte, gibt zu, der Idee einer komischen Version skeptisch gegenübergestanden zu haben. Carter aber war begeistert, den Zuschauern hier – um es in der von ihm bevorzugten Baseballterminologie auszudrücken – einen „Knuckleball“ (einen langsamen leichten Wurf) zuspielen zu können. Wie man es auch betrachtet, „Der Zirkus“ hat sich jedenfalls als eine der erfolgreichsten und beliebtesten Akte X-Folgen behauptet.

45. Heilige Asche

The Calusari

Erstausstrahlung:
USA: 14. 4. 1995
Deutschland: 26. 2. 1996

Drehbuch:
Sara Charno

Regie:
Michael Vejar

Darsteller:
Joe Palmer (Charlie/Michael Holvey)
Lilyan Cjauvin (Golda)
Helene Clarkson (Maggie Holvey)
Ric Reid (Steve Holvey)
Oliver and Jeremy Isaac Wildsmith (Teddy Holvey)
Christine Willes (Agent Karen Kosseff)
Bill Dow (Dr. Charles Burk)
Kay E. Kuter (Calusari 1)
Jacqueline Dandeneau (Schwester Castor)
Bill Croft (Calusari 2)
Campbell Lane (Calusari 3)
George Josef (Calusari 4)

Story: Der ungwöhnliche Tod eines kleinen Jungen führt Mulder und Scully zu einer abergläubischen alten Frau und ihrem Enkel, der möglicherweise vom Bösen besessen ist.

Hauptschauplatz: Arlington, Virginia

Inhalt: Ein zweijähriges Kind wird in einem Vergnügungspark mit Hilfe eines bunten Heliumballons auf eine Minibahnanlage gelockt, wo es ums Leben kommt. Die Eltern stehen unter Schock, Charlie, der achtjährige Bruder des Kindes, sieht jedoch nur ausdruckslos zu.

Drei Monate später analysiert Mulder ein Foto von dem Ereignis, das in digitaler Vergrößerung eine Gestalt andeutet, die den Ballon hält – für Mulder „eine Art Poltergeist".

Mulder spricht mit den Eltern. Der Vater Steve ist ein hoher Beamter des Außenministeriums. Seine Frau Maggie hat er in Rumänien kennengelernt. Sie bestehen darauf, daß der Tod des Jungen ein Unfall war. Scully beobachtet, wie Charlies Großmutter ihm eine Swastika auf die Hand zeichnet und hört die alte Frau ihre Tochter anschreien: „Du heiratest Teufel! Du hast Teufelskind!"

Scully findet Unterlagen mit Hinweisen auf die häufigen Krankheiten des Jungen und vermutet, in diesem Fall könnten bestimmte Symptome in dem Kind erst durch die Eltern oder die Großmutter hervorgerufen worden sein. Im Verhör gibt Steve zu, daß es bei ihnen zu Hause Schwierigkeiten gibt, seit seine Schwiegermutter bei ihnen lebt. Er sagt, sie liebe Charlie abgöttisch, scheine ihn aber gleichzeitig zu fürchten.

Steve erklärt sich damit einverstanden, Charlie zu einer Sozialarbeiterin des FBI zu bringen, sowohl gegen Maggies Willen als auch gegen den ihrer Mutter. Als er mit dem Jungen das Haus verlassen will, verfängt sich jedoch seine Krawatte in dem Öffnungsmechanismus des Garagentors und erwürgt ihn.

Eine polizeiliche Hausdurchsuchung fördert im Zimmer der alten Frau tote Hähne zutage, während Mulder in der Garage eine merkwürdige Asche findet, die ihm als Vibuti, als Heilige Asche, die sich aus Luft materialisiert erklärt wird. Die Großmutter schickt den Jungen mit drei Herren in dunklen Anzügen mit, die ein düsteres Ritual durchführen, bei dem ihnen Charlies Gestalt im Nebel erscheint und sie auf Rumänisch verflucht. Als die Sozialarbeiterin kommt und Charlie völlig benommen vorfindet, schickt Maggie die Männer weg.

Mulder entdeckt Beifuß, ein Kraut, das man in Europa seit dem Mittelalter zum Schutz gegen das Böse kennt. Beim Exorzismus verwenden die Calusari auch Drachenblut, eine Pflanze, deren Name von ihrer Farbe herrührt.

Die Großmutter verbarrikadiert sich mit Charlie in ihrem Zimmer, aber in dem Raum fliegen Gegenstände durch die Luft, von denen sie zu Boden geworfen wird. Charlie steht über ihr und läßt die zwei plötzlich wieder sehr lebendigen Hähne auf sie fallen, die sie mit den Schnäbeln zu Tode hacken. Wieder bleibt Asche am Tatort zurück.

Mulder verhört die drei Männer, die sich als rumänische Geistliche, bekannt als Calusari, herausstellen. Sie behaupten, sie seien gekommen, um das Haus von dem Bösen zu befreien, das, wie sie sagen, „noch immer hier“ sei, das schon immer da gewesen sei und dem es egal sei, „ob es ein Kind tötet oder eine Million Männer.“

Als die Sozialarbeiterin Charlie befragt, schreit dieser heraus, daß nicht er seine Großmutter getötet habe: „Michael hat es getan!“ Maggie erschrickt und erklärt, sie habe geglaubt, Charlie habe nie etwas von seinem totgeborenen Zwillingsbruder gewußt, und daß ihre Mutter darauf bestanden habe, ein Ritual durchzuführen, um ihre Seelen zu trennen, damit die Welt der Toten den Jungen nicht verfolgen könne. Charlie erleidet einen Anfall und kommt ins Krankenhaus, aber Michael erscheint, greift eine Krankenschwester mit einem Metallrohr an und bittet seine Mutter, ihn mit nach Hause zu nehmen.

Als die Agenten die beiden beim Verlassen des Krankenhauses sehen, läuft Scully ihnen nach, während Mulder die Calusari um Hilfe bittet. Sie führen im Krankenhaus einen Exorzismus durch. Scully findet Maggie in ihrem Haus an die Decke genagelt vor. Gerade als Michael auch Scully erstechen will, bringen die Calusari ihr Ritual zuende und Michael verschwindet augenblicklich. Zurück bleibt nur ein Häuflein Asche.

„Seien Sie vorsichtig", warnt ein Calusari Mulder vor dem Bösen, das in Charlie war. „Es kennt Sie." Mulder kommentiert am Schluß das Geschehen aus dem Off und erklärt, daß der Fall ungelöst bleibt.

Facts: Die Produzenten konnten sich nur schwer über die Eröffnungssequenz einig werden, in der nicht nur ein sehr kleines Kind zu Tode kommt, sondern auch die allgemeine Düsternis der ganzen Folge – Maggie verliert ihr Kind, ihren Mann und ihre Mutter auf einen Schlag – allzu deutlich wird.

Wieder war ein Teil der Handlung ausdrücklich um eine Idee herum konstruiert worden, die Chris Carter sich außerhalb des Kontexts dieser Folge überlegt hatte: in diesem Fall der Tod durch den Garagentoröffner. Allerdings mußte er sich zuvor mit Fox auf einen Kompromiß einigen, die Szene beträchtlich kürzen und das Gesicht des Vaters verdeckt lassen, so daß die Strangulation keinen allzu grausigen Eindruck hinterlassen konnte.

Die Anklänge an *The Exorcist* (Der Exorzist) und *The Omen* (Das Omen) sind nicht zu übersehen, zum Beispiel als der Junge in einer ihm fremden Sprache spricht. Für alle, deren Rumänisch etwas eingerostet ist: Als Charlie über seiner Großmutter steht, bevor sie stirbt, sagt er zu ihr: „Es ist zu spät. Du kannst uns nicht mehr aufhalten."

Christine Willes steht zum zweiten Mal in der Rolle der FBI-Sozialarbeiterin vor der Kamera, die sie schon in „Todestrieb" verkörpert hatte.

Der Stoff, der während der Exorzismus-Szene aus dem Wänden tropft, heißt Amrith, eine „honigähnliche bösartige Flüssigkeit", die sich während eines Exorzismus bildet. Auch Vibuti (oder Heilige Asche), das sich angeblich bei einem paranormalen Ereignis aus der Luft heraus materialisiert, kommt hier vor. Diese physischen Hinweise auf spirituelle Phänomene werden in einschlägiger Literatur häufig erwähnt.

46. Verseucht

F. Emasculata

Erstausstrahlung:
USA: 28. 4. 1995
Deutschland: 25. 1. 1996

Drehbuch:
Chris Carter und Howard Gordon

Regie:
Rob Bowman

Darsteller:
Charles Martin Smith (Dr. Osborne)
John Tench (Steve)
Angelo Vacco (Angelo Garza)
Morris Paynch (Dr. Simon Auerbach)
John Pyper-Ferguson (Paul)
Dean Norris (U.S.-Marshal Tapia)
Mitch Pileggi (Walter Skinner)
William B. Davis (Cigarette-Smoking Man)
Lynda Boyd (Elizabeth)
Alvin Sanders (Busfahrer)
Kim Kondrashoff (Bobby Torrence)
Chilton Crane (Mutter an der Bushaltestelle)
Bill Rowat (Dr. Torrence)
Jude Zachary (Winston)

Story: Als in einer Gefängnisanstalt zehn Männer einer seuchenartigen Krankheit zum Opfer fallen, wird Scully ins Quarantänegebiet gerufen, während Mulder zwei geflohene Häftlinge verfolgt.

Hauptschauplatz: Cumberland Prison, Virginia

Inhalt: Der Wissenschaftler Dr. Robert Torrence, der in Costa Ricas Regenwald auf Insektenfang ist, findet den Kadaver eines Keilers, auf dem sich Furunkel von nahezu groteskem Ausmaß befinden. Eine der Beulen platzt auf und bespritzt ihn mit einer eitrigen Flüssigkeit. Wenig später versucht Torrence, der nun selbst mit den Furunkeln bedeckt ist, über Funk Hilfe zu rufen. Er wird erst gefunden, als schon die Geier seine Leiche zerpflücken.

Ein Sträfling mit demselben Namen erhält ein an Robert Torrence adressiertes Paket, in dem sich ein blutiges Schweinebein befindet. Achtzehn Stunden später ist auch sein Körper mit Beulen bedeckt, und Spezialisten untersuchen ihn auf einer Quarantänestation.

Zwei der Häftlinge, Paul und Steve, ahnen, daß etwas sehr merkwüdiges vor sich geht, und fliehen. Mulder und Scully werden auf die beiden angesetzt, werden aber angesichts der Quarantänemaßnahmen mißtrauisch.

Scully spricht mit Dr. Osborne, einem Wissenschaftler, der ihr sagt, er sei im Center for Disease Control beschäftigt und schon 14 Männer litten unter einer „grippeähnlichen Erkrankung", zehn von ihnen lägen bereits im Sterben. Scully schnüffelt auf eigene Faust weiter herum und findet heraus, daß die Leichen verbrannt worden sind. Eins der Furunkel ergießt seinen Inhalt über Osborne, der zu Tode erschreckt zurückspringt. Scully erfährt, daß der Pharmakonzern Pink Pharmaceuticals der Absender des Paketes ist. Sie findet in einer der Beulen ein totes Insekt.

Mulder verfolgt unterdessen die Häftlinge, die in das Haus von Pauls Freundin Elizabeth geflüchtet sind. Steve ist schon infiziert und steckt sie unwissentlich an, bevor die Agenten hereinstürmen. Diese finden nur noch den toten Steve; Paul ist verschwunden.

Osborne, der nun selbst infiziert ist, gibt zu, nicht für das CDC, sondern für Pink zu arbeiten, die die Erforschung neuer Regenwaldtierarten finanziert und Proben des Parasitoiden „F. Emasculata“ erhalten haben, eines Insekts, das die todbringenden Parasiten überträgt, welche das Immunsystem angreifen. Die Larven graben sich in einen neuen Wirtsorganismus ein, wenn die Beulen aufplatzen.

Mulder drängt Skinner, die Öffentlichkeit zu warnen, aber der Cigarette-Smoking Man ist der Meinung, man müsse „die Krankheit kontrollieren, indem man die Informationsfreigabe kontrolliert“ und eine Panik unter allen Umständen verhindern. Als Mulder empört darauf besteht, damit wolle er nichts zu tun haben, bekommt er nur zu hören, das habe er bereits.

Osborne will, daß Scully die Leute warnt und ermahnt sie: „Glauben Sie nur nicht, dies wäre ein Einzelfall!“ Als Scully von einem Test ihres eigenen Blutes zurückkommt, findet sie Osborne bei den Leichen, die verbrannt werden sollen. „Niemand wird Ihre Geschichte bezeugen“, betont einer der medizinischen Mitarbeiter kalt und fügt hinzu: „Seien Sie froh, daß wir die Sache unter Kontrolle haben.“

Mulder befragt Elizabeth, kann ihr aber selbst keine Antwort auf die Frage geben, warum man die Menschen nicht vor der Ansteckungsgefahr warnt. Sie gibt schließlich zu, daß sich Paul in einem Reisebus nach Toronto befindet. Scully weist Mulder darauf hin, daß sie ohne das inzwischen zerstörte Beweismaterial auf den entflohenen Häftling angewiesen sind, um die Wahrheit ans Licht zu bringen.

Mulder steigt in den Bus ein, aber als Paul ihn erkennt, nimmt er einen Jungen als Geisel, wobei eine seiner Beulen dem Gesicht des Jungen gefährlich nahen kommt. Paul läßt alle anderen Mitreisenden gehen, aber als Mulder mit ihm spricht, ertönt ein Schuß. Paul bricht tot zusammen, und augenblicklich erscheint das Quarantänepersonal und drängt Mulder hinaus.

Mulder möchte sich an die Öffentlichkeit wenden, Skinner aber warnt ihn davor und weist ihn an, die Sache auf sich beruhen zu lassen. „Sie haben keine Chance“, erklärt er entschieden. Weil ein Wissenschaftler und ein Häftling zufällig denselben Namen trugen, kann das ganze Virusexperiment als Irrtum der Post dargestellt werden. „Wir können gar nichts beweisen“, meint auch Scully resigniert. „Dafür haben die gesorgt.“

„Seien Sie auf der Hut“, empfiehlt Skinner ihnen zum Schluß. „Das ist erst der Anfang.“

Frage: Wofür steht das „F“ in „F. Emasculata“?

Antwort: „Faciphaga“. Der lateinische Name der Insekten, die als Überträger der Infektion fungieren, lautet Faciphaga Emasculata.

Facts: Für die Szene, in der der entflohene Häftling den Jungen im Bus mit seiner Pistole bedroht, mußte der Chef-Maskenbildner Toby Lindala ein von Hand gehaltenes Hilfsmittel einsetzen: Einen Schlauch, der zu dem Beulenmakeup führte, damit der Furunkel auf der Wange des Häftlings anfangen konnte zu blubbern. „Ich klemmte unter einem der Bussitze, und all diese Statisten trampelten mir förmlich auf dem Kopf herum", erinnert er sich.

Die Produzenten hatten ein späteres Ausstrahlungsdatum erwogen, weil die Folge zeitgleich mit dem Kinostart des thematisch verwandten Films *Outbreak* fiel, entschieden sich aber doch dagegen, da die Folge durchaus einen Film mit eigenem Wert darstellt.

Falls es jemanden interessiert: Mulder verrät seine Dienstmarkennummer JTT047101111, um von der Telefonauskunft Informationen über geführte Gespräche zu bekommen.

Angelo Vacco, der den Angelo Garza spielt, ist Produktionsassistent bei der Firma Ten Thirteen Productions in Los Angeles; Chris Carter legte die Rolle extra für ihn an.

In dieser Folge benutzen Mulder und Scully ihre Mobiltelefone öfter als je zuvor. In den ersten beiden Staffeln verwenden sie zumeist ein NOKIA 101 oder 121. Für das alphanumerische Gesicht aus „Blut" erwies sich das Handy als äußerst nützlich; auf Mulders Telefon-Display wurde „All Done, Bye Bye" einprogrammiert.

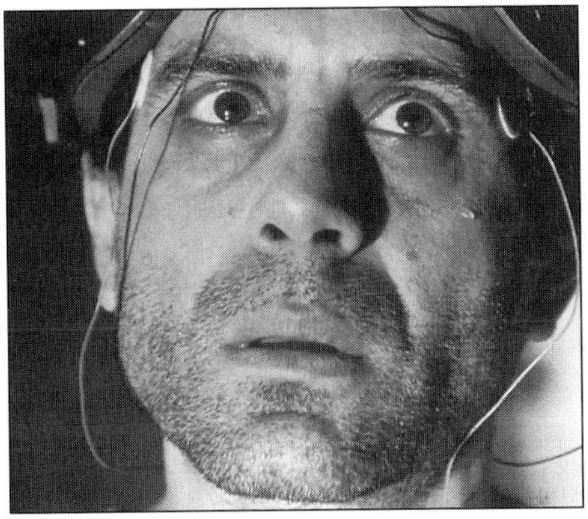

47. Das Experiment

Soft Light

Erstausstrahlung:
USA: 5. 5. 1995
Deutschland: 1. 2. 1996

Drehbuch:
Vince Gilligan

Regie:
James Contner

Darsteller:
Tony Shalhoub (Dr. Banton)
Kevin McNulty (Dr. Davey)
Kate Twa (Detective Ryan)
Nathaniel Deveaux (Detective Barron)
Steven Williams (Mr. X)
Guyle Frazier (Barney)
Forbes Angus (Wissenschaftler)
Donna Yamamoto (Nachtschwester)
Robert Rozen (Arzt)
Steve Bacic (Polizist)
Craig Brunanski (Wächter)

Story: Ein Experiment macht aus dem Schatten eines Wissenschaftlers eine gefährliche Todesfalle.

Hauptschauplatz: Richmond, Virginia

Inhalt: Ein Geschäftsreisender hört in seinem Hotelzimmer, wie jemand an seine Tür klopft. Als er nachsieht, kommt er mit einem Schatten in Berührung, der ihn offensichtlich zu Boden reißt. Der Mann, der den Schatten geworfen hat, Dr. Chester Banton, läuft in Panik aus dem Hotel.

Scully verspricht Detective Kelly Ryan, einer ihrer Schülerinnen auf der Akademie, bei den Ermittlungen zu drei Fällen von vermuteter Entführung zu helfen. Mulder entdeckt einen seltsamen Fleck auf dem Teppich, der noch an zwei weiteren Tatorten gefunden wurde.

Als sie das Haus des zweiten Opfers durchsuchen, finden sie eine Zugfahrkarte und eine Notiz, die belegt, daß der Mann auch schon mit dem Zug hergekommen war. Sie bitten Ryan, einige Polizisten zum Bahnhof zu schicken, und zwei ihrer Leute begegnen dort Dr. Banton. „Bleiben Sie weg von mir", warnt er sie, aber die beiden nähern sich ihm doch und lösen sich, als sie seinen Schatten berühren, auf.

Mulder sieht sich Kameraaufzeichnungen von den Tagen an, als die anderen beiden verschwunden sind. Er erkennt Banton darauf und auf seiner Jacke – als er sie sich in Vergrößerung ansieht – das Logo von Polarity Magnetics, der Firma, in der das erste Opfer gearbeitet hat.

Bei Polarity lernen sie Dr. Davey kennen, der ihnen erzählt, daß Banton seit fünf Wochen vermißt wird – seit er bei einem Experiment in einem Teilchenbeschleuniger einen Unfall hatte. Während eines Tests wurde Banton in eine Kammer eingeschlossen, in deren Wand er ein Bild gebrannt hat, das dem an den verschiedenen Tatorten gleicht.

Sie fahren zurück zum Bahnhof, wo Mulder beobachtet, daß Licht, wenn es weich genug ist, keine Schatten wirft. Sie finden Banton und stellen ihn, wobei Mulder geistesgegenwärtig die Lichter ausschießt, als Scully sich seinem Schatten nähert. Banton wird in eine psychiatrische Klinik eingeliefert, wo er ihnen erklärt, sein Schatten sei wie ein Schwarzes Loch, er reduziere Materie auf reine Energie. Er befürchtet, die Regierung sei hinter ihm her, um sein Gehirn „herauszusaugen" und so zu erfahren, was er weiß. Er ist überzeugt, man sei willens, für dieses Wissen auch zu töten, was bedeuten würde, daß der Schatten von ihm gelöst und befreit würde. „Wenn ich sterbe, ist nichts und niemand mehr in der Lage, mit diesem Ding fertig zu werden", warnt er sie.

Die Waffe, die Mr. X in dieser Folge und in „An der Grenze" benutzt, ist eine Sig Sauer P228. Es handelt sich um ein sehr kompaktes Modell, das ideal für schnelle, schmutzige Jobs in Kellern oder im Dunkeln geeignet ist.

Der Polizei gelingt es mit Ryans Hilfe, den Agenten den Fall zu entziehen. Sie will Banton ins County Jail verlegen. Mulder bittet Mr. X um Hilfe, der aber lehnt mit dem Hinweis ab, er sei Scully und Skinner schon einmal ausgeliefert gewesen und wolle sich nicht in Gefahr begeben. Mulder drängt ihn, er könne ihnen vertrauen, aber Mr. X antwortet: „Tote können keine Versprechen halten. Das nächste Mal könnte es Sie erwischen."

Am Abend taucht Mr. X dann aber doch zusammen mit zwei „Sanitätern" in der Klinik auf und behauptet, sie seien gekommen, um Bantons Verlegung durchzuführen. Als sie Banton aber festschnallen wollen, geht die Notbeleuchtung an und die beiden Helfer lösen sich auf. Mr. X, der Vernunft höher schätzt als Heldenmut, läßt Banton fliehen.

Banton kehrt zurück zu Polarity und bittet dort Dr. Davey, ihm zu helfen, das Ding zu zerstören, ehe die Regierungsleute ihn finden. Ryan versucht, ihn aufzuhalten und Banton geht widerstrebend auf sie zu, wobei er sie in seinen Schatten hineinsaugt. Erst, als er wieder in der Kammer eingesperrt wird, wird Banton klar, daß Davey ein Teil der Verschwörung ist. Als Davey seinen Boss verständigen will, daß er Banton hat, ertönt ein Schuß, und Mr. X' Gesicht ist kurz am Eingang zu sehen.

Mulder und Scully finden bei ihrer Ankunft ein Videoband vor, das Banton zeigt, wie er sich in der Teilchenkammer auflöst, aber Mulder ahnt, daß etwas an der Sache faul ist. Er geht zu Mr. X und wirft ihm vor, ihn nur benutzt zu haben, um Banton zu finden. Er erklärt, er wolle nichts mehr mit ihm zu tun haben. „Sie haben sich einen sehr gefährlichen Zeitpunkt für einen Alleingang ausgesucht“, entgegenet Mr. X, der allerdings darauf besteht, Banton nicht getötet zu haben.

Auf Ryans Beerdigung erfährt Scully von Mulder, daß Davey vermißt wird – vielleicht sei es gar nicht Banton gewesen, den sie in dem Teilchenbeschleuniger gesehen haben. Unterdessen sieht man an einem anderen Ort Mr. X mit einem Mann im Laborkittel. „Wir werden diesen Mann wohl recht lange untersuchen müssen“, meint der Wissenschaftler, und der halbverrückte, an Elektroden angeschlossene Banton ist zu sehen, über dem ein grelles weißes Licht immer wieder in bestimmten Abständen aufblitzt.

Facts: Konzept und Drehbuch dieser Folge stammen von Vince Gilligan, der durch seinen Dokumentarfilm *Wilder Napalm* bekannt geworden war. Es handelt sich um eine der wenigen nicht vom bewährten Akte X-Team verfaßten Episoden.

Allerdings wurden auch grundlegende Änderungen vorgenommen, besonders um die in der Endfassung im Vordergrund stehende Figur des Mr. X herum, der in dem Originaldrehbuch gar nicht vorgesehen war. Als feststand, daß hinter der Angst des Wissenschaftlers, ihm könne das Gehirn „herausgesogen“ werden, mehr als nur Paranoia stehen sollte, brauchten die Autoren auch eine Instanz, die ihn denen, welche ihm diese Behandlung angedeihen lassen sollten, in die Hände spielen konnte; und dafür bot sich Mr. X geradezu an. „Mr. X war schon lange nicht mehr in Erscheinung getreten“, erklärt Frank Spotnitz, der zusammen mit anderen an der revidierten Drehbuchfassung gearbeitet hat, „und diese Figur verdiente es, ausgebaut zu werden.“ Erst in dieser Folge tritt Mr. X’ Unbarmherzigkeit und totale Hingabe an seine eigenen Ziele – im Gegensatz zum wohlwollenderen Interesse Deep Throats – deutlich zutage.

Die Waffen in AKTE X:

Im Pilotfilm ist Mulder mit einer 9mm-Taurus 92-Automatik ausgerüstet. Scully trägt eine Bernadelli 7,65. Später wechselt Mulder zu einer Glock 19 und Scully zu einer Walther PPK 7.65. In den ersten Folgen der zweiten Sendestaffel benutzen beide Sig Sauer-Waffen, Mulder eine 226er und Scully eine 228er. Mittlerweile sind die beiden mit der FBI-Standardwaffe, der Smith and Wesson 1076, ausgerüstet. Sie wird nicht mehr hergestellt.

48. Unsere kleine Stadt

Our Town

Erstausstrahlung:
USA: 12. 5. 1995
Deutschland: 8. 2. 1996

Drehbuch:
Frank Spotnitz

Regie:
Rob Bowman

Darsteller:
John Milford (Walter Chaco)
Caroline Kava (Doris Kearns)
Gary Grubbs (Sheriff Tom Arens)
Robin Mossley (Dr. Randolph)
John McLaren (George Kearns)
Hrothgar Mathews (Psychiatriepatient)
Gabrielle Miller (Paula Gray)
Timothy Webber (Jess Harold)
Robert Moloney (Arbeiter)
Carrie Cain Sparks (Magd)

Story: In einer kleinen Stadt in den Südstaaten ist ein Mord geschehen, dem Scully und Mulder auf die Spur kommen sollen, ebenso wie dem mysteriösen Geheimnis, das eine Hühnerfabrik zu umgeben scheint.

Hauptschauplatz: Dudley, Arkansas

Inhalt: George Kearns, ein Mann mittleren Alters, läßt sich von der jungen Paula in den Wald führen. Auf einmal ist er von Lichtern umgeben. Er sieht einen Mann in einer Stammesmaske auf ihn zukommen und eine große Zeremonienaxt auf sich hinuntersausen.

Kearns war Inspektor bei der Bundesbehörde und hatte vorgehabt, Chaco Chikken, eine in der Stadt gelegene Hühnerfabrik, schließen zu lassen, da er erhebliche Verletzungen der Hygenievorschriften zu beanstanden hatte. Mulder fasziniert sein Verschwinden, da er es mit dort kursierenden Legenden über Lichter im Wald und mit einer ca. vier Meter großen Brandspur in einem nahegelegenen Feld in Verbindung bringt.

Der Sheriff erzählt ihnen, Kearns sei ein Schürzenjäger gewesen, der vermutlich schon einige Frauen aus der Stadt getrieben habe, und seine Frau stimmt zu. Paula fängt während der Arbeit am Fließband an zu halluzinieren und nimmt den Fabrikdirektor, den sie mit einem Messer bedroht, als Geisel, bevor der Sheriff sie erschießt.

Scully will eine Autopsie durchführen, also holen sie Erlaubnis dafür von Paulas Großvater Mr. Chaco ein, der die Fabrik gegründet und die Stadt aufgebaut hatte. Paulas Personalakte belegt erschreckenderweise, daß sie 1948 geboren wurde, also tatsächlich schon 47 Jahre alt war. Außerdem litt sie an der äußerst seltenen Creutzfeld-Jacob-Krankheit, wie auch Kearns.

Mulder beschließt, den Fluß absuchen zu lassen, und tatsächlich werden dabei die Überreste von neun kopflosen Skeletten gefunden; Kearns ist eines davon. Die Knochen sind an den Enden geglättet, als habe man sie „in einem Topf gekocht", wie Mulder bemerkt. Schon 87 Menschen seien während der vergangenen 59 Jahre verschwunden. Die polierten Knochen seien ein Anzeichen für Kannibalismus, der bei einigen Stämmen in dem Glauben, er wirke lebensverlängernd, praktiziert wurde. Es hätte sich durchaus jemand mit Kearns' seltener Krankheit anstecken können, indem er etwas von ihm aß. „In vielen Religionen glaubt man, die Belohnung für den Genuß von Menschenfleisch sei das Ewige Leben", erläutert Mulder.

Das Geburtenregister der Stadt ist, wie Scully und Mulder herausfinden, zerstört worden. Sie erhalten einen Anruf von Kearns' Frau, die zugibt, sich vor Chaco zu fürchten, als sich ihr der Mann mit der Stammesmaske drohend von hinten nähert. Scully will ihr zu Hilfe kommen, während Mulder in Chacos Haus eindringt und dort einen ganzen Schrank voller Totenschädel findet.

Dies ist erst die zweite Folge, in der Mulder jemanden tötet.

Chaco fesselt und knebelt Scully und bringt sie zu einer Menschenmenge (bestehend aus dem größten Teil der Stadtbevölkerung), die sich bereits um ein Feuer versammelt hat. Er beginnt mit dem Fabrikdirektor zu streiten, dem schließlich der Kopf abgeschlagen wird. Scully wird für die gleiche Prozedur vorbereitet.

Mulder kommt gerade noch rechtzeitig, um den „Scharfrichter", der sich als der Sheriff entpuppt, zu erschießen. Die Fabrik wird geschlossen, und obwohl man nicht genau weiß, wie viele der Bewohner an den kannibalischen Ritualen teilgenommen haben, haben sich immerhin 27 mit Kearns' Krankheit angesteckt. Der Chaco Chicken-Werbeslogan „Gute Menschen, gutes Essen" hat einen entschieden sarkastischen Beigeschmack bekommen.

Trotz gegenteiliger Gerüchte wurden die abgeschlagenen Köpfe in Walter Chacos Vitrine keineswegs real existierenden Personen nachempfunden. Sie entstanden auf die übliche Weise beim Maskenbildner.

Chaco hat, wie wir am Ende von Scully erfahren, im Zweiten Weltkrieg sechs Monate lang bei dem Jale-Stamm in Neu Guinea verbracht, dessen „kannibalistische Praktiken zwar schon seit langem vermutet" wurden, aber nie bewiesen werden konnten. Er war 93 Jahre alt und seine Überreste „wurden noch immer nicht gefunden". Unterdessen findet ein Arbeiter eine graue Haarsträhne im Hühnerfutter, das die Vögel hungrig aufpicken.

Facts: Der Autor Frank Spotnitz entwickelte das Drehbuch ausgehend von der Idee, Kannibalismus in einer amerikanischen Kleinstadt anzusiedeln. Auf diese Idee brachte ihn seine Vorliebe für den Spencer-Tracy-Film *Bad Day at Black Rock* (Stadt in Angst), in dem ebenfalls eine Stadt mit einem schrecklichen (wenn auch etwas profaneren) Geheimnis eine Rolle spielt.

Spotnitz war auf einen Artikel in der UCLA-Forschungsbibliothek gestoßen, der berichtete, daß Salamander davon krank wurden, andere Salamander gegessen zu haben. Dann wandte er sich an seinen Bruder, einen Neurologen, der ihn auf die Idee mit der seltenen Krankheit brachte, mit der sich die Stadtbevölkerung ansteckt, nachdem sie Kearns verspeist hat. „Das kommt mir wirklich sehr gelegen“, sagt Spotnitz über den Beruf seines Bruders, „er ist mir eine große Hilfe.“

Interessanterweise läßt sich ein großer Teil des Materials über Kannibalenstämme – zum Beispiel die Entdeckung geglätteter menschlicher Knochen, die offenbar in Töpfen gekocht worden waren – mit den Anasazi in Verbindung bringen, einem Volk, auf das sich Chris Carter in der nächsten Folge bezieht. Der Name Chaco Chicken wurde wegen des Chaco Canyon in New Mexico gewählt, wo dieser Stamm gelebt haben soll und wo man solche Knochen gefunden hat.

49. (NOCH KEIN DT. SENDETITEL)

·Anasazi

Erstausstrahlung:
USA: 19. 5. 1995
Deutschland:

Drehbuch:
Chris Carter;
Story von David Duchovny und Chris Carter

Regie:
R.W. Goodwin

Darsteller:
Byron Chief Moon (Vater)
Bernie Coulson (Der Denker)
Peter Donat (Bill Mulder)
Nicholas Lea (Agent Alex Krycek)
Mitch Pileggi (Walter Skinner)
Paul McLean (Agent Kautz)
Floyd „Red Crow“ Westerman (Albert Hosteen)
Renae Morriseau (Josephine Doane)
Aurelio Dinunzio (Antonio)
Willam B. Davis (Cigarette-Smoking Man)
Dean Haglund (Langly)
Tom Braidwood (Frohike)
Bruce Harwood (Byers)
Michael David Simms (Senior Agent)
Ken Camroux (Zweiter Senior Agent)

Story: Ein Amateurhacker verschafft sich Zugang zu geheimen Unterlagen der Regierung, welche Beweismaterial für die Existenz von UFOs enthalten. Bei den Ermittlungen gerät Scullys und Mulders Leben in Gefahr.

Hauptschauplätze: Washington, D.C.; New Mexico

Inhalt: Ein schweres Erdbeben erschüttert New Mexico. Danach findet ein junger indianischer Mann etwas metallisch glänzendes unter der Erde, sowie eine ausgetrocknete Leiche, die offenbar von keinem Menschen stammt. „Wir müssen sie zurückgeben“, entscheidet sein Großvater, einer der Stammesältesten, „sie werden kommen.“

Unterdessen dringt ein Hacker namens „Der Denker“ in das Computersystem des Verteidigungsministeriums ein, woraufhin japanische, deutsche und italienische Regierungsbeamte umgehend darüber in Kenntnis gesetzt werden, daß sich jemand Zugang zu den MJ-Dokumenten verschafft hat. Der Cigarette-Smoking Man erklärt, als er von dem Bruch im Sicherheitssystem erfährt: „Meine Herren, das ist genau der Anruf, den ich gehofft hatte, nie zu bekommen.“

Die Lone Gunmen wenden sich an Mulder und erzählen ihm, daß sie von einer multinationalen sogenannten „Schwarzen Organisation“ mit dem Namen Garnet verfolgt würden, weil der Denker an Dateien herangekommen ist, die sämtliches seit den 40er Jahren über UFOs zusammengetragenes Material des Verteidigungsministeriums enthalten. Dann ertönt ein Schuß und Mulder muß entsetzt erfahren, daß eine seiner Nachbarinnen verrückt geworden ist und ihren Ehemann, mit dem sie seit über 30 Jahren verheiratet ist, erschossen hat.

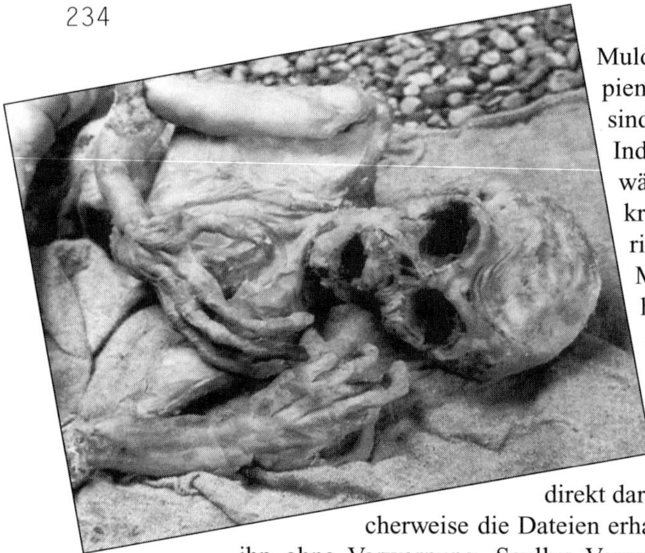

Mulder erhält vom Denker Kopien der Dateien, doch die sind auf Navajo verfaßt, der Indianersprache, die man während des Zweiten Weltkriegs benutzte, um Nachrichten zu verschlüsseln. Mulder benimmt sich zusehends merkwürdig, besonders gegenüber Skinner. Scully macht sich wegen seines unberechenbaren Verhaltens große Sorgen. Als Skinner Mulder direkt darauf anspricht, ob er möglicherweise die Dateien erhalten habe, schlägt Mulder ihn ohne Vorwarnung. Scullys Vorgesetzte teilen ihr mit, daß Mulder Gefahr laufe, entlassen zu werden, und sie möglicherweise mit ihm.

Der Cigarette-Smoking Man besucht Mulders Vater und verrät ihm, daß die Dokumente angezapft worden sind. Als Mr. Mulder ihn fragt, ob er seinen Sohn schützen könne, antwortet der Cigarette-Smoking Man: „Ich habe ihn doch immer beschützt, nicht wahr?"

Mulder versucht, Kontakt zu Mr. X aufzunehmen, aber sein Vater ruft an und bestellt ihn dringend zu sich. Mulders Vater beginnt, ihm von seiner Arbeit für das Außenministerium zu berichten, wird aber dann im Badezimmer von Krycek erschossen, der sich in der Dusche versteckt hatte.

Mulder ruft Scully an und erfährt von ihr, daß jemand versucht hat, sie in ihrer Wohnung umzubringen. Sie warnt ihn, daß er sich mit seinem unberechenbaren Verhalten sehr verdächtig mache. Er fährt zu ihr und kommt krank und geschwächt in ihrer Wohnung an. Als er zu sich kommt, sind seine Waffe und auch Scully verschwunden.

In Mulders Wohnung entdeckt Scully, daß jemand dort das Leitungswasser mit Drogen versetzt hat, was sein seltsames Verhalten erklärt. Mulder begegnet Krycek und will ihn gerade töten, als Scully dazwischengeht und Mulder anschießt, um ihn davor zu bewahren, einen Mord zu begehen.

Mulder kommt in New Mexico wieder zu sich, wo Scully ihm Albert Hosteen vorstellt, der während des Zweiten Weltkriegs als Navajo-Chiffrierer gearbeitet hat. Scully hat vor, nach Washington zurückzukehren, um mit Skinner zu sprechen und drängt Mulder, er müsse wissen, was in den MJ-Dateien steht – daß sich ihr eigener und Duane Barrys Name unter den letzten Einträgen befinden.

Albert berichtet von dem Stamm der Anasazi, die 600 Jahre früher einfach verschwanden – wie er glaubt „von Besuchern, die

X

Der Denker arbeitet im Gegensatz zu Mulder und Scully mit einem Macintosh-Computer. Die beiden Agenten haben in ihrem Büro fast immer IBM-kompatible Rechner verwendet. Außerhalb der FBI-Zentrale arbeitet Scully mit einem Mac Powerbook 540c. Tatsächlich hatte sie schon eins, bevor das Modell überhaupt im Handel erhältlich war. Das bedeutet, daß das Powerbook der Ten Thirteen-Büros zu diesem Zeitpunkt das einzige Exemplar in Kanada war.

immer noch herkommen“, entführt. Sein Enkel führt Mulder an die Stelle, wo er den außerirdischen Leichnam gefunden hat. Der Cigarette-Smoking Man ruft an, um ihn zu warnen, die Dinge nicht allzu wörtlich zu nehmen und um ihm mitzuteilen, daß sein Vater das Projekt autorisiert habe.

Mulder findet ganze Stapel von etwas, das aussieht wie außerirdische Leichen, in einem Eisenbahnkühlwaggon. Er ruft Scully an, die inzwischen Hinweise gefunden hat, die anscheinend belegen, daß deutschen Wissenschaftlern nach dem Krieg Amnestie gewährt wurde, damit sie Experimente an Menschen durchführen konnten. Diese menschlichen Versuchskaninchen wurden als „Ware“ bezeichnet. Mulder findet Spuren einer Pokkenimpfung und kommt zu einem entsetzlichen Schluß. „Oh mein Gott, Scully“, murmelt er. „Was haben die getan?“

Der Cigarette-Smoking Man und ein Trupp Soldaten kommen mit Hubschraubern und durchsuchen den Eisenbahnwaggon, können Mulder aber nicht finden. „Nichts verschwindet spurlos“, wiederholt der Cigarette-Smoking Man Alberts Worte, steckt den Waggon in Brand und fliegt in seinem Hubschrauber davon, während Flammen aus dem Wagen schlagen.

Fortsetzung folgt . . .

Facts: Laut Carter ist der Südwesten der USA die einzige Gegend, die in und um Vancouver problemlos nachgebaut werden kann. Für das südwestliche Setting wurde ein Felsen mit 6000 Litern ziegelroter Farbe übergossen und mit einigen später nachbearbeiteten Einstellungen kombiniert, um damit ein sozusagen konzentriertes Stück dürres New Mexico ins üppig blühende Vancouver zu bringen.

Schauspielveteran Peter Donat, der Mulders Vater spielt, ist der Sohn von Robert Donat, der in Klassikern wie *Goodbye, Mr. Chips* und *The 39 Steps* (39 Stufen) zu sehen war.

Die berühmten 12 Dokumente sind unter UFO-Fans fast ebenso populär wie das Roswell-Ereignis. Berichten zufolge sollen sie die Existenz einer Geheimorganisation, die sich hauptsächlich mit dem Vertuschen außerirdischer Kontakte befaßt, beweisen. Sie sind angeblich kurz nach dem Roswell-Absturz für Harry Truman angelegt worden. Über ihre Herkunft und Authentizität sind die Meinungen sehr geteilt. Die klarste Verbindung zu „Anasazi“ stellt die internationale Zusammensetzung der Verschwörergruppe dar.

Die Folgen

3. Staffel

50. (NOCH KEIN DT. SENDETITEL)

The Blessing Way

Erstausstrahlung:
USA: 22. 9. 1995
Deutschland:

Drehbuch:
Chris Carter

Regie:
R.W. Goodwin

Darsteller:
Floyd „Red Crow“ Westerman (Albert Hosteen)
Tim Michael (Alberts Sohn)
Dakota House (Eric Hosteen)
Mitch Davies (Camouflage-Mann)
William B. Davis (Cigarette-Smoking Man)
Michael David Simms (Senior Agent)
Mitch Pileggi (Walter Skinner)
Don Williams (Erstes Stammesoberhaupt)
Stanley Walsh (Zweites Stammesoberhaupt)
John Moore (Drittes Stammesoberhaupt)
John Neville (Manikürter Mann)
Sheila Larken (Mrs. Scully)
Melinda McGraw (Melissa Scully)
Tom Braidwood (Frohike)
Peter Donat (Bill Mulder)
Jerry Hardln (Deep Throat)
Benlta Ha (Reiseführerin)
Ernle Foort (Wächter)
Forbes Angus (Arzt)
Alf Humphreys (Dr. Pomerantz)
Rebecca Toolan (Mrs. Mulder)
Nicholas Lea (Agent Krycek)
Lenno Britos (Hispano)

Story: Der Cigarette-Smoking Man ist immer noch hinter den geheimen Dateien her, welche die Existenz außerirdischen Lebens (und außerirdischer Experimente) belegen. Mulder wird immer noch vermißt, und Scully sieht sich mit der Tatsache konfrontiert, daß auf einmal ihr eigenes Leben sowie ihre Karriere in Gefahr sind.

Hauptschauplätze: Washington, D.C.; New Mexico

Inhalt: Aus dem Off zitiert Albert Hosteen, der Stammesälteste, zu dem Scully Mulder in der letzten Folge „Anasazi“ gebracht hat, um von ihm die MJ-Dokumente dechiffrieren zu lassen, ein altes indianisches Sprichwort, „daß alles nur so lange lebt, wie sich jemand daran erinnert“. Er spricht eine Warnung an alle aus, die versuchen, den Lauf der Geschichte zu ändern, indem sie diejenigen, die darüber Bescheid wissen, auslöschen.

Plötzlich stürmt der Cigarette-Smoking Man mit einigen Soldaten in Alberts Haus. „Ich will Mulder, und ich will diese Dateien“, fordert er, während die Soldaten Albert und seinen Enkel brutal niederknüppeln. Scully sieht sich den Bahnwaggon an, in dem Mulder zuletzt gesehen wurde, findet aber nur rauchende Trümmer. Kurz darauf wird sie von Soldaten angehalten, die ihren Ausdruck der geheimen Dateien beschlagnahmen.

In Washington erfährt Scully, daß sie wegen „direkten Ungehorsams“ entlassen werden soll. Sie glaubt, Mulder sei tot und beklagt sich bei Skinner, daß die Männer, die ihn und seinen Vater auf dem Gewissen haben, nicht bestraft würden. Als er ihr versichern will, daß sie ihre Strafe erhalten werden, antwortet sie eisig: „Bei allem Respekt, Sir, ich glaube, Sie überschätzen Ihren Rang in der Befehlshierarchie." Als Scully in ihr Büro zurückkommt, ist das DAT-Band, auf dem die geheimen Dateien sich befinden, verschwunden.

Der Cigarette-Smoking Man trifft sich mit einigen anderen undurchsichtigen Gestalten in einem Privatclub. Er versichert ihnen, daß man sich um die verschwundenen Dateien kümmern und die Geschichte in den Medien „nichts als hier und da ein paar Nachrufe" zur Folge haben werde.

Scully besucht ihre Mutter und bricht in Tränen aus. „Ich habe einen furchtbaren Fehler gemacht", gesteht sie. „Dad würde sich für mich schämen.". Später bekommt sie Besuch von Frohike, einem der Lone Gunmen, der ihr eine Zeitungsmeldung über den Denker – den Computerhacker, der sich als erster Zugang zu den Dateien verschafft hatte – zeigt: Der Denker wurde in Exekutionsmanier erschossen.

In New Mexico lassen Bussarde die Indianer auf Mulder aufmerksam werden, den sie schwer verletzt unter einem Trümmerhaufen finden. Er hatte noch aus dem Waggon fliehen und in unterirdischen Tunneln überleben können. „Nur die heiligen Männer können jetzt noch das Leben des FBI-Manns retten", verkündet Albert. „Er ist jetzt in ihrer Hand." Im Traum erscheint Deep Throat Mulder und drängt ihn, wieder zurück an seine Arbeit zu gehen und endlich seine Aufgabe zu beenden. Auch von seinem Vater träumt er, der ihn mit Alberts Worten ermahnt: „Du bist das Gedächtnis, Fox. Die Erinnerung lebt in dir. Wenn du jetzt stirbst, stirbt auch die Wahrheit, und nur die Lügen überleben." In seinem Delirium hat Mulder auch Visionen von den Außerirdischen, die in dem Bahnwaggon mit einem Kanister Cyanid ermordet werden.

Als Scully zur FBI-Zentrale zurückkehrt, um Skinner vom Tod des Denkers zu berichten, entdeckt ein Metalldetektor ein kleines Implantat unter der Haut an ihrem Nacken. Man entfernt es operativ. Das Implantat sieht aus wie ein winziger Computerchip.

Nach drei Tagen steht Mulder wieder auf. „Ich konnte in ihm eine Wiedergeburt spüren – wie bei der aufgehenden Sonne", strahlt Albert. Scully berichtet ihrer Schwester Melissa von dem Chip und Melissa ermutigt sie, sich mittels Hypnose den Erinnerungen an ihre Abduktion zu stellen. Scully aber widersetzt sich diesem Gedanken. Sie fährt zu ihrer Wohnung zurück, wo sie gerade noch beobachten kann, wie Skinner herauskommt und es verdächtig eilig hat zu verschwinden. In ihren Träumen kann Scully fühlen,daß Mulder noch am Leben ist. Sie fährt erschreckt aus dem Schlaf hoch.

Auf der Beerdigung von Mulders Vater begegnet Scully einem distinguierten älteren Herrn (einem der Männer, die vorher mit dem Cigarette-Smoking Man zusammen waren). Dieser Well-Manicured Man (im Deutschen: „Der Manikürte Mann") warnt sie, sie schwebe in großer Gefahr. Sie solle ermordet werden, vielleicht von jemandem, den sie kennt. Der Mann fügt hinzu, daß seine Kollegen von einem „Konsortium, das internationale Interessen vertritt", dazu neigen, „impulsiv zu handeln". Als sie ihn fragt, was er und seine Kollegen denn täten, antwortet er: „Wir sagen die Zukunft voraus. Und der sicherste Weg, sie richtig vorauszusagen, ist, sie zu erfinden."

Als Mulders Mutter von dem Begräbnis kommt, wartet Fox schon auf sie. Zu Hause hat Scully einen Anruf von Melissa erhalten, wird aber mißtrauisch, als sie ihre Schwester nicht selbst erreichen kann. Anstatt bei sich in der Wohnung zu warten, macht sie sich auf den Weg zu ihr und trifft auf Skinner, der sie mit in Mulders Wohnung nimmt, um dort mit ihr zu sprechen. Scully traut ihm nicht und hält ihn mit ihrer Pistole in Schach, sobald sie in der Wohnung sind. Melissa trifft unterdessen in Scullys Apartment ein und wird dort von Agent Krycek und einem seiner Kollegen, der auch für den Cigarette-Smoking Man arbeitet, niedergeschossen, weil diese sie für Scully halten.

„Ich bin hierhergekommen, um Ihnen etwas zu geben", sagt Skinner zu Scully, die ihn mißtrauisch beobachtet. „Ich habe das DAT-Band." In diesem Augenblick hört man draußen Schritte, und Skinner nutzt die kurze Ablenkung, um seine eigene Waffe zu ziehen. Die klassische Pattsituation.

Fortsetzung folgt . . .

Facts: Navajo-Experten hatten die Produzenten auf einige kulturelle Unzulänglichkeiten in „Anasazi" aufmerksam gemacht, also lud man Chris Carter zu einem nächtlichen Navajo-Gesang und einem indianischen Church-Peyote-Ritual ein, als er an „The Blessing Way" arbeitete. Die Folge wurde übrigens nach einem tatsächlich existierenden Gesang betitelt. Für Carter bedeutete der Besuch der Rituale eine große Ehre, er gibt aber lachend zu, es sei leider „furchtbar schmerzhaft gewesen, acht Stunden lang wie die anderen auf dem Boden zu hocken".

In „The Blessing Way" wird die Akte X-Mythologie fortgeführt und gleichzeitig in gewagte neue Bahnen gelenkt. Skinner wird wesentlich aktiver als in den ersten beiden Staffeln, ohne daß dabei seine Rolle grundlegend geändert würde. Carter betont, daß Skinner sehr viel für die Verteidigung seiner Agenten tut und fügt hinzu: „Er gehört keineswegs zu der X-Akten-Abteilung dazu", sondern er versuche nur, das, was er als Unrecht ansehe, zu bekämpfen und zu bessern.

In dieser Folge geschieht sowohl on- als auch offscreen Interessantes: Zum Beispiel erschießt Krycek, den Nicholas Lea spielt, Melissa Scully, die von der wirklichen Freundin des Darstellers Melinda McGraw verkörpert wird. Mulder spricht im Schlaf von Sonnenblumenkernen; von seiner Vorliebe dafür, die er von seinem Vater geerbt hat, war bereits in einer Folge der zweiten Staffel, „Böse geboren", die Rede.

Auch die Szene, in der Mulder in seinem Delirium sieht, wie

die außerirdisch/menschlichen Hybriden in dem Waggon mit Cyanid vergast werden, eine deutliche Anspielung an die Greueltaten der Nazis, ist bemerkenswert. „Es geht hier schließlich um Nazi-Wissenschaftler", erklärt Carter. „Warum sollten die sich anders verhalten, als sie es im wirklichen Leben getan haben?"

Besonderes stolz ist man darauf, für die Rolle der neuesten unkonventionell benannten Figur der Serie, den Manikürten Mann, John Neville verpflichtet zu haben, der die Hauptrolle in *The Adventures of Baron Munchausen* (Die Abenteuer des Baron Münchhausen) spielte.

Am Ende der Folge wird eingeblendet: „In memoriam. Larry Wells. 1946–1995." Wells war einer der Kostümdesigner der Serie.

51. (NOCH KEIN DT. SENDETITEL)
Paper Clip

Erstausstrahlung:
USA: 29. 9. 1995
Deutschland:

Drehbuch:
Chris Carter

Regie:
Rob Bowman

Darsteller:
Mitch Pileggi (Walter Skinner)
Sheila Larken (Mrs. Scully)
Robert Lewis (Arzt)
Melinda McGraw (Melissa Scully)
Bruce Harwood (Byers)
Tom Braidwood (Frohike)
Dean Haglund (Langly)
William B. Davis (Cigarette-Smoking Man)
John Neville (Well-Manicured Man)
Don Williams (Erstes Stammesoberhaupt)
Stanley Walsh (Zweites Stammesoberhaupt)
John Moore (Drittes Stammesoberhaupt)
Walter Gotell (Klemper)
Martin Evans (Faktotum)
Peta Brookstone (Krankenschwester)
Floyd „Red Crow" Westerman (Albert Hosteen)
Nicolas Lea (Agent Krycek)
Lenno Britos (Hispano)
Rebecca Toolan (Mrs. Mulder)

Story: Mulder und Scully suchen nach Beweismaterial für Experimente an Menschen und Außerirdischen, die von Nazi-Kriegsverbrechern durchgeführt wurden. Skinner versucht, ihr Leben zu retten, indem er mit dem Cigarette-Smoking Man ein Tauschgeschäft aushandelt.

Hauptschauplatz: Washington, D.C. West Virginia

Inhalt: Albert Hosteen spricht in seinem einführenden Off-Kommentar von der Geburt eines weißen Büffels – in der indianischen Mythologie „ein mächtiges Omen", welches bedeutet, daß „große Veränderungen kommen".

Scully und Skinner stehen sich beide mit gezogenen Pistolen gegenüber. Die Gestalt an der Tür ist, wie man jetzt erkennt, Mulder, der ebenfalls mit gezogener Waffe hereinkommt. Skinner erkennt, daß er jetzt der Unterlegene ist und legt seine Waffe ab. Er sagt ihnen, er habe das DAT-Band mit den Geheimdateien, und bekommt von Mulder zu hören: „Ihr rauchender Freund hat wegen dieser Dateien meinen Vater getötet." Skinner besteht darauf, das Band sei „das einzige Druckmittel, das wir in der Hand haben, um von diesen Männern Gerechtigkeit zu fordern".

Als Scullys Mutter Melissa im Krankenhaus besucht, findet sie diese im Koma. Mulder und Scully bringen unterdessen eine Aufnahme aus den 70er Jahren, die Mulders Vater zusammen mit einigen Männern zeigt, zu den Lone Gunmen. Diese identifizieren einen der Männer als Victor Klemper, einen der Nazis, denen nach dem Zweiten Weltkrieg im Austausch für ihr Forschungswissen in den USA Amnestie gewährt wurde. Der streng geheime Tauschhandel lief unter dem Namen

„Paper Clip". Das Programm, so erfahren Mulder und Scully, wurde angeblich in den 50er Jahren wieder fallengelassen. Dann kommt Frohike herein, der Scully berichtet, wie es um ihre Schwester steht.

Der Well-Manicured Man und seine Genossen nehmen den Cigarette-Smoking Man in die Zange. Sie beschuldigen ihn, seine Kumpane hätten „einen furchtbaren Fehler begangen", als sie die falsche Frau erschossen hätten und fordern von ihm das DAT-Band. Er verspricht ihnen, es bis zum nächsten Tag zu beschaffen.

Mulder und Scully statten Klemper einen Besuch ab und bekommen von ihm den rätselhaften Tip, zu einem Bergwerk in West Virginia zu fahren. Dann ruft er den Manikürten Mann an, um ihm von dem Besuch zu erzählen. „Mulder lebt", verkündet dieser daraufhin. Da Mulder nun weiß, daß das Krankenhaus observiert wird und Scully in Gefahr ist, schickt Mulder Albert mit einer Nachricht zu Scullys Mutter. Er selbst setzt sich an Melissas Bett und betet.

Skinner spricht mit dem Cigarette-Smoking Man und deutet an, daß er das Band vielleicht gefunden hat, daß es aber, so fügt er vorsichtig hinzu, leicht in die falschen Hände geraten könnte. „Sie wollen mit mir handeln? Ist es das? Ich lasse aber nicht mit mir handeln", knurrt der Cigarette-Smoking Man. Skinner entgegnet darauf nur, daß er doch wohl über „gewisse Möglichkeiten" Bescheid wisse.

In dem Bergwerk finden Scully und Mulder zahllose versteckte Aktenschränke voll mit medizinischen Akten, unter anderem auch eine mit Scullys Namen und eine mit dem von Mulders entführter Schwester Samantha, auf der, wie Mulder erkennen kann, ihr Name nachträglich über seinen eigenen geschrieben wurde. Plötzlich geht das Licht aus, und an Scully streichen außerirdisch anmutende kleine Gestalten vorbei. Mulder wagt sich nach draußen und sieht dort ein riesiges Raumschiff direkt über dem Bergwerk schweben. Scully kann etwas ausmachen, das die Silhouette eines Außerirdischen sein könnte, die Erscheinung verschwindet jedoch in einem leuchtenden Blitz.

In diesem Augenblick erscheinen mehrere bewaffnete Männer und feuern auf Mulder, den sie bis ins Bergwerk verfolgen. „Wir haben eine kleine Armee da draußen", droht er den beiden, bevor sie durch eine Geheimtür fliehen können. In einem Café treffen sie sich mit Skinner, der ihnen eröffnet, er wolle das Band für ihr Leben und ihre Wiedereinstellung beim FBI eintauschen. Mulder protestiert, sie brauchten das Band aber, um die Wahrheit bekannt werden zu lassen und um endlich zu erfahren, warum sein Vater sterben mußte, warum seine Schwester verschwunden ist und warum Scully entführt wurde. „Ist die Antwort darauf Ihr Leben wert?", fragt Skinner.

„Sie ist jedenfalls offenbar unseren Tod wert", entgegnet Mulder.

Scully gibt zu bedenken, daß die Situation längst außer Kontrolle geraten sei und die Wahrheit ihnen wenig nützen würde, wenn sie tot wären. Außerdem möchte sie unbedingt zu ihrer Schwester. Mulder gibt ihr nach, und sie sagt Skinner, er solle den Handel arrangieren. Wenn die Bedingungen nicht eingehalten würden, versichert Skinner ihnen ernst, „werde ich als Kronzeuge aussagen, oder sie müssen mich auch töten."

Skinner besucht Scullys Mutter im Krankenhaus. Dort verfolgt er einen geheimnisvollen Fremden bis ins Treppenhaus, wo ihm Krycek mit zwei anderen Männern auflauert, die ihn zusammenschlagen und ihm das Band abnehmen. Als Kryceks Kumpane ihn danach im Wagen allein lassen, wird ihm plötzlich klar, daß sie auch ihn eliminieren wollen, und es gelingt ihm gerade noch rechtzeitig, aus dem Wagen zu springen, der Sekunden später explodiert.

Mulder und Scully wollen noch einmal mit Klemper sprechen, werden aber vom Well-Manicured Man abgefangen, der ihnen sagt, Klemper sei tot. Er erklärt ihnen, daß 1947 nach dem Roswell-Absturz Wissenschaftler der Nazis in die USA gebracht worden sind, um an einer experimentellen Kreuzung zwischen Menschen und Außerirdischen zu arbeiten. Durch Pockenimpfungen gelang es, die genetischen Daten von Millionen Menschen zu sammeln. Mulders Vater drohte damals, diese Machenschaften öffentlich bekannt zu machen, und wurde mit Samanthas Entführung mundtot gemacht. „Warum erzählen Sie mir das alles?", fragt Mulder den Well-Manicured Man, bekommt aber nur zur Antwort: „Das ist es doch, was Sie wissen wollten, nicht wahr?"

Krycek ruft den Cigarette-Smoking Man im Club an und teilt ihm mit, daß er noch am Leben ist. Er warnt ihn, daß er selbst im Besitz der Dateien sei und ein erneuter Anschlag auf ihn fatale Folgen hätte. Der Cigarette-Smoking Man erklärt anschließend seinen Genossen, daß mit Skinner keinerlei Tauschhandel stattfinden würde.

Mulder besucht seine Mutter und fragt sie, ob ihr Vater damals von ihr verlangt habe, zwischen ihm und Samantha zu wählen. „Ich konnte das nicht tun", gibt sie weinend zu, „Dein Vater hat die Wahl getroffen, und ich habe ihn dafür gehaßt. Noch bis bis in sein Grab hasse ich ihn."

Der Cigarette-Smoking Man trifft sich mit Skinner und eröffnet ihm, das Band sei verschwunden und nun sei sein eigenes Leben in Gefahr. „So so, jetzt ziehen Sie also den Schwanz ein und kriechen mir in den Arsch", gibt Skinner verbittert zurück und teilt ihm mit, daß Albert den Inhalt der Dateien auswendig gelernt und ihn der mündlichen Erzähltradition seines Stammes folgend an zwanzig Navajos weitergegeben habe. „Das bedeutet, wenn Sie nicht jeden einzelnen Navajo in vier Bundesstaaten töten", erklärt Skinner triumphierend, „sind diese Informationen für uns jederzeit durch ein simples Telefongespräch verfügbar."

Melissa Scully stirbt. Scully trauert um sie und wird von Mulder getröstet, der ihr sagt, sie beide hätten viel verloren, er glaube aber trotz alledem, daß die Wahrheit irgendwo da draußen sei – und durch ihre Arbeit bei den X-Akten ans Licht gebracht werden könne. „Ich habe die Wahrheit bereits gehört", beharrt Scully mit grimmiger Entschlossenheit. „Was ich jetzt will, sind die Antworten."

Facts: Die Außerirdischen, die in dem Bergwerk an Scully vorbeihuschen, wurden von acht- bis neunjährigen Kindern gespielt, die in Kostümen des Makeup-Spezialisten Toby Lindala steckten. Auch in der Folge „Unter Kontrolle" waren Kinder für eine ähnliche Szene eingestzt worden, obwohl Carter zugibt, daß es nicht immer leicht ist, mit solchen Dreikäsehochs zu arbeiten.

„Zuerst sind sie fürchterlich aufgeregt", seufzt er. „Dann zieht man ihnen die Kostüme an und eine halbe Stunde später fangen sie schon an zu fragen: ‚Kann ich jetzt nach Hause?'" In der gleichen Szene wurde die Illusion des strahlenden Raumschiffs durch einen riesigen Kran geschaffen, der Scheinwerfer von oben herunterstrahlen ließ.

Obwohl „Paper Clip" mehr als je zuvor die Hintergründe von Samantha Mulders Abduktion erhellt, betont Carter: „Man weiß aber immer noch nicht, von wem sie entführt wurde." Doch immerhin wird klar, daß Militär und Regierung mit den außerirdischen Entführern kollaboriert haben müssen, eine Annahme, die zu den klassischen Theorien auf diesem Gebiet gehört.

Carter gefällt besonders die Idee, eine so ausdrückliche Low-Tech-Lösung wie die Erzähltradition der Navajo zu benutzen, um damit „Mulder und Scully ein wenig Sicherheit zu verschaffen" und den High-Tech-Apparat der Regierung zu unterminieren. Großen Wert legt er auch auf das mythische Element, das darin liegt, daß Mulder erfährt, er sei in gewissem Sinne zu seinem Vater geworden – übrigens einer der Gründe, warum Duchovny diese drei Folgen mit einer anderen berühmten Trilogie, *Star Wars*, verglichen hat, der Ausgeglichenheit halber vielleicht mit einer Prise von *Sophie's Choice* (Sophies Entscheidung) versetzt.

Stunt Coordinator Tony Morelli, den Carter als „unseren Allzweckbösewicht" bezeichnet, spielt den ersten Mann, der Skinner im Treppenhaus auflauert. Obwohl Skinner letztlich bei diesem Kampf unterliegt, ist es Carter und Mitch Pileggi wichtig zu betonen, daß schließlich einer gegen drei antreten mußte und Skinner „auch seine Treffer landen" konnte. Ob es Skinner oder Mr. X war, der als Sieger aus der Schlägerei in dem zweiten Teil der „Kolonie" hervorgegangen ist, ist eine beliebte Streitfrage auf Akte X-Fanversammlungen.

Auch „Paper Clip" wird ein Memoriam angefügt, diesmal für Mario Mark Kennedy (1966–1995), einer der engagiertesten Fans der Serie, der im Internet Online-Sessions organisiert hatte. Kennedy starb bei einem Autounfall.

X-Philes – Die Fans

Die *Star Trek*-Fans konnten sich nie sonderlich mit der Bezeichnung „Trekkie“ anfreunden. Deshalb ist es nicht überraschend, daß unternehmungslustige Fans von **AKTE X** keine Zeit verloren, selbst ihren eigenen Spitznamen zu kreieren: „X-Philes“, abgeleitet von dem griechischen Wort *philos*, also Freund, Liebhaber.

Zwar gehört der Begriff „interaktiv“ zweifellos zu den überstrapazierten Schlagworten des modernen Medienzeitalters, aber nur wenige Serien haben eine derart starke Zuschauerresonanz hervorgerufen, wie das in der relativ kurzen Zeit seit Bestehen von **AKTE X** der Fall ist. Und wie bei jedem kulturellen Phänomen sind die Reaktionen der Fans zu einem ebenso wichtigen Bestandteil der Akte X-Geschichte geworden, wie die Serie selbst. Die Aktivitäten reichen von Treffen im ganzen Land bis zu allwöchentlichen Plauderstunden im Internet.

AKTE X hat am 12. Juni 1995 sein eigenes weltweites Forum im Netz geschaffen, aber die Fans hatten sich schon lange vorher intensiv mit der Serie beschäftigt. Der Online-Service Delphi schätzt, daß monatlich 25.000 Interessierte an den Gesprächsrunden zu **AKTE X** teilnehmen, mehr als bei allen anderen im Service vertretenen Fox-Serien zusammen.

Es gibt mindestens vier regelmäßig stattfindende Online-Foren, ein sonntagabendlicher David Duchovny-Fan Club (eine Gruppe weiblicher Fans feierte eine „virtuelle Geburtstagsparty" zum Geburtstag des Schauspielers, inklusive Geschenke, eine andere Gruppe nennt sich die „David Duchovny Oestrogen Brigade), eine dienstägliche Diskussionsrunde über paranormale Phänomene, eine wöchentliche Party am Freitag direkt im Anschluß an die aktuelle Folge und eine weitere Diskussionsrunde am Samstag. Dann gibt es noch die weniger formelle aber nicht zu unterschätzende „Gillian Anderson Testosterone Brigade", die sich etwas gemäßigter als ihr weibliches Gegenstück verhält.

Eine von David Duchovny signierte Mütze wurde auf dem AKTE X-Con in Pasadena für $ 180 versteigert. Das von Duchovny, Gillian Anderson und Chris Carter gemeinsam signierte Drehbuch von „Unter Kontrolle" brachte $ 780 ein.

Das Internet hat sogar zu direkten Kontakten unter den Fans geführt. Einige Gruppen, die sich über das Netz kennengelernt haben, treffen sich zu gemeinsamen Aktivitäten. Eine der größten Gemeinden stammt aus der Gegend um Houston und nennt sich – wie könnte es anders sein – die „Tex-Philes".

Seit der Veranstaltung in San Diego im Juni 1995 mit rund 2.500 Teilnehmern werden immer häufiger Akte X-Conventions abgehalten. Bis zum Ende des Jahres sind insgesamt zwanzig geplant, und vorsichtige Schätzungen sprechen von 35.000 bis 40.000 Besuchern.

Diese eintägigen Veranstaltungen werden – wie auch schon die *Star Trek*-Cons – von der Creation Entertainment organisiert und in der Regel über die lokalen Sendeanstalten von Fox während der Ausstrahlung der Serienfolgen beworben und ziehen ein breites Spektrum von Leuten an. Es erscheinen Fans aller Hautfarben, Rassen und jeden Alters, von Greisen bis hin zu jungen Eltern, die Kinderwägen schieben, alle vereint durch ihr Interesse an **AKTE X**.

Zusätzlich zum Auftritt von Ehrengästen der Serie bieten die Conventions ein Requisitenmuseum, in dem man zum Beispiel das blutige Schweinebein bewundern kann, das in der Folge „F. Emasculata" einem Gefangenen geschickt wurde, oder die Nachbildung eines außerirdischen Leichnams aus der Abschlußfolge der zweiten Staffel „Anasazi". Es ist wirklich erstaunlich, welche Begeisterung über die Serie bei diesen Veranstaltungen zum Ausdruck kommt.

Buchstäblich alles, was irgendwie mit der Serie zu tun hat, ist zu einem Sammelobjekt geworden. Selbst die Ausgabe von *TV Guide*, auf deren Titelblatt **AKTE X** vorgestellt wurde, erzielt einen hohen Wiederverkaufswert. Die Fans können T-Shirts, Mützen, Szenenfotos, Poster und Comics erwerben, wobei der Renner eine schicke (und nicht ganz billige) Akte X-Jacke ist. Wie man es auch betrachtet, die Serie ist auch ein großes Merchandising-Geschäft geworden.

Darüber hinaus gibt es einen offiziellen Akte X-Fanclub, der eine breite Palette von Souvenirs anbietet.

Allerdings führt der Einfluß der Serie manchmal auch zu etwas paranoiden Anwandlungen. Eine Frau, die einen Fragebogen mit Auskünften zu ihrem Alter und ähnlichen Daten für den Fanclub ausfüllen sollte, zeigt sich skeptisch, allzu leichtfertig solche Informationen preiszugeben. „Schließlich ist das **AKTE X**", meint sie zu ihrem Freund.

Die Fans jubeln, wenn über die Stars geredet wird, und pfeifen bei der Erwähnung solcher Bösewichte wie dem Cigarette-Smoking Man und Krycek.

Bei einer Veranstaltung im Sommer in Las Vegas gibt Mitch Pileggi, der den Assistant Director Walter Skinner spielt, geduldig Hunderte von Autogrammen, nachdem er zuvor Fragen aus dem Publikum beantwortet hat. Viele sind nicht gerade neu (Wie haben Sie die Rolle bekommen? Glauben Sie persönlich an Außerirdische? und so weiter), aber eine Frage macht auch den scheinbar unerschütterlichen Schauspieler sprachlos. „Wieviel verdienen Sie?" will ein junger Mann allen Ernstes wissen.

„Das geht Sie nichts an", antwortet Pileggi nach einer längeren Pause mit einem herzhaften Lachen.

„Ich verehre Sie wirklich sehr", gesteht etwas später eine Frau, nachdem sie zum Mikrofon vorgerückt ist, und ihre Stimme trieft geradezu vor Verlangen.

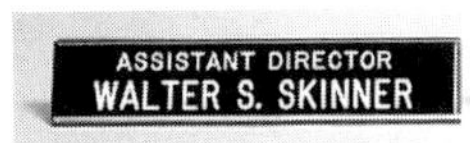

Als nächster Programmpunkt erscheint Doug Hutchison, der Eugene Tooms gespielt hat, den alterslosen leberessenden Mutanten aus zwei Folgen der ersten Staffel. Hutchison ist zum ständigen Gast der Conventions geworden und nutzt seine Auftritte, um öffentlich für eine Wiederkehr Tooms' in der Serie zu werben, ungeachtet der Tatsache, daß sein Charakter von einem Fahrstuhl zu Brei zerquetscht wurde. Im Gegensatz zu der freudlosen Gestalt, die er in der Serie verkörpert, beweist Hutchison Sinn für Humor und tritt wie ein Stegreifkomiker auf. „Ich bin einmal in einen Geldspielautomaten gekrochen", erzählt er dem Publikum. „Als ein Kerl eine Münze reingesteckt hat, kamen drei Lebern raus." Gleich darauf fügt er hinzu, daß er, der Vegetarier, noch nie im Leben eine Leber angerührt habe.

Für Chris Carter, den Executive Producer und Schöpfer von **AKTE X**, ist diese Interaktion mit den Fans der Serie ein Traum und ein Phänomen, mit dem er nie gerechnet hätte. Zwar gab es auch schon früher Fanpost, aber das moderne Äquivalent hat ihn durch seine Unmittelbarkeit sehr beeindruckt. Die Online-Dienste und die Veranstaltungen ermöglichen es den Fans und den Produzenten, Erfahrungen auszutauschen. Carter gesteht, daß er „fast täglich" im Internet herumstöbert, sich mit Fans unterhält, die intelligenteren Kommentare und Anmerkungen liest und manchmal denkt: „Hey, die haben recht. Ich sollte mich besser vorsehen."

„Das ist wie ein interaktives Werkzeug für mich", sagt er und weist darauf hin, daß die Serie das Glück hatte, zur selben Zeit so beliebt zu werden, in der die Online-Kommunikation aufblühte.

Allerdings räumt er auch ein, daß ihn einige der Diskussionsrunden, kritischen Untersuchungen und obskuren Bedeutungen, die in jedes noch so kleine Detail hineininterpretiert werden, „gelegentlich in den Wahnsinn treiben", was vielleicht einen Witz aus der Episode „An der Grenze" der zweiten Staffel erklärt, in der einer der Lone Gunmen Mulder auffordert, sich ins Internet einzuwählen und „die wissenschaftlichen Ungenauigkeiten von *Earth 2* auseinanderzupflücken." Dieses kleinliche Herumstochern gehört eindeutig zu der intensiven Beschäftigung mit der Serie. Die Zuschauer haben ihre Freude daran, Ungenauigkeiten, Regiefehler und nicht logische Handlungsverläufe aufzuspüren.

Größtenteils aber genießt es Carter, der ja als Wellenreiter an der südkalifornischen Küste aufgewachsen ist, im Internet zu surfen. Die Detailbesessenheit der Fans macht ihm in der Regel Spaß und zwingt ihn und die anderen Autoren, noch genauer auf jede Einzelheit zu achten. So war es der positiven Zuschauerresonanz zu verdanken, daß Mitch Pileggis Rolle als Skinner stärker ausgebaut wurde. Der Schauspieler wird in der dritten Staffel häufiger auftreten und hat gerade einen brandneuen Sechsjahresvertrag unterzeichnet.

Außerdem hat der Kontakt, den Carter seit Beginn der Serie mit den Zuschauern hält, seine Ansichten über Leute verändert, die UFOs jagen oder behaupten, von Außerirdischen entführt worden zu sein. Wie er zugibt, hatte er befürchtet, daß „alle möglichen schrägen Vögel aus ihren Löchern kriechen und das Internet zum Treffpunkt der Durchgedrehten machen würden", nachdem **AKTE X** auf Sendung ging. „Interessanterweise aber ist der größte Teil dieser Leute nicht bekloppt", sagt er. „Die meisten sind einfach ganz normale Zeitgenossen, die wirklich an diese Dinge glauben."

Natürlich muß man den Eifer, mit dem die Leute zu den Conventions eilen und das Internet bevölkern, im Kontext betrachten, denn sie bilden nur einen Bruchteil der mehr als 14 Millionen amerikanischen Zuschauer, die die Serie im Schnitt pro Woche verzeichnet. Auch sollte nicht unerwähnt bleiben, daß ähnliche Online-Fangemeinden trotz ihres engagierten Einsatzes Serien mit schlechten Einschaltquoten wie zum Beispiel *My So-Called Life* nicht retten konnten. Die wahre Herausforderung – wie bei allen großen Sendern – besteht darin, das allgemeine Millionenpublikum zu erhalten und wenn möglich noch auszubauen und gleichzeitig die Hardcore-Fans zufriedenzustellen, die den Produzenten besonders am Herzen liegen, seit **AKTE X** ihren Höheflug angetreten hat. Wie der Story Editor Frank Spotnitz ihnen während einer Veranstaltung versicherte: „Das Ziel bleibt, die hohen Erwartungen zu erfüllen, die Sie in uns setzen."

Auch Carter macht deutlich, daß seine besondere Sympathie dem Stammpublikum gilt und er sich ihm verpflichtet fühlt. „Ich hatte das Gefühl", sagt er über seine ersten Begegnungen mit den Fans im Internet, „als würde ich für diese Leute arbeiten."

„Gefallener Engel" Szene: Mulders verwüstetes Hotelzimmer.

Scully: „Was ist hier los?"

Mulder: „Anscheinend war das Zimmermädchen noch nicht da."

Einschaltquoten

Die Einschaltquoten in den USA

1. Staffel

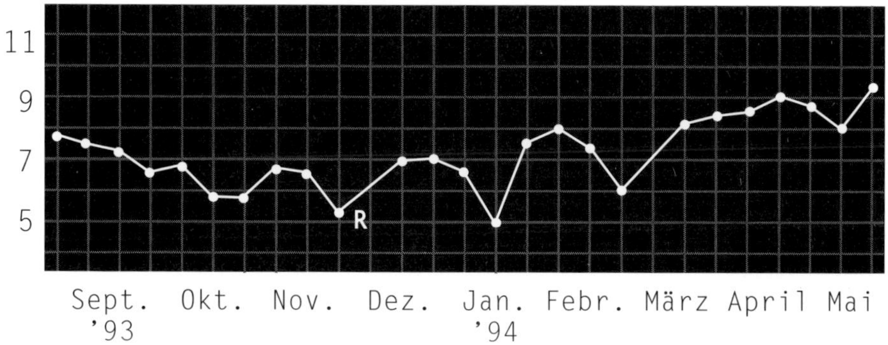

R= Wiederholung

2. Staffel

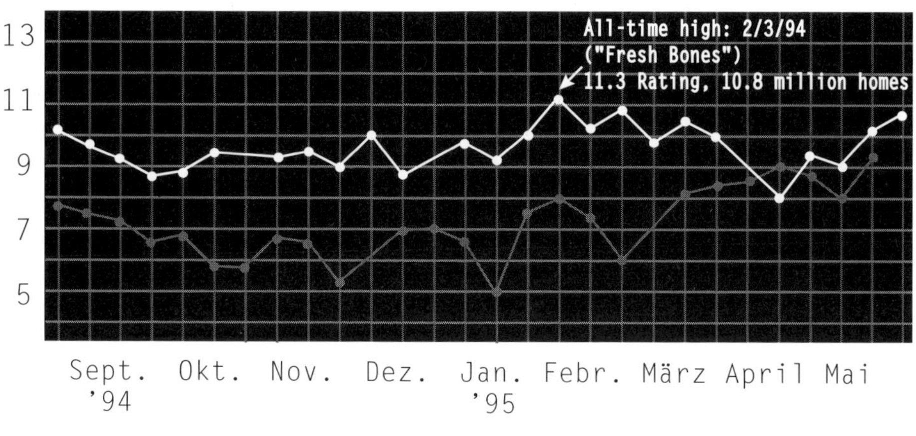

Sendedatum	Folge	Haushalte (in Mio.)	Einschaltquoten/ Marktanteil in %
10.09.93	Gezeichnet	7,4	7,9/15
17.09.93	Die Warnung	6,9	7,3/14
24.09.93	Das Nest	6,8	7,2/13
01.10.93	Signale	5,9	6,3/11
08.10.93	Der Teufel von Jersey	6,2	6,6/12
22.10.93	Schatten	5,6	5,9/11
29.10.93	Die Maschine	5,6	5,9/11
05.11.93	Eis	6,2	6,6/11
12.11.93	Besessen	6,1	6,5/11
19.11.93	Gefallener Engel	5,1	5,4/ 9
10.12.93	Eva	6,4	6,8/12
17.12.93	Feuer	6,4	6,8/12
07.01.94	Die Botschaft	6,2	6,6/11
21.01.94	Verlockungen	6,8	7,2/12
04.02.94	Lazarus	7,2	7,6/12
11.02.94	Ewige Jugend	6,8	7,2/11
11.02.94	Täuschungsmanöver	5,8	6,2/ 9
18.02.94	Der Wunderheiler	7,1	7,5/13
18.03.94	Verwandlungen	7,2	7,6/14
01.04.94	Der Kokon	7,5	8,0/14
15.04.94	Ein neues Nest	8,1	8,6/15
22.04.94	Wiedergeboren	7,7	8,2/14
06.05.94	Roland	7,4	7,9/14
13.05.94	Das Labor	8,3	8,8/16

Einschaltquoten: Jeder Punkt entspricht 942 000 Haushalten

Sendedatum	Folge	Haushalte (in Mio.)	Einschaltquoten/ Marktanteil in %
16.09.94	Kontakt	9,8	10,3/19
23.09.94	Der Parasit	9,3	9,8/17
30.09.94	Blut	8,7	9,1/16
07.10.94	Schlaflos	8,2	8,6/15
14.10.94	Unter Kontrolle	8,5	8,9/16
21.10.94	Seilbahn zu den Sternen	9,2	9,6/16
04.11.94	Drei	9,0	9,4/16
11.11.94	An der Grenze	9,1	9,5/16
18.11.94	Der Vulkan	8,6	9,0/16
09.12.94	Rotes Museum	9,9	10,4/18
16.12.94	Excelsis Dei	8,5	8,9/15
06.01.95	Böse geboren	9,7	10,2/16
13.01.95	Todestrieb	8.8	9,2/15
27.01.95	Satan	10,2	10,7/18
03.02.95	Frische Knochen	10,8	11,3/19
10.02.95	Die Kolonie - Teil 1	9,8	10,3/17
17.02.95	Die Kolonie - Teil 2	10,7	11,2/19
24.02.95	Sophie	9,6	10,1/17
10.03.95	Totenstille	10,2	10,7/18
31.03.95	Der Zirkus	9,8	10,3/18
14.04.95	Heilige Asche	7,9	8,3/16
28.04.95	F. Emasculata (*)	8,5	8,9/16
05.05.95	Soft Light (*)	8,1	8,5/15
12.05.95	Our Town (*)	9,0	9,4/17
19.05.95	Anasazi (*)	9,6	10,1/18

Einschaltquoten: Jeder Punkt entspricht 954 000 Haushalten
(* z.Z. noch kein dt. Titel)

Quelle: Nielsen Media Research

Pressestimmen

Die ersten Rezensionen der Serie fielen größtenteils positiv aus, obwohl einige Kritiker bezweifelten, daß **AKTE X** die erforderlichen Einschaltquoten erzielen würde, um überleben zu können. Hier eine Auswahl:

10. September 1993 (Premiere)

„Eine der interessanteren neuen Serien dieses Herbstprogramms . . . eine vielversprechende Serie mit einem provokanten Unterton."

- Ray Richmond, *Los Angeles Daily News*

„Die Geschichten sind unglaublich – im Sinne von unglaubwürdig –, und das ist mein Problem mit AKTE X. Davon abgesehen ist es eine unterhaltsame Krimi-Serie . . . Meine Wertung: 8"

- Jeff Jarvis, *TV Guide*

„ . . . die unheimliche aber nicht gewalttätige Serie **AKTE X** könnte Fox jede Woche eine Kultgemeinde neugieriger Zuschauer sichern."

- Lon Grahnke, *Chicago Sun-Times*

„Wie es aussieht, haben SF- und Mystery-Fans etwas an dieser neuen Serie, in das sie sich verbeißen können . . . Wenn die folgenden Episoden das Niveau halten können, könnte die gut gemachte Serie der UFO-Überflieger dieser Saison werden."

- Tony Scott, *Daily Variety*

„Duchovny und Anderson sind sicher die jüngsten und attraktivsten FBI-Agenten der Fernsehgeschichte. Aber würden Sie sich nicht sicherer fühlen, wenn FBI-Agenten wie Efrem Zimbalist jr. aussähen? Die Serie ist zwar nicht schlecht, aber ich denke trotzdem, **AKTE X** *ist ein Fall für die Ablage.*"

- Bob Wisehart, *Sacramento Bee*

Pressestimmen

„. . . intelligente Drehbücher und eine flotte Handlung heben die Serie weit über den üblichen Standard des Genres . . . Freitagabend ist eine ungünstige Zeit, um genügend Zuschauer vor die Fernsehgeräte zu ziehen, aber vielleicht zählt Fox darauf, daß das anvisierte Publikum seine Videorecorder programmieren kann."

– Gail Pennigton, *St. Louis Post-Dispatch*

„Seit Darren McGavin in *Kolchak: The Night Stalker* jede Woche über ein anderes Monster gestolpert ist, hat es keine für die Hauptsendezeit produzierte Serie mehr gegeben, die absurder als AKTE X war – oder so viel Spaß macht."

– Noel Holston, *Minneapolis Star-Tribune*

„. . . diese gruselige Serie . . . könnte ein Hit werden. Sie wird auf jeden Fall eine Kultgemeinde nach sich ziehen, wenn nicht mehr."

– Walter Belcher, *Tampa Tribune*

„. . . die Vertuschungsaktionen der Regierung werden mit dem richtigen Maß an hirnrissiger Paranoia dargestellt . . . Das Problem ist, daß AKTE X selbst dazu prädestiniert scheint, in den Fernseharchiven für kurzlebige Phänomene zu enden."

– Joyce Millman, *San Francisco Examiner*

1. Oktober 1993

„Sollten die Produzenten die gespenstische Atmosphäre beibehalten können, wird diese Serie ihre treuen Anhänger finden. Und das zu Recht. Note: B."

– *People* magazine

Pressestimmen

„Merken Sie die Serie unter der Rubrik ‚unbedingt anschauen' vor. Tendenz: **AKTE X** wird einfach immer besser. Und seltsamer. Und beängstigender."

– Matt Roush, *USA Today*

Pressestimmen

8. Oktober 1993

„**AKTE X** ist zur Zeit die paranoideste und subversivste Serie im Fernsehen ... Es herrscht eine wunderbare Spannung zwischen Anderson, die die Ereignisse voller Skepsis betrachtet, und Mulder, der den gehetzten und forschenden Blick eines wahren Gläubigen hat ... **AKTE X** ist herrlich schräg. B+."

- *Entertainment Weekly*

5. November 1993

„Ich kann mit Sicherheit behaupten, daß sich diese Episode von **AKTE X** als eine der stärksten und unheimlichsten Serienfolgen seit langer Zeit in einem der großen Sender erwiesen hat - mit ein oder zwei Szenen, die buchstäblich eine Gänsehaut garantieren, und einer Handlung, die einer Reise in die *Twilight Zone* würdig ist."

- David Bianculli (über „Eis"), *New York Daily News*

Preise und Auszeichnungen

emmy awards

1995

- Nominierung für die Kategorie „outstanding drama series“
- Nominierung für die Kategorie „writing in drama series“: Chris Carter („Duane Barry“ = „Unter Kontrolle“)
- Nominierung für die Kategorie „guest actress in a drama series“: CCH Pounder as Agent Kazdin („Duane Barry“)
- Nominierung für die Kategorie „individual achievement in cinematography for a series“: John Bartley („One Breath = „An der Grenze“)
- Nominierung für die Kategorie „individual achievement in editing for a series, single camera production“: James Coblentz („Duane Barry“)
- Nominierung für die Kategorie: individual achievement in editing for a series, single camera production – Stephen Mark („Sleepless“ = „Schlaflos“)
- Nominierung für die Kategorie „sound editing for a series“: Thierry Couturier, Machiek Malish, Chris Reeves, Marty Stein, Jay Levine, Stuart Calderon, Michael Kimball, David Van Slyke, Susan Welsh, Chris Fradkin, Matt West, Jeff Charbonneau, Debby Ruby Winsberg („Duane Barry“)

1994

- Sieger in der Kategorie „individual achievement in graphic design and title sequences“: James Castle, Bruce Bryant, Carol Johnsen
- Nominierung für die Kategorie: „main title theme music“: Mark Snow

golden globe award

- Sieger in der Kategorie „best dramatic series“

saturn awards

(verliehen durch die Academy of Science Fiction, Fantasy, and Horror)

- Sieger in der Kategorie „outstanding television series“

television critics association (TCA) awards

- Nominierung für die Kategorie „best drama series“
- Nominierung für die Kategorie „program of the year“

Preise und Auszeichnungen

viewers for quality television (VQT) awards

- Nominierung für die Kategorie „best drama series“
- Nominierung für die Kategorie „best actor in a drama series“: David Duchovny
- Nominierung für die Kategorie „best actress in a drama series“: Gillian Anderson

Digital Hollywood Awards

- Sieger in der Kategorie „best digital writer“: James Wong and Glen Morgan („Beyond the Sea“)
- Nominierung für die Kategorie „best in digital television (series)“

mystery writers of america - edgar allen poe awards

- Nominierung für die Kategorie „best episode in a television series“: Chris Carter („The Erlenmeyer Flask“ = „Das Labor“)

american society of cinematographers awards

- Nominierung für die Kategorie „achievement in cinematography“: John Bartley („Duane Barry“)

environmental media awards

- Sieger in der Kategorie: „outstanding episodic television (drama)“: Chris Carter („Darkness Falls“ = „Der Kokon“)

parent's choice honors

- Sieger in der Kategorie „best series“

monitor awards

- Sieger in der Kategorie „best editing“: James Coblentz („Beyond the Sea“)

new york film festival for television programming and promotion

- Sieger in der Kategorie „Finalist, best writing“: Chris Carter („The Erlenmeyer Flask“); James Wong and Glen Morgan („Beyond the Sea“)

Personen-dossiers

Special Agent Fox Mulder

Name: Fox William Mulder
Dienstnummer: JTT047101111
Größe: 1,83 Meter
Gewicht: 77 kg
Haarfarbe: Braun
Augenfarbe: Grün
Geburtsdatum: 13. 10. 1961
Geburtsort: Chilmark, Massachusetts
Derzeitige Adresse: (Anschrift unbekannt) Apt. 42, Alexandria, Virginia
Telefon-Nr.: (202)555-9355
Unveränderliche Merkmale: Muttermal auf rechter Wange
Familienstatus: Ledig
Name des Vaters: William „Bill" Mulder (siehe Verschlußsache). Ehemaliger Mitarbeiter des Außenministeriums. Von Alex Krycek ermordet.
Adresse des Vaters: West Tisbury, Martha's Vineyard, Massachusetts
Name der Mutter: (unbekannt)
Adresse der Mutter: 2790 Vine Street, Chilmark, Massachusetts
Geschwister: Eine Schwester, Samantha Ann Mulder, geboren am 22. 01. 1964. Verschwunden am 27. 11. 1973.
(X-Akte X-42053)

Ausbildung: Oxford University, A.B. in Psychologie, 1982. Quantico FBI Training Academy, 1984.
Veröffentlichungen: *Über Serienkiller und Okkultismus*, Monographie, 1988. Artikel im Magazin *Omni*, (unter dem Pseudonym M.F. Luder), 1993.
Derzeitiger Rang: Special Agent
Dienstwaffe: Smith and Wesson 1056 (Kal. 9 mm)

FBI-Dienstlaufbahn

1983-1986: Oxford University

1986: Direkt nach Graduierung in Oxford Eintritt in die Quantico Academy. Erhält den Spitznamen „Spooky".

1988: Mulder wird der Abteilung *Violent Crimes Unit* = VCU (Gewaltverbrechen) unter Leitung von ASAC Reggie Purdue zugeteilt. Agent Mulder zeichnete sich bei seinem ersten Fall im Zug der Verfolgung des Bankräubers John Barnett aus.

16. 06. 1989: Agent Mulder unterzieht sich einer von Dr. Heitz Werber durchgeführten Rückführungshypnose, durch die er zu der Überzeugung gelangt, daß seine Schwester von außerirdischen Mächten entführt wurde.

1991: Agent Mulder überredet seine Vorgesetzten, ihn in die Abteilung *X-Akten* zu versetzen, in der er seither tätig ist. Er ist dem Leiter der VCU, Section Chief Blevins und später Assistant Director Walter Skinner unterstellt.

06. 03. 1992: Befürchtungen, daß Agent Mulders Tätigkeit in der Abteilung *X-Akten* außer Kontrolle gerät, veranlaßt Chief Blevins, Agent Dana K. Scully in die Abteilung *X-Akten* als Agent Mulders Partnerin zu versetzen.

1993: Agent Mulder wird zu einer Anhörung unter Leitung von Section Chief Joseph McGrath aus dem *Office of Professional Responsibility* (interne Disziplinarbehörde des FBI) geladen, nachdem ihm vorgeworfen wurde, sich widerrechtlich Zutritt zu einem Tatort verschafft zu haben, der in militärische Zuständigkeit fiel, sich in eine militärische Operation eingemischt und laufende Ermittlungen behindert zu haben. Sämtliche Anklagepunkte wurden später fallen gelassen.

April 1994: Assistant Director Walter S. Skinner untersucht Vorwürfe des aus der Haft entlassenen Eugene Tooms, Agent Mulder hätte ihn fortwährend belästigt. Tooms starb später durch einen technisch bedingten Unfall.

Mai 1994: Skinner schließt die *X-Akten* und teilt Agent Mulder und Agent Scully anderen Abteilungen zu.

Oktober 1994: Agent Alex Krycek wird Agent Mulder als Partner zugeteilt.

Nevember 1994: Nach Agent Scullys Entführung durch den Flüchtigen Duane Barry (siehe X-Akte X73317) reaktiviert AD Skinner die Abteilung *X-Akten*. Agent Krycek erscheint nach Agent Scullys Entführung nicht mehr zum Dienst und wird zur Zeit gesucht, um Auskunft über ihr Verschwinden zu geben.

Mai 1995: Skinner beantragt eine Anhörung unter Beteiligung von Agent Mulder, Agent Scully und Mitarbeitern des *Office of Professional Responsibility* nach einer nicht provozierten Tätlichkeit durch Agent Mulder. Agent Mulder erscheint nicht zum anberaumten Termin. Tags darauf wird Agent Mulders Vater in seinem Haus in Anwesenheit seines Sohnes erschossen.

Persönliche Anmerkungen

Agent Mulder ist überzeugt, daß seine Schwester von Außerirdischen entführt wurde, während er durch eine unbekannte Kraft paralysiert war und seine Erinnerungen an den Vorfall manipuliert wurden. Er glaubt, daß außerirdische Mächte den Planeten regelmäßig besuchen, vielleicht mit Beihilfe ungesetzlicher Organisationen auf Regierungsebene. Diese merkwürdigen Ansichten haben ihm unter seinen Kollegen den Spitznamen „Spooky" eingetragen. Abgesehen von seiner Partnerin Agent Scully pflegt er keine engen Kontakte zu anderen Agenten. Zwar wird er beruflich respektiert, gilt aber auf privater Ebene als Sonderling. Seine Persönlichkeit entspricht nicht der erwünschten Idealvorstellung eines Agenten der Behörde, obwohl ihn die Aufklärungsrate in dem ihm übertragenen Aufgabenbereich zu einem der erfolgreichsten Agenten des FBI macht.

Special Agent Dana Scully

Name: Dana Katherine Scully, M.D.
Ausweisnummer: 2317-616
Größe: 1,60 Meter
Gewicht: (unbekannt)
Haarfarbe: Rot
Augenfarbe: Grün
Geburtsdatum: 23. 02. 1964
Geburtsort: (unbekannt)
Derzeitige Adresse: 3170 W. 53 Rd. #35, Annapolis, Maryland
Telefon-Nr.: (202)555-6431
E-Mail: D_Scully@FBI.gov
Unveränderliche Merkmale: Keine
Familienstatus: Ledig
Name des Vaters: William Scully, Captain, United States Navy. Dienst während der Cuba-Krise, 1961. Gestorben Dezember 1993.
Adresse des Vaters: Verstorben
Name der Mutter: Margaret „Maggie" Scully
Adresse der Mutter: (Anschrift unbekannt) Baltimore, Maryland
Geschwister: Ein älterer Bruder, William „Bill jr." Scully; eine ältere Schwester, Melissa Scully (verstorben); ein jüngerer Bruder, Charles Scully
Ausbildung: B.S. Physik, University of Maryland, 1986. Medizinischer Abschluß (unbekannt), Fachgebiet: Forensische Pathologie.
Veröffentlichungen: Doktorarbeit: „Einstein's Twin Paradox: A New Interpretation"
Derzeitiger Rang: Special Agent
Dienstwaffe: Smith and Wesson 1056 (Kal. 9 mm)

FBI-Dienstlaufbahn

1990: Tritt dem FBI direkt nach medizinischem Studium bei. Lehrt zwei Jahre lang in der Quantico Academy.

1992: Von Section Chief Scott Blevins der Abteilung *X-Akten* zugeteilt.

Oktober 1994: Von dem Flüchtigen Duane Barry unter ungeklärten Umständen entführt (siehe X-Akte X73317). Agent Alex Krycek wird wg. Befragung zu ihrem Verschinden gesucht.

November 1994: In komatösem Zustand auf der Intensivstation des North Georgetown University Hospitals gefunden; keine Zeugen oder Aufzeichnungen über ihre Einlieferung vorhanden. Nach ihrer Genesung nimmt Agent Scully den Dienst wieder auf. Behauptet, keine Erinnerungen an die Umstände ihres Verschwindens zu haben.

April 1995: Agent Scully erscheint nicht zu einer von AD Walter S. Skinner anberaumten Anhörung über die Aktivitäten von Agent Mulder. Ein mißglückter Mordanschlag auf sie führt zu dem Tod ihrer Schwester Melissa.

Persönliche Anmerkungen

Agent Scully ist eine sehr geachtete und äußerst disziplinierte Mitarbeiterin mit einem hervorragenden Ruf auf dem Gebiet forensischer Medizin und Pathologie. Sie teilt nicht Agent Mulders Glauben an das Paranormale. Dana Scully verbrachte das erste Jahr ihres Studiums auf der University of California, Berkeley nahe der Alameda Naval Air Station, wo ihr Vater stationiert war. In Berkeley kam sie mit politischen Aktivitäten in Berührung, besonders mit Anti-Atomkraft-Bewegungen; allerdings gingen ihre Aktivitäten nicht über das Lesen von Flugblättern und gelegentliche engagierte Diskussionen mit ihrem Vater hinaus. Nach einem Jahr wechselte sie an die University of Maryland. Agent Scullys medizinische Ausbildung ist im Zuge von Ermittlungen in mehreren der Abteilung *X-Akten* zugewiesenen Fällen von unschätzbarem Wert gewesen.

Assistant Director Walter S. Skinner

(erscheint in:)

„Ein neues Nest“
„Kontakt“
„Der Parasit“
„Schlaflos“
„Seilbahn zu den Sternen“
„An der Grenze“
„Die Kolonie - Teil 1“
„Die Kolonie - Teil 2“
„F. Emasculata“ (*)
„Anasazi“ (*)
„The Blessing Way“ (*)
„Paper Clip“ (*)
(* z.Z. noch keine dt. Titel)

Persönliche Anmerkungen

Assistant Director Walter S. Skinner ist Fox Mulders und Dana Scullys Vorgesetzter. Er ist ein Ex-Marine-Infantrist, streng und autoritär. Seine strikte Forderung, die vorschriftsmäßigen Ermittlungsmethoden einzuhalten, führt zu ständigen Auseinandersetzungen mit Mulder, dessen unorthodoxe Vorgehensweise ihm schwer zu schaffen macht. Skinner erhält regelmäßig Besuch von dem mysteriösen Cigarette-Smoking Man, zu dem er bestenfalls ein distanziertes Verhältnis hat. Obwohl Skinner bereits einmal die Abteilung *X-Akten* auf „Anweisung von oben“ geschlossen hat, reaktivierte er sie später wieder auf eigene Verantwortung. Seither ist die Abteilung aktiv.

Skinners Verhältnis zu Mulder ist zwiespältig. Zwar verärgern ihn die Methoden und die Respektlosigkeit seines Untergebenen, aber er hat ihm schon mehrfach gegen die Hierarchie der Behörde helfen können. In der Folge „An der Grenze“ weigerte er sich, Mulders Kündigung zu akzeptieren, und erzählte ihm von einer außerkörperlichen Erfahrung, die er während seiner Dienstzeit in Vietnam gemacht hatte. „Ich habe Angst, diesem Erlebnis auf den Grund zu gehen, Agent Mulder. Sie . . . haben diese Angst nicht. Ihre Kündigung ist nicht akzeptabel.“

Cigarette-Smoking Man

(erscheint in:)
„Gezeichnet"
„Ewige Jugend"
„Ein neues Nest"
„Das Labor"
„Kontakt"
„Schlaflos"
„Unter Kontrolle"
„Seilbahn zu den Sternen"
„An der Grenze"
„F. Emasculata"
„Anasazi"
„The Blessing Way"
„Paper Clip"

Persönliche Anmerkungen

Seit dem Moment, als Dana Scully der Abteilung *X-Akten* zugeteilt wurde, hat der finstere kettenrauchende Mann im steifen Anzug Mulder, Scully und die Abteilung ständig im Auge behalten. Er ist groß, wirkt bedrohlich, neigt dazu, die Augen zusammenzukneifen, und hat Kontakte zu den dunklen Kräften, die Mulders Untersuchungen behindern. Allerdings bleibt unklar, ob er diesen Kräften hilft oder nur auf ihre Schritte reagiert.

In „Ein neues Nest" brach der Cigarette-Smoking Man sein langes Schweigen und bestätigte, daß er an den Wahrheitsgehalt von Mulders Berichten glaubt. Seit der Episode „Schlaflos" greift er direkter in den Ablauf des Geschehens ein, als er das in der Pilotfolge getan hat. Er ist der Vorgesetzte des heimtückischen Alex Krycek. Seine eiskalte Reaktion auf Scully – „Für jedes Problem gibt es eine Lösung" –, die er durch das Ausdrücken einer Zigarette der Marke „Morley's" unterstrich, legt die Vermutung nahe, daß er vor nichts zurückschrecken wird, um die Abteilung *X-Akten* endgültig zu schließen. Allerdings erklärte er Krycek in der Folge „Seilbahn zu den Sternen", daß es besser sei, die Agenten nicht einfach umzubringen, weil dadurch die Gefahr bestünde, die Überzeugungen eines Mannes in einen Glaubenskreuzzug zu verwandeln.

In der Episode „An der Grenze" trat Mulder dem Cigarette-Smoking Man direkt gegenüber, nachdem Walter Skinner ihm widerstrebend den Aufenthaltsort des Mannes verraten hatte. Mulder verpaßte ihm den Namen „Krebsmann", unter dem dieser jetzt im Internet allgemein bekannt ist. Als er ihm seine Pistole an den Kopf setzte, verriet ihm der Cigarette-Smoking Man, daß er „keine Frau, keine Kinder", aber „einen gewissen

Einfluß" hätte und fügte hinzu: „Ich mache in diesem Spiel mit, weil ich daran glaube."

In „Anasazi", der Abschlußfolge der zweiten Staffel, wurde sein bislang größtes Geheimnis enthüllt: Der Cigarette-Smoking Man war sehr gut mit William Mulder bekannt, Fox Mulders Vater. Während einer angespannten Diskussion behauptete der Cigarette-Smoking Man, Mulder zu beschützen. Als er jedoch später mit Mulder selbst sprach, warf er Bill Mulder vor, „das Projekt" genehmigt zu haben, das Fox Mulder aufzudecken im Begriff steht.

X

(erscheint in:)

„Der Parasit“ (indirekt)
„Schlaflos“
„Seilbahn zu den Sternen“
„An der Grenze“
„Frische Knochen“
„Die Kolonie - Teil 2“
„Soft Light“

Persönliche Anmerkungen

X, der eindeutig unheimlicher als sein Vorgänger Deep Throat ist, liebt die Schatten. Er tritt nur selten aus der Dunkelheit hervor, um sich zu zeigen, und wenn er es tut, wirkt er angespannt, nervös und paranoid. Schon bei seinem ersten Auftreten sagte er, daß er nicht wie Deep Throat enden wolle, dem gegenüber er eine gewisse Loyalität verspürt, die allerdings nicht so weit geht, sich dafür töten zu lassen. Mehr als einmal hat er sich geweigert, Mulder und Scully zu helfen.

In der Folge „An der Grenze“ bewies X, daß er zu einem kaltblütigen Mord fähig ist, als er ungerührt einen Agenten exekutierte, der geschickt worden war, eine Blutprobe von Scully zu entwenden. In „Die Kolonie - Teil 2“ tritt er Dana Scully von Angesicht zu Angesicht gegenüber, als sie ihn bittet, ihr bei der Suche nach Mulder zu helfen. Er weist sie schroff ab, worauf AD Skinner mit ihm in einem Fahrstuhl kämpft, um die Information zu erhalten. Dabei teilt er Skinner mit, daß er schon aus weitaus geringeren Anlässen Menschen getötet hätte. In der Folge „Soft Light“ bringt er Mulder dazu, ihm den Aufenthaltsort eines Forschers zu verraten, dessen Forschungsergebnisse er an sich bringen will. X entführt den Wissenschaftler, Dr. Banton, und liefert ihn genau den Leuten aus, vor denen sich Dr. Banton am meisten gefürchtet hat.

Bisher wurde nicht geklärt, ob X Mulders Feind oder Freund ist.

The Lone Gunmen

(erscheinen in:)
„Täuschungs-manöver“
„Blut“
„An der Grenze“
„Sophie“
„Anasazi“
„The Blessing Way“
„Paper Clip“

Persönliche Anmerkungen

Diese drei Männer bilden das Redaktionsteam eines Magazins, das sich auf Konspirationstheorien spezialisiert hat und nach dem angeblichen zweiten Mörder des Kennedy-Attentats *The Lone Gunman* benannt ist. Sie verfügen über Kontakte und Insiderinformationen zu allen möglichen Themen und dienen Fox Mulder als eine Art alternativer Denkfabrik. Byers trägt einen gepflegten Bart, ist stets gut gekleidet und ein äußerst fähiger Informationssystem-Experte. Langly ist groß, schlank, blond und Brillenträger. Sein Spezialgebiet sind Kommunikationssysteme. Frohike hat eine große Schwäche für Agent Dana Scully. Er ist der Experte für Fotografie und Spezialaufgaben der Gruppe.

Es gab noch ein viertes Mitglied mit dem Spitznamen der „Denker“, alias Kenneth Suna, der allerdings nur einmal aufgetaucht ist. Er war ein genialer Computerhacker und verschaffte sich Zugang zu streng geheimen Dateien des Verteidigungsministeriums, aus denen er höchst brisante Informationen über Aktivitäten der Regierung im Zusammenhang mit Außerirdischen abrief. Dieser Datenzugriff führte letztendlich zu seiner Ermordung.

Die Lone Gunmen sind bis zur Besessenheit von ihrer Sache überzeugt und exzentrisch. Sie haben Mulder und Scully in gleichem Maß paranoide Theorien wie objektive Fakten geliefert.

Agent Alex Krycek

(erscheint in:)
„Schlaflos"
„Unter Kontrolle"
„Seilbahn zu den Sternen"
„Anasazi"
„The Blessing Way"
„Paper Clip"

Persönliche Anmerkungen

Agent Krycek tauchte zum ersten Mal in der Folge „Schlaflos" auf, als er sich in eine von Mulder durchgeführte Ermittlung einschaltete. Er ist gut gekleidet, hat ein jugendliches Gesicht und sieht wie eine jüngere und weniger zynische Ausgabe von Mulder aus. Im Lauf der Zeit stellte er sich jedoch als Doppelagent heraus, der im Auftrag des Cigarette-Smoking Man Mulder daran hindern wollte, die Abteilung *X-Akten* zu reaktivieren. Er war maßgeblich an Dana Scullys Entführung durch Duane Barry beteiligt und versuchte, Mulder umzubringen, als dieser ihr zu Hilfe kommen wollte.

Krycek verschwand im Anschluß an diese Ereignisse, tauchte in der Folge „Anasazi" wieder auf, tötete Mulders Vater und lastete die Tat dessen Sohn an. Seither weiß Mulder über Kryceks Aktivitäten Bescheid. Scully konnte ihn nur davon abhalten, Krycek zu töten, indem sie auf ihren eigenen Partner schoß. Krycek entkam, tauchte allerdings ein weiteres Mal bei einem mißglückten Mordanschlag auf Agent Scully auf, in dessen Verlauf ihre Schwester Melissa den Tod fand. Er konnte fliehen und das Land mit einer Trumpfkarte in Form eines Datenträgers verlassen, der Informationen enthält, aus denen hervorgeht, daß die Regierung Beweise für die Existenz außerirdischen Lebens besitzt und mit Außerirdischen zu tun hat.

Deep Throat

(erscheint in:)

„Die Warnung“
„Die Maschine“
„Gefallener Engel“
„Eva“
„Ewige Jugend“
„Täuschungsmanöver“
„Das Labor“

Persönliche Anmerkungen

Mulders einflußreichste Informationsquelle tauchte in der zweiten Serienfolge erstmals unvermittelt auf, um ihn zu warnen und ihm zu raten, die Finger von einem Fall zu lassen. Es folgten weitere Warnungen in ähnlichen Situationen, außerdem lieferte er Mulder Informationen, um diesem bei seinen Ermittlungen zu helfen. Deep Throat, der immer rätselhaft blieb, gab bei einer Gelegenheit bereitwillig zu, seinen Schützling belogen zu haben. In der Folge „Gefallener Engel“ schritt er ein, um Mulders Job zu retten, in „Das Labor“ rettete er ihm das Leben auf Kosten seines eigenen.

Deep Throats richtiger Name und seine Dienstzugehörigkeit wurden nie enthüllt. Er schien zwischen allen Stühlen zu sitzen. Während er einerseits behauptete, eine derart „erhabene Position“ zu bekleiden, daß er Mulder einen Logenplatz in jedem beliebigen Baseballstadion des ganzen Landes besorgen könnte (ein Zeichen echter Macht), gestand er andererseits, daß er sich bei jedem ihrer Treffen in Lebensgefahr begab. Laut eigener Aussage hatte er Mulder schon seit langer Zeit beobachtet, um dessen Fähigkeiten abzuschätzen, bevor er ihm geheime Informationen zukommen ließ. Während Mulder ihm von Anfang an bedingungslos vertraute, blieb Scully eher skeptisch. Das änderte sich erst, als sie sich gezwungen sah, mit ihm zusammenzuarbeiten, um das Leben ihres Partners zu retten.

Es gibt nur wenige Anhaltspunkte, die Licht in Deep Throats Vergangenheit und Position bringen. Er gab an, in Vietnam für die CIA gearbeitet und einer Organisation angehört zu haben, die sich „abscheulicher Taten gegen Menschen“ schuldig gemacht hätte. Offenbar war es sein Ziel, diese Organisation durch Mulders und Scullys Aktivitäten zu Fall zu bringen. Er war in der Lage, in kürzester Zeit als streng geheim eingestufte Dokumente zu besorgen und an Mulder weiterzugeben. Er besaß Zugang zu hervorragenden Quellen für gezielte Desinformation, wie das gefälschte UFO-Foto aus der Folge „Täuschungsmanöver“ beweist, das fast gut genug war, um selbst einen Experten wie Mulder zu täuschen, und das dazu dienen sollte, Mulder und Scully von einer „heißen“ Fährte abzulenken.

Deep Throats bemerkenswerteste Enthüllung stammt ebenfalls aus „Täuschungsmanöver“, als er sich selbst bezichtigt, einer der drei einzigen Menschen zu sein, die einen Außerirdischen nicht nur gesehen, sondern auch getötet haben. Er erzählt Mulder von einem internationalen Geheimabkommen mit dem Zweck, außerirdische Besucher unverzüglich gefangenzunehmen und zu exekutieren. Diese Erfahrung sei für ihn so aufwühlend gewesen, daß er beschlossen habe, Mulder als eine Form der Buße bestimmte Informationen zugänglich zu machen. Allerdings fiel es Mulder schwer, diese Aussagen zu glauben, nachdem sein Vertrauen in seinen Informanten durch Lügen und Irreführungen nachhaltig erschüttert worden war.

Sein Einfluß auf Mulder und die Abteilung *X-Akten* – von dem Hinweis, den er Mulder bei ihrer ersten Begegnung gab („Sie sind schon seit langer, sehr langer Zeit hier.“) bis zu seinen letzten Worten („Vertrauen Sie niemandem!“) – kann gar nicht hoch genug eingeschätzt werden.

Die Mulders

(erscheinen in:)
„Kontakt“
„Die Kolonie - Teil 1“
„Die Kolonie - Teil 2“
„Anasazi“
„The Blessing Way“
„Paper Clip“

Persönliche Anmerkungen

Fox Mulders Familie hat tragische Ereignisse durchmachen müssen. Als er zwölf Jahre alt war, verschwand seine damals achtjährige Schwester Samantha spurlos. Wie Mulder sagt, hat dieses Ereignis seine Familie auseinandergerissen. Offensichtlich leben seine Eltern getrennt, auch wenn sie nicht wirklich geschieden sind.

Während einer hypnotischen Rückführung durch Dr. Heitz Werber konnte Mulder sich an ein helles Licht, an eine Präsenz in seinem Zimmer und daran erinnern, daß er wie gelähmt war und eine Stimme hörte, die ihm versicherte, daß alles gut werden und seine Schwester wohlbehalten zurückkehren würde. Diese Erinnerungen überzeugten ihn davon, daß seine Schwester von Außerirdischen entführt wurde. Er hat es sich zur Lebensaufgabe gemacht, seine Schwester wiederzufinden und die regierungsamtliche Konspiration aufzudecken, durch die die Existenz von Außerirdischen geheimgehalten wird.

Aber der unglücklichen Familie sollte noch mehr Leid bevorstehen, denn während Mulders Ermittlungen taucht plötzlich eine Frau auf, die behauptet, seine Schwester Samantha zu sein. In dieser Situation lernen wir Bill Mulder kennen, einen gefühlskalten, strengen und freudlosen Mann, der früher für das Außenministerium gearbeitet hat. Außerdem begegnen wir Mulders Mutter, die wärmer und sanfter als ihr Mann, aber nicht leichtgläubig ist, was das Auftauchen ihrer angeblichen Tochter betrifft. Auch sie stellt „Samanthas“ Behauptung, ihre verschollene Tochter zu sein, in Frage. In der Folge „Die Kolonie - Teil 2“ wird Scully in Geiselhaft genommen. Mulder ist gezwungen, Samantha gegen seine Partnerin einzutauschen, und muß voller Entsetzen hilflos zusehen, wie sie von einer Brücke in den Tod stürzt. Wieder muß er vor seinen unversöhnlichen Vater treten und ihm mitteilen, daß Samantha verloren ist. Noch immer von den Ereignissen niedergeschmettert, erlebt er den nächsten Schock, als er erfährt, daß seine „Schwester“ in Wirklichkeit nur einer von mehreren Klonen war, die vorgeben zu wissen, was aus seiner richtigen Schwester geworden ist.

In der Folge „Anasazi“ werden weitere Einzelheiten aus Bill Mulders Vergangenheit enthüllt, und wir erfahren, daß er früher ein Kollege des Cigarette-Smoking Man war, zu dem er ein freundschaftliches Verhältnis unterhielt. Er scheint gleichermaßen darüber besorgt zu sein, daß seinem Sohn etwas zustoßen und seine Beteiligung an geheimen Regierungsexperimenten ans Licht kommen könnte. Der Cigarette-Smoking Man beruhigt ihn, aber Bill Mulder ruft trotzdem seinen Sohn zu sich. Als dieser eintrifft, will er ihm gerade erklären, welche Rolle er in diesem Fall spielt, wird jedoch vorher von Alex Krycek erschossen, und Mulder wird für den Mord an seinem eigenen Vater verantwortlich gemacht. Auf der Flucht nimmt der Cigarette-Smoking Man Kontakt zu ihm auf und warnt ihn, daß die Aufdeckung der Geheimnisse, denen Mulder auf der Spur ist, auch zu der Aufdeckung der Rolle führen würde, die sein Vater darin gespielt hat.

Die Scullys

(erscheinen in:)

„Der Teufel von Jersey“
„Die Botschaft“
„Seilbahn zu den Sternen“
„An der Grenze“
„The Blessing Way“
„Paper Clip“

Persönliche Anmerkungen

Im Gegensatz zu ihrem Partner scheinen Dana Scullys Familienleben und Kindheit ziemlich normal verlaufen zu sein. Ihr Vater, William Scully, war Captain in der U.S. Navy und nahm an der „Operation Schweinebucht“ 1960 teil. Scullys Mutter Margaret wurde von ihrem Vater „Maggie“ genannt. Maggie erzählte ihrer Tochter, daß Captain Scully ihr direkt nach seiner Rückkehr aus der Schweinebucht einen Heiratsantrag gemacht hätte. „Ihr Lied“ war „Beyond the Sea“ und wurde zu ihrer Hochzeit gespielt. Die Ehe scheint in jeder Beziehung glücklich gewesen zu sein. Aus ihr gingen vier Kinder hervor: William jr., „Bill Junior“ genannt, Melissa, Dana und Charles.

Nach außen hin konnte Captain Scully formell und reserviert sein, privat aber nannte er seine jüngste Tochter nach einer Figur aus dem Roman *Moby Dick* „Starbuck“ und sie ihn „Ahab“. Obwohl er mit dem Berufswunsch seiner Tochter nicht einverstanden war, erfuhr Dana von ihrer Mutter, daß er sehr stolz auf sie war. Sein plötzlicher Tod gegen Weihnachten 1993 war ein schwerer Schlag für Dana. Als er ihr kurz darauf als Geist erschien, erschrak sie so sehr, daß sie ihr bisheriges Weltbild in Frage stellte. In der Folge „An der Grenze“ erschien er ihr erneut während eines „Nahe-Todes-Erlebnisses“ und überbrachte ihr eine Botschaft der Liebe und Hoffnung.

Die dunkelhaarige Margaret Scully scheint keinen Beruf außer dem der Hausfrau auszuüben, ist aber eindeutig der Mittelpunkt der Familie. Mit ihrer warmherzigen und gleichzeitig resoluten Art dominiert sie in allen familiären Angelegenheiten. Sie respektiert die Entscheidungen ihrer jüngsten Tochter so sehr, daß sie sogar bereit ist, sich ihrem letzten Wunsch zu fügen und die lebenserhaltenden Geräte ausschalten zu lassen, obwohl dies möglicherweise gegen ihre eigene Überzeugung verstößt, denn es gibt Anzeichen dafür, daß sie gläubige Katholikin ist. Die Familie ist katholisch, und Margaret hat Dana zu deren fünfzehnten

Geburtstag ein kleines Kreuz geschenkt, das diese ständig trägt. Margaret könnte parapsychische Fähigkeiten besitzen; sie vertraut Mulder an, daß sie die Entführung ihrer Tochter durch Duane Barry in einem Traum vorhergesehen hat.

Dana hat eine oberflächliche Ähnlichkeit mit ihrer älteren Schwester Melissa. Melissa hat rotes Haar und haselnußfarbene Augen. Sie glaubt an Wunder und neigt dazu, mit New-Age-Ausdrücken um sich zu werfen. Außerdem ist sie davon überzeugt, Auren wahrnehmen zu können, und behauptet, daß ihre Schwester im Koma selbst entscheiden würde, ob sie leben oder sterben wolle. Mulder verkündet sie, er befände sich „an einem sehr dunklen Ort", dunkler als der, an dem sich Dana aufhält. Sie hat eine Vorliebe für Talismane und Kristalle und ist mit der Technik des Pendelns vertraut. Laut Margarets Aussage war ihre jüngere Tochter nicht so wild wie Dana. In der Folge „The Blessing Way" schoß Alex Krycek auf Melissa, die er mit ihrer Schwester verwechselte. Mrs. Scully harrte in „Paper Clip" vergeblich an ihrem Krankenbett aus. Als Melissa starb, sagte Dana, von Kummer überwältigt: „Sie ist für mich gestorben."

Bill Junior und Charles tauchen nur einmal in der Episode „An der Grenze" als Jungen auf. Über ihre Berufe und Aufenthaltsorte werden keine Angaben gemacht.

Der Autor

Brian Lowry arbeitet als Fernsehfachredakteur in Los Angeles für *Daily Variety*, die Fachzeitschrift des Showbusiness. Seit 1987 berichtet er über die TV-Branche, verfaßt Rezensionen und die wöchentliche Kolumne „Changing Channels“. Lowry wurde in Los Angeles geboren und graduierte an der UCLA. Während und nach seiner College-Zeit arbeitete er als freier Journalist für verschiedene Publikationen, unter anderem für das Magazin *Starlog*.

AKTE X –
DIE UNHEIMLICHEN FÄLLE DES FBI

Die Romane zur Serie der Cyberspace-Generation
bei der vgs verlagsgesellschaft

Die Akte X-Stories

Les Martin
AKTE X –
DIE UNHEIMLICHEN FÄLLE DES FBI
Gezeichnet
Roman

Les Martin
AKTE X –
DIE UNHEIMLICHEN FÄLLE DES FBI
Der Kokon
Roman

Les Martin
AKTE X –
DIE UNHEIMLICHEN FÄLLE DES FBI
Sophie
Roman

Les Martin
AKTE X –
DIE UNHEIMLICHEN FÄLLE DES FBI
Das Nest
Roman

Les Martin
AKTE X –
DIE UNHEIMLICHEN FÄLLE DES FBI
Der Zirkus
Roman

Weitere Titel in Vorbereitung

Die großen Akte X-Romane

Charles Grant
AKTE X –
DIE UNHEIMLICHEN FÄLLE DES FBI
Lebende Schatten
Roman

Charles Grant
AKTE X –
DIE UNHEIMLICHEN FÄLLE DES FBI
Wirbelsturm
Roman

Kevin J. Anderson
AKTE X –
DIE UNHEIMLICHEN FÄLLE DES FBI
Im Höllenfeuer
Roman

Weitere Roman in Vorbereitung

Agent
Dana Scully
Agent
Fox Mulder
THE X FILES
Cinemabilia
ALLES ÜBER FILM & KINO
Wir haben alles über die unheimlichen Fälle des FBI. Bei uns gibt's Poster, Bücher, Kalender, Videofilme, Comics, T-Shirts und vieles mehr. Versandkatalog für 4 Mark in Briefmarken anfordern: Cinemabilia, Kennwort "Akte X", Postf. 106551, 28065 Bremen
Cinemabilia Versand: 28065 Bremen · Postfach 106551 · Tel. (0421) 17490-0
Cinemabilia Filmläden: 28195 Bremen · Martinistraße 57 · Tel. (0421) 17490-60
26122 Oldenburg · Staulinie 17 · Tel. (0441) 9250096 · neben VOBIS